télescope

Ian Maun

Consultants:
Ian Bauckham
Richard Marsden
Iain Mitchell
Maureen Raud

ICT consultant:
Anne Looney

JOHN MURRAY

Author's acknowledgements

The authors and publishers would like to thank the following for permission to reproduce text extracts:

p.46 Parcs Québec (Société des établissements de plein air du Québec; **pp.138–41** ActionAid

Picture acknowledgements

Cover John Townson/Creation; **p.2** *t* Gaillaird/Jerrican, *b* Castell/Rex Features Ltd; **p.3** *tl* Allsport, *tr* Rex Features Ltd, *bl* Gaillaird/Jerrican, *m* John Townson/Creation, *mr* GettyOne Stone, *br* Gaillard/Jerrican; **p.4** GettyOne Stone; **p.6** Rex Features Ltd; **p.8** Rex Features Ltd; **p.12** Action Plus; **p.13** *t* Allsport, *m* Zintzmeyer/Jerrican, *b* Allsport *(all)*; **p.14** B.Bardinet/Petit Format; **p.15** *tl* Sporting Pictures, *bl* Robert Harding Picture Library, *tr* Mark Thompson/Allsport, *br* Malguy/Jerrican; **p.16** Clive Brunskill/Allsport; **p.17** Presse Sports; **p.19** Al Bello/Allsport; **p.20** GettyOne Stone; **p.22** Agnes Chaumet/Petit Format; **p.26** Rex Features Ltd; **p.31** Chauvet/Jerrican; **p.34** Lefrauconnier; **p.39** GettyOne Stone; **p.40** Labat/Jerrican: **p.41** Helene Rogers/ TRIP/Art Directors; **p.42** John Townson/Creation; **p.46** *tl* Robert Estall, *tml* Sporting Pictures, *tmr* Gable/Jerrican, *tr* Powerstock, *b* Rex Features Ltd *(both)*; **p.47** TRIP/Art Directors; **p.49** Robert Estall *(both)*; **p.54** Dubac/Jerrican; **p.57** *l* Sporting Pictures, *r* De Hogues/Jerrican; **p.62** *bl* Helene Rogers/TRIP/Art Directors, *bm* Brittany Ferries, *mr* John Townson/Creation, *r* Gaillaird/Jerrican; **p.63** John Townson/Creation; **p.64** *l* Fuste Raga/Jerrican, *r* Rex Features; **p.67** Rex Features Ltd *(all)*; **p.68** *a* Corbis, *b* Action Plus, *c,d* Mura/Jerrican, *e* Dufue/Jerrican, *f* Pitois/Jerrican; **p.70** David Simson; **p.71** Robert Harding Picture Library; **p.74** Gable/Jerrican; **p.76** Agnes Chaumat/Petit Format; **p.81** John Townson/Creation; **p.83** GettyOne Stone; **p.89** Hulton Getty; **p.91** *t* Rex Features Ltd, *b* Hulton Getty; **p.94** Hulton Getty; **p.98** Robert Harding Picture Library; **p.99** Robert Harding Picture Library; **p.100** *t* Hulton Getty, *b* Mary Evans Picture Library; **p.102** *t* John Townson/Creation; *b* Helene Rogers/TRIP/Art Directors; **p.103** T. Bognar/TRIP/Art Directors; **p.104** D. Harding/TRIP/Art Directors; **p.105** Corbis; **p.106** *t* John Townson/Creation, *b* Rex Features Ltd; **p.108** Duranti/Jerrican; **p.109** Lerosey/Jerrican; **p.116** Robert Harding Picture Library; **p.117** David Simson; **p.118** *a, b, d* Robert Harding Picture Library, *c* Fuste Raga/Jerrican; **p.121** *t* Hulton Getty, *b* Gaillaird/Jerrican; **p.122** Sporting Pictures; **p.123** Gable/Jerrican; **p.126** Powerstock; **p.127** Patrick Lucero/Rex Features Ltd; **p.128** Jacobs/TRIP/Art Directors; **p.129** Rex Features Ltd; **p.130** Chaulet/Jerrican; **p.131** Rex Features Ltd; **p.134** Rex Features Ltd; **p.135** Environmental Images; **p.138** Robert Harding Picture Library; **p.139** ActionAid/Network *(both)*; **p.140** ActionAid/Network; **p.141** Associated Press

© Ian Maun 2001
First published 2001
by John Murray (Publishers) Ltd
50 Albemarle Street
London W1S 4BD

Artwork by Art Construction and Pat Murray
Layouts by Jenny Fleet
Typeset in 9½ on 12pt Lucida Regular by Wearset, Boldon, Tyne and Wear
Printed and bound in Great Britain by Butler & Tanner Ltd, Frome and London

A CIP catalogue record for this book is available from the British Library.

ISBN 0 7195 7826 4
Teacher's Guide 0 7195 7327 2
Teacher's Repromaster Book 0 7195 7828 0
Audio on cassette 0 7195 7847 7
Audio on CD 0 7195 7848 5

Contents

Welcome to students using *Télescope 1*   *1*

Unité 1   *Je m'amuse*   *2*

Language skills
- using the present tense of regular -*er* verbs
- saying when and how often you do something
- using the present tense of reflexive verbs (e.g. *s'habiller*)
- using *avoir* and *être* in the present tense
- using adjectives to describe people and things
- using imperatives to give instructions

Finding out about...
- leisure time in France
- music celebrities and their leisure interests

Unité 2   *En forme!*   *12*

Language skills
- using high numbers
- making comparisons
- recognising masculine and feminine nouns
- using the perfect tense with *avoir*
- using the verb *passer* with *à* to say how much time you spend on something
- using *on*
- using *il faut* and *devoir*

Finding out about...
- popular sports in France
- sports personalities
- record holders
- fitness and exercise
- healthy lifestyles

Unité 3   *Boulot*   *22*

Language skills
- using *pouvoir* and *savoir*
- using *aller*, *vouloir* and *espérer* to say what you intend to do
- using the perfect tense with *être*
- making comparisons using adverbs
- using possessive adjectives: *mon*, *ton*, *son*

Finding out about...
- the school system in France
- jobs in France
- a French CV
- French business letters and job applications
- voluntary work and organisations

Unité 4   *Communications*   *34*

Language skills
- using direct object pronouns
- using the present tense of *finir* and *dire*
- using indirect object pronouns: *lui* and *leur*
- using negatives: *ne ... jamais* and *ne ... plus*

Finding out about...
- TV in France
- radio in France
- using the Internet
- multimedia
- French newspapers and magazines

Unité 5   *Allons-y! Le Québec*   *46*

This unit uses the language skills practised so far to explore the French-speaking Canadian province, Quebec.

Unité 6   *Le grand départ*   *50*

Language skills
- using *à* and *en* to talk about places
- using *du ... au ...* to talk about dates
- using -*re* verbs in the present tense
- using the verbs *prendre* and *mettre*
- using *qui* and *que* to say 'the x which/who/that'
- asking questions using *quel* and *lequel*
- using *celui*, *celle*, *ceux*, *celles* to say 'this one, that one'

Finding out about...
- French holiday destinations
- hotels and camping in France
- holiday activities
- safety advice on a French beach
- giving/accepting/rejecting invitations

Unité 7   *La France en huit jours*   *62*

Language skills
- using prepositions: *de, à, en, entre, dans* to talk about time
- using the verb *venir* and others like it
- using the perfect tense with pronouns
- using the pronoun *y*
- using strong pronouns *moi, toi*, etc.

Finding out about...
- the Channel Tunnel, Eurostar, Le Shuttle
- travelling by French train and Métro
- car hire and driving on French roads
- cycle hire in France and the *Tour de France*
- air travel in France
- regions of France

Contents

Unité 8   *Échange scolaire*   74

Language skills
- using possessive pronouns to say 'mine', 'his', etc.
- using the pronoun *auquel*
- using the future tense
- using verbs followed by *à* or *de*
- using the pronoun *en*
- using the relative pronoun *dont*

Finding out about . . .
- French school exchanges
- education in France
- weather forecasts
- planning days out
- alcohol
- dealing with ailments in France
- planning parties

Unité 9   *Le musée virtuel*   86

Language skills
- using the future tense
- saying what will be possible, necessary, etc.
- using the imperfect tense
- using negatives *ne . . . plus*, *ne . . . jamais*
- using *ne . . . que* (= only)

Finding out about . . .
- communications, past and future
- solar cars
- airships
- Internet shopping
- future foods
- climate
- home life, past and future
- education, past and future

Unité 10   *Allons-y! L'île Maurice*   98

This unit uses the language skills practised so far to explore a French-speaking island in the Indian Ocean, Mauritius (*l'île Maurice*).

Unité 11   *Un week-end à Paris*   102

Language skills
- using the conditional tense to say what you 'would like'
- using adverbs in comparisons
- using the imperfect tense to say what you 'were doing'
- using contrasting past tenses
- using adverbs to say 'enough', 'too'
- recognising the pluperfect tense
- using irregular adjectives

Finding out about . . .
- shopping in Paris's famous stores
- fashion
- finding your way around
- major places to visit
- historical events in Paris
- eating out

Unité 12   *L'Europe*   114

Language skills
- using *si* + present + future
- using the verb *croire*
- recognising the past historic tense
- using *en* and the past participle

Finding out about . . .
- the geography of Europe
- food in Europe
- the languages of Europe
- the European Union
- the euro
- multicultural Europe

Unité 13   *La planète bleue*   126

Language skills
- using *chaque* and *chacun*
- using *si* + imperfect + conditional
- recognising the passive
- recognising verbs in the subjunctive
- using the pluperfect

Finding out about . . .
- pollution: problems and action
- natural disasters: earthquakes, floods
- global warming and climate change
- animals and plants: survival and protection
- action that can be taken to protect the environment

Unité 14   *Allons-y! Haïti*   138

This unit uses the language skills practised so far to explore the French-speaking Caribbean island of Haiti.

Section grammaire   **142**
Vocabulaire   **151**
List of French instructions   **156**

Welcome to students using *Télescope 1*

Aims of *Télescope 1*

The main aims of *Télescope 1* are:

- to make your study of French **interesting**,
- to give you a good **understanding** of how French works,
- to show you how to **apply your French skills** in different contexts.

All these are essential for the aim you probably have in mind – which is to make sure you get the best possible GCSE grade!

Finding your way around the book

There are 14 units in total.
Eleven of these (*Unités* 1–4, 6–9, 11–13) are the main study units in which you will:

- develop new language skills,
- re-practise the skills you already have,
- use your growing knowledge of French to discover more about France and French-speaking places, but also about a wide range of other subjects.

The other three units (5, 10, 14) are much shorter and more relaxing! They don't aim to teach you any new grammar and the tasks are more like games. What you will learn in these units is a bit about three French-speaking places: Quebec, the island of Mauritius, and Haiti.

How do the study units work?

- Each unit starts with a list of **unit goals** – these tell you what new language skills and information you will be learning in the unit.
- You will build up your skills by working your way through a series of tasks. The instructions for these tasks are all in French, but they are explained in English on page 156 so if you're not sure what to do you can check what the instruction means. Questions numbered in this colour are ones that you will find more challenging.

UNIT GOALS

To improve your language skills in . . .

- using high numbers
- making comparisons using adjectives
- recognising masculine and feminine nouns
- using the perfect tense with *avoir* to say what you did/have done
- using the verb *passer*

- **New grammar points** are explained under the heading **Point grammaire**. These explanations are in English.

point grammaire

The verb *devoir* (see page 149)
The verb **devoir**, meaning 'to have to you have to know it by heart. It alway

*Il **doit faire** régulièrement de l'exerc*
Nous devons acheter des billets. We

- There are also **Tips** which give practical reminders to help you score well in a task. Sometimes they also give you snippets of factual information.

TIP To say that you **spend** so much **time** doing something, use: ***passer*** (in the

- The boxes called ***Ça se dit comment?*** are to help you improve your pronunciation.

Ça se dit comment?
'-on', '-om'
This is another nasal vowel. Remember -ent in *parent* and *adolescent* (see page 3)? For -on and

- Each unit finishes with a scored **Test** and **Quiz** and a selection of **Projets** for you to complete. The **Test** checks how well you know the language and grammar you have been learning in the unit. The **Quiz** checks what other factual information you have learned, and the **Projets** section focuses on writing and coursework.

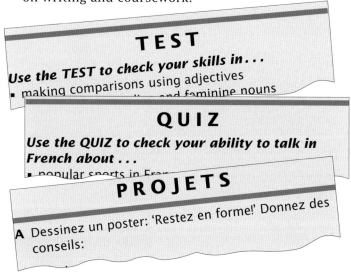

TEST
Use the TEST to check your skills in . . .
- making comparisons using adjectives
  and feminine nouns

QUIZ
Use the QUIZ to check your ability to talk in French about . . .
- popular sports in Fran

PROJETS
A Dessinez un poster: 'Restez en forme!' Donnez des conseils:

Looking up words and grammar rules

After the last unit there is a **Section grammaire** and a French–English and English–French vocabulary list: **Vocabulaire**. You will also need to use a dictionary, however, as this kind of vocabulary list is never enough on its own. At the very end is a list of the French instructions used in the book.

unité 1
Je m'amuse

UNIT GOALS

To improve your language skills in...

- using the present tense of regular -er verbs
- saying when and how often you do something
- using the present tense of reflexive verbs (e.g. s'habiller)
- using avoir and être in the present tense
- using adjectives to describe people and things
- using imperatives to give instructions

To find out about...

- leisure time in France
- music celebrities and their leisure interests

Le week-end

En France, le week-end n'est pas long. D'habitude les enfants travaillent au collège le samedi matin. Alors, le samedi après-midi et le dimanche, on s'amuse! Les parents bricolent ou jardinent, ou comme leurs enfants, ils regardent la télévision ou écoutent de la musique. Les adolescents parlent avec leurs copains au téléphone et ils surfent sur Internet. Certains aiment lire ou tchatcher sur Internet, d'autres aiment faire du sport ou de la musique. Les Français aiment passer le dimanche en famille. Quelquefois on déjeune chez les grands-parents. On passe beaucoup de temps à table, on parle, on mange ... et puis, on se relaxe!

1 🎧 Lisez et écoutez l'article. Comment dit-on en français...?
Trouvez les expressions.

1 in France
2 usually
3 on Saturday mornings
4 on Saturday afternoons
5 like their children (do)
6 with their family

Maintenant, écrivez en français:
7 people surf the Internet
8 in Scotland
9 on Sunday mornings
10 on Sunday afternoons
11 like their parents (do)
12 people work

---

alors *so, therefore*
bricoler *to do DIY*
certains ... d'autres...
   some ... others...
passer *to spend (time)*
tchatcher *to chat on the Internet or the phone*

2 Faites correspondre les deux parties des phrases suivantes.

Exemple: **1** Tu pratiques le skate, Alain?

1 Tu pratiqu | ent la famille à déjeuner.

2 Marc déjeun | es sur Internet, Philippe?

3 Tu surf | e danser dans le club ou la disco.

4 Vous aussi, vous surf | e dans un petit restaurant le samedi.

5 La copine de Marc aim | ons de la musique.

6 Mes grands-parents invit | es le skate, Alain?

7 Nous jou | e avec ses amis.

8 On parl | ez sur Internet, monsieur?

point grammaire

-er verbs (see page 146)
Key points to remember about the present tense of -er verbs:

- The verb endings are shown in bold:

je regard**e**	nous regard**ons**
tu regard**es**	vous regard**ez**
il/elle/on regard**e**	ils/elles regard**ent**

Je rest**e** à la maison et je regard**e** la télé.
Tu **joues** d'un instrument?
Les Français aim**ent** passer le dimanche en famille.
Nous déjeun**ons** chez mes grands-parents.

- The endings -e, -es and -ent are all silent.

Ça se dit comment?
'-ent'
Watch out for the differences in how to pronounce -ent at the end of words.

- In nouns and in adverbs, -ent is said and heard. Listen to the recording and practise the words you hear (*parent, dent, président, régulièrement, lentement, évidemment*).
- **But** when -ent is a present tense verb ending it is silent. Listen to the recording and practise these verbs: *ils travaillent, elles regardent, ils jouent, elles surfent.*
Now listen and practise: *les parents bricolent, les grands-parents mangent, les adolescents écoutent la radio.*

3 Composez des phrases en utilisant les éléments suivants. Puis prononcez les phrases.

Exemple: Mes copains admirent David Beckham.

Mes copains	admirer
Mes parents	adorer
Moi, je	détester
Hélène	écouter
Nous	organiser
Vous	visiter
	manger

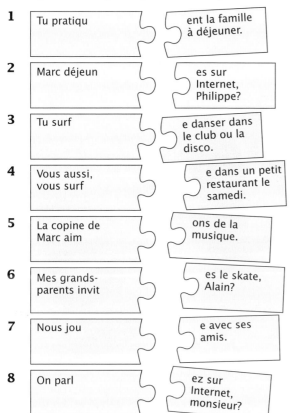

Le week-end: Interviews

actuel *up-to-date, current*
faire du roller *to skate*
in-line (mpl) *roller-blades*

4  **Première écoute:** Choisissez la bonne réponse:
Alain? Cécile? Régine? Marc? Qui dit quoi?

1 le week-end
2 tous les samedis après-midi
3 tous les week-ends
4 le samedi matin
5 le dimanche

point grammaire

Describing how often you do something
(see page 146)
Le dimanche *on s'amuse.*
Quelquefois *on déjeune chez les grands-parents.*

Generally speaking, these expressions are at the
beginning of the sentence...
Le dimanche *nous déjeunons chez ma grand-mère.*

...or after the verb:
Je tchatche **souvent** *sur Internet.*

Here are two lists of expressions of frequency, one for
things you do regularly, one for things you do less
often:

Regularly
souvent *often*
tous les jours *every day*
tous les matins *every morning*
d'habitude *usually*
généralement *generally*
le samedi *on Saturdays*
le dimanche après-midi *on Sunday afternoons*
une fois par semaine *once a week*
plusieurs fois par semaine *several times a week*
toujours *always*
le week-end *at weekends*
tous les week-ends *every weekend*
tous les vendredis *every Friday*

Less often
quelquefois *sometimes*
de temps en temps *from time to time*
des fois *sometimes*

TIP When people are speaking, they often put in
'fillers', which have no real meaning, but which give
them time to think what to say. In English we have
fillers such as 'oh', 'well', 'you know'.

- Don't be put off by them when you are listening.
- They can be useful when you're speaking and you
  need a moment to think.

Here are some French 'fillers' and their English
equivalents:

ah *oh*
ben *well*
alors *well/then*
euh *um*
tu sais? *you know?*
quoi? *you know?*

Listen to the recording again (exercise 4) and pick out
the fillers.

5 Deuxième écoute: Choisissez la bonne réponse – **a** ou **b**.

1 Alain fait du skate: **a** une fois le week-end; **b** deux fois le week-end
2 Cécile sort: **a** toujours le samedi soir; **b** quelquefois le samedi soir
3 Régine et son groupe jouent: **a** une fois par semaine; **b** deux fois par semaine
4 Marc déjeune au restaurant: **a** le samedi; **b** le dimanche

point grammaire

Reflexive verbs (see page 145)
Reflexive verbs have an extra pronoun attached to them: *me, te, se, nous* or *vous*. In exercises 4 and 5 you heard *je **me** couche* and *je **me** réveille*. In a dictionary, the infinitive is shown with *se*: ***se** coucher*, ***se** lever*.
Note: *Je **me** brosse **les** cheveux* = I brush **my** hair.

6 Inventez les réponses.

Exemple: **1** Tu te réveilles à six heures? – Non, je me réveille à huit heures.

1 Tu te réveilles à six heures? – Non, je . . .
2 Tu te lèves à neuf heures? – Non, je . . .
3 Monique se douche dans la cuisine? – Non, elle . . .
4 Tes parents se couchent à dix heures? – Non, ils . . .
5 Philippe se brosse les dents tous les week-ends? – Non, il . . .
6 Tu te laves les cheveux tous les jours? – Non, je me . . .

7 **Que fait-on le week-end?**

1 Formulez dix phrases. Attention à la forme des verbes!

Exemple: D'habitude / nous / écoutons de la musique.

Choisissez!	Choisissez!	Choisissez et adaptez!
Une fois par semaine	je	regarder la télé.
D'habitude	tu	se reposer.
Souvent	Marc	surfer sur Internet.
Quelquefois	Sarah	écouter de la musique.
Le vendredi soir	on	se réveiller tard.
Le samedi matin	nous	aider papa.
Tous les samedis	vous	travailler dans le jardin.
Le samedi soir	Philippe et Alain	préparer un repas.
De temps en temps	Adèle et Cécile	se laver les cheveux.

2 Et vous? Que faites-vous? Écrivez cinq phrases. Attention à la forme des verbes!

8 Décrivez un week-end typique. Suggestions: *le week-end, le samedi, il y a, on* . . .

Exemple: Le vendredi soir, on regarde la télé. Le samedi, on se réveille très tard.

Ça se dit comment?
'-an', '-en-', '-am',
'-em', '-ent'
Listen to the recording. Pay special attention to the underlined syllables: *dim<u>an</u>che, v<u>en</u>dredi, t<u>em</u>ps, gr<u>an</u>d, fl<u>an</u>*. This is the same sound as in *par<u>en</u>t* and *adolesc<u>en</u>t* (see page 3).
  Try holding your nose to make this sound, then try it without holding your nose.
  The same sound may be spelt *-an, -en, -am* or *-em*, depending on the word in which it is found.
  Try saying this nonsense sentence: *De temps en temps le dimanche je mange un grand flan.* (From time to time on Sundays I eat a large custard tart.)

Now listen to the recording and repeat what you hear.

Britney Spears

Britney Spears est née le 2 décembre 1981 à Kentwood en Louisiane. Elle habite maintenant à Hollywood. C'est une jeune femme qui a les cheveux longs et les yeux marron. Elle mesure environ 1 m 65 et elle pèse environ 55 kilos. Ses parents se prénomment Jamie et Lynne.

Ses amis l'appellent Bit Bit. Ses hobbys préférés sont le shopping, voir des films, lire des nouvelles romantiques, la natation et elle adore aller à la plage.

Ses sports favoris sont la natation, le tennis, le golf et le basket. Ses acteurs favoris sont Mel Gibson, Tom Cruise, Brad Pitt, Ben Affleck et Leonardo Di Caprio.

Elle aime manger des pizzas, des hot dogs, des pâtes, des cookies avec de la glace et des sandwichs grillés. Sa couleur préférée est le bleu.

Comme chanteuses elle aime Mariah Carey, Whitney Houston, Madonna, Brandy et Lauren Hill. Comme chanteurs elle aime Michael Jackson et Prince. Ses groupes favoris sont les TLC, Aerosmith et Goo Goo Dolls. Elle est influencée musicalement par Madonna, Whitney Houston, Mariah Carey et Otis Redding.

Elle s'habille chez Betsey Johnson, Bebe, A/X et Rampage, parmi d'autres. Elle aime porter des tennis, des t-shirts et des jeans, mais elle adore toujours changer de look. Elle essaie toujours de dégager une image positive.

Britney ne supporte pas ses pieds qu'elle trouve trop larges!

chanteur/chanteuse *singer*
dégager *(here=) to present*
essayer de + infinitive
  to try to
s'habiller *to dress oneself;*
  (here=) buy one's clothes
natation (f) *swimming*
nouvelle (f) *short story*
peser *to weigh*
supporter *to tolerate,*
  to bear

TIP The verb ***avoir*** (to have) is VERY important. Here's a reminder of the present tense: *j'ai, tu as, il/elle/on a, nous avons, vous avez, ils/elles ont.*

- Remember that you must use *avoir* to give someone's age:
*J'ai 15 **ans**. Ma copine a 16 **ans**.*
- You use *avoir* when describing people's hair and eyes:
J'ai les cheveux blonds. Émilie a les yeux bleus.

9 Utilisez les verbes dans la case pour compléter les phrases sur Britney Spears. Utilisez la bonne forme du verbe!

| admirer | manger | surnommer | aimer | détester | mesurer | porter |
| se prénommer | habiter | adorer | avoir | acheter | | |

1 Britney _____ environ 1 m 65.
2 Elle _____ aujourd'hui à Hollywood.
3 Elle _____ les yeux marron et les cheveux longs.
4 Son père _____ Jamie et sa mère _____ Lynne.
5 Les copains de Britney la _____ "Bit Bit".
6 Britney _____ aller au bord de la mer.
7 De préférence, elle _____ des fast-foods.
8 Elle _____ des chanteuses comme Mariah Carey, Whitney Houston et Madonna.
9 Elle _____ ses vêtements chez Betsey Johnson, A/X et Rampage.
10 Elle _____ d'habitude des tennis, un t-shirt et un jean.

Poème

cœur (m) *heart*
dédier *to dedicate*
gentil *kind, nice*
meilleur *best*
terre (f) *earth*

Britney Spears

Sur terre

Il y a mille et une filles

Des brunes, des blondes

et des rousses

Mais c'est toi que mon cœur a choisie,

Pour passer mille et une nuits

Voilà pourquoi c'est à

Toi qui es si gentille

Toi qui es ma meilleure amie

Que je dédie ce poème,

Car c'est toi que j'aime

Ludovic

point grammaire

Adjective agreement (see pages 143–4)
Adjectives must **agree** with their nouns:

Elle aime manger des sandwichs grillés (masculine plural).
Ses sports favoris (masculine plural) *sont la natation, le tennis, le golf et le basket.*
Sa couleur préférée (feminine singular) *est le bleu.*

Key points to remember about adjective agreement:
The scheme for adjective endings is as follows:

	Masculine	**Feminine**
Singular	–	-e
Plural	-s	-es

- If a masculine adjective ends in -e, there's no need to add one in the feminine: *une femme **célèbre***.
- Some adjectives need further changes in the feminine: *blanc → blanche; gentil → gentille.*
- Adjectives agree with their noun, even if they are separated from it: *Britney Spears est très intelligente et très sportive.*
- ***tout*** is an adjective, so remember to make it agree: *tout le temps, tous les jours, tous les week-ends, toute la semaine, toutes les filles.* The masculine plural drops its last -t: *tous.*
- ***marron*** is an exception to the rule; it does not change: *les yeux **marron**.*

10 Regardez les mots ci-dessous. Ajoutez *tout* et choisissez un adjectif.

Exemple: **toutes** les femmes intelligentes

1 femme
2 garçon
3 fille
4 homme
5 professeur
6 chien

Qui est Céline Dion?

– *Vous êtes qui?*
– **Je suis Céline Dion.**
– *Vous êtes française?*
– **Non, je suis canadienne. Je viens d'une famille québécoise; nous sommes quatorze dans ma famille.**
– *Quelle est votre profession?*
– **Je suis chanteuse et aussi femme d'affaires – mon mari et moi, nous avons 50 restaurants.**

11 Complétez ce texte sur Céline Dion. Écrivez la bonne forme des adjectifs.

Exemple: **Âgée**

Céline est née à Charlemagne au Québec, Canada. (**Âgé**) de cinq ans, elle chante avec ses 13 frères et sœurs. En 1983 elle est la (**premier**) Canadienne à recevoir un disque d'or. Elle a aussi chanté la (**beau**) chanson-titre du dessin animé *La Belle et la Bête* de Walt Disney. Aujourd'hui la planète (**entier**) connaît sa version de *My Heart Will Go On*, chanson-titre du film *Titanic*. Au cours des années elle a connu un succès (**fabuleux**).

12 Décrivez trois célébrités. Vous les aimez ou non? Pourquoi? Attention aux adjectifs!

Exemple: J'aime Britney Spears parce qu'elle est doué**e**.

J'aime J'adore J'admire J'idolâtre	Britney Spears Howie D Céline Dion ? ? ?	parce qu'il est parce qu'elle est parce qu'ils sont parce qu'elles sont	doué beau/belle intelligent modeste sensible travailleur/travailleuse
Je n'aime pas Je déteste Je ne supporte pas			débile bête nul idiot ridicule arrogant

chanson-titre (f) *title song*
connaître *(here=) to have, to experience*
disque (m) d'or *gold disc*
ensemble *together*
entier *entire, whole*

point grammaire

être (see page 149)
The verb **être** (to be) is VERY important. Here's a reminder of the present tense: *je suis, tu es, il/elle/on est, nous sommes, vous êtes, ils/elles sont.*

Adjective agreement
(see pages 143–4)
Some adjectives – including some that are in the Céline Dion text – need special changes, not just an extra -*e* when they are used with a feminine noun: *beau → belle; nul → nulle; travailleur → travailleuse.* Look at pages 143–4 for a list.

13 Sophie écrit une lettre à un magazine pour adolescents, mais il y a des erreurs. Vous pouvez les corriger?

Exemple: **sportive**

La lettre de Sophie

Moi, je ne m'amuse pas.

Je m'appelle Sophie et j'ai un problème. Je suis sportives mais je suis très nerveuses. Je suis amoureuses d'un garçon de ma classe. Il est sportifs aussi et il est très sympa. Il a les yeux bleu et les cheveux blond. Il est vraiment très intelligents et très gentille, mais quelquefois il est un peu réservée. On fait du skate ensemble le week-end mais je trouve difficile de l'inviter à sortir avec moi. Le samedi après-midi nous sommes toujours ensemble. Il est vraiment beaux et je l'adore. Que faire?

14 C'est bientôt l'anniversaire de Paul. Paul et ses copains examinent les publicités dans le journal *Le Quotidien*. Lisez les pubs.

L'Aurore
Bateau-Restaurant
Excursions: 1000h–2000h
Gare Maritime
35801 Dinard

a

CLUB-DISCO
L'Aéronaute
Ouvert tous les jours de
22h à 2h sauf le dimanche
rue Radegonde
St-Méloir-des-Ondes

b

PISTE DE KARTING
Location de karts
Karting des Nielles
35350 St-Méloir-des-Ondes
Tél: 02 99 89 16 88
Tarif adultes: 12€/10 minutes

c

CINÉMA *Le Vauban*
5 salles
Les Acteurs 20h 30
Double Jeu 22h 30
Stuart Little 14h 30, 20h 30
Scream 3 22h 00
Là-bas Mon Pays 14h 30, 18h 15

d

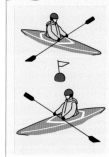

CORSAIRES MALOUINS
Section kayak
Stages d'initiation
24–25 juin
Tarifs: 60€

e

1 Écoutez la conversation. Dans quel ordre est-ce qu'on mentionne les publicités? Notez les lettres dans le bon ordre.
2 Paul est un peu difficile! Quelle activité l'intéresse finalement?

ça ne te dit pas? *you don't like that idea?*
croisière (f) *boat trip*
on pourrait... *we could...*
pas tellement *not really*
stage (m) d'initiation *beginner's course*
tu as envie de...? *do you feel like...?*
tu pourrais... *you could*

point grammaire

Imperatives (= **commands**) (see page 146)
Informal (*tu*) imperatives of *-er* verbs are based on the *tu* part of the verb, but:
- drop the word *tu*, and remove the *-s* from the end of the verb:
  Tu regardes → Regarde!
- *Vous* imperatives just drop the *vous*: *Vous imaginez → Imaginez!*

15 Anne téléphone pour réserver des billets. Il y a un message sur le répondeur. Écoutez le message. Notez:

- Jours d'ouverture
- Heures d'ouverture
- Tarifs
- Informations supplémentaires

16 Écrivez la forme correcte des impératifs.

Exemple: **1 Regarde** cette brochure!

1 Tu (**regarder**) cette brochure.
2 Tu (**écouter**) cette chanson.
3 Vous (**ranger**) votre chambre.
4 Vous (**aider**) votre père.
5 Tu (**jouer**) avec ton petit frère.
6 Vous (**passer**) deux heures à travailler dans votre chambre.

17 Demandez des brochures de publicité à l'Office de Tourisme de votre ville, ou cherchez des informations sur votre région sur Internet.

- Écrivez un sommaire des activités disponibles.
- Donnez les noms des endroits/activités, les heures d'ouverture et les tarifs.
- Utilisez les publicités de l'exercice 14 comme modèle.

unité 1 **Je m'amuse**

checkpoints

TEST

Use the TEST to check your skills in...
- using the present tense of regular *-er* verbs
- saying when and how often you do something
- using the present tense of reflexive verbs (e.g. *s'habiller*)
- using *avoir* and *être* in the present tense
- using adjectives to describe people and things
- using imperatives to give instructions

1 Écrivez les phrases complètes.
(Le code: 3/7 = trois fois par semaine, 7/7 = tous les jours, 3/31 = trois fois par mois, etc.)

Exemple: On – jouer au tennis – 4/7 = On **joue** au tennis **quatre fois par semaine**.

   a On – jouer au football – 2/7   [2]
   b Nous – écouter de la musique – 6/7   [2]
   c Alain – bricoler – 1/31   [2]
   d Anne – manger chez sa tante – 2/31   [2]
   e Les garçons – surfer sur Internet – 7/7 [2]

2 Mettez les expressions suivantes dans l'ordre de leur fréquence:

une fois par an, deux fois par semaine, tous les jours, deux fois par mois, plusieurs fois par semaine, plusieurs fois par mois.   [3]

3 Complétez ce petit texte: vous avez la première lettre de chaque verbe.

Le samedi Michèle se r_____ très tard. Elle se l_____ les cheveux et puis elle r_____ la télé. [3]

4 Complétez les phrases suivantes avec la forme correcte de l'adjectif:
   a Howie D et Britney Spears sont très (**doué**). [1]
   b Les vedettes de rock n'ont pas de vie (**privé**). [1]
   c Céline Dion est très (**célèbre**). Elle est (**canadien**). [2]

5 Complétez les instructions avec la forme correcte du verbe (l'impératif).

(**Réserver**) vos places à l'avance. (**Téléphoner**) à notre bureau ou (**visiter**) notre site web. (**Demander**) nos tarifs aujourd'hui. (**Noter**) les détails. [5]

Total   [25]

QUIZ

Use the QUIZ to check your ability to talk in French about...
- leisure time in France
- music celebrities and their leisure interests

1 Que font les enfants le samedi **matin** en France? [1]

2 Que font les Français le samedi **après-midi**? Mentionnez **5** choses qu'on fait. [5]

3 Que fait-on le dimanche en France? Mentionnez **3** choses. [3]

4 Répondez aux questions sur Britney Spears:
   a Quelle est la date de son anniversaire? [1]
   b Nommez la ville où elle est née. [1]
   c Comment s'appellent ses parents? [2]
   d Nommez **deux** de ses acteurs favoris. [2]
   e Qu'est-ce qu'elle aime manger? Nommez **trois** choses. [3]
   f Que porte-t-elle d'habitude? [2]

5 Répondez aux questions sur Céline Dion.
   a Elle a chanté la chanson-titre de quel film de Disney? [1]
   b De quel film tragique a-t-elle chanté la chanson-titre? [1]
   c En 1983, elle est la première Canadienne à recevoir ... quoi? [1]

Total [23]

PROJETS

A Écrivez le portrait de votre copain/copine ou de quelqu'un que vous admirez. Utilisez les catégories suivantes. Utilisez les verbes *avoir* (voir page 6) et *être* (voir page 8), des expressions comme *le week-end*, *quelquefois*, etc. Écrivez environ 50 mots.

Catégories	Exemples
Nom	Ma copine s'appelle Elspeth.
Âge	Elle a 17 ans et 8 mois.
Taille (m/cm)	_____
Cheveux	_____
Yeux	_____
Activités préférées	_____ Le week-end _____
Il/elle déteste	_____
Personnalité	_____ Quelquefois _____
Famille	_____

B C'est l'année 2020. Vous êtes célèbre! Écrivez un petit portrait de vous-même pour le journal *Le Quotidien*. Utilisez les expressions suivantes.

J'ai...
Pour me relaxer...
J'aime manger...

Décrivez aussi votre famille et votre apparence physique.

C Préparez une brochure sur un week-end typique au Royaume-Uni. Illustrez votre brochure avec des dessins, ou téléchargez ou scannez des images appropriées. Suggestions: *le week-end*, *le samedi*, *il y a*, *on*...

Exemples: Le vendredi soir, on mange au fast-food.
Le samedi soir, il y a toujours du foot à la télé.
Le dimanche, on se réveille très tard.

unité 2
En forme!

UNIT GOALS

To improve your language skills in...

- using high numbers
- making comparisons using adjectives
- recognising masculine and feminine nouns
- using the perfect tense with *avoir* to say what you did/have done
- using the verb *passer* with *à* to say how much time you spend on something
- using *on*
- using *il faut* and the verb *devoir* to say what you must do

To find out about...

- popular sports in France
- sports personalities
- record holders
- fitness and exercise
- healthy lifestyles

Sports: les plus populaires

Il y a 1 600 000 joueurs de football en France: le football est le sport le plus populaire.

Les sports dans l'ordre d'importance:

le judo le football le golf le hand-ball

la pétanque le basketball le ski le rugby

la voile l'équitation le tennis la natation

En France, environ 75 pour cent des hommes et 50 pour cent des femmes pratiquent un sport régulièrement. Seule la télévision est plus populaire que les activités physiques. Les sports les plus populaires sont les sports d'équipe (football, rugby, etc.) et de compétition (ski, tennis, golf, etc.). Les sports de découverte et d'aventure (le VTT, la randonnée, le canoë-kayak) sont aussi très populaires.

Le football

Le football est le sport le plus populaire de la planète et déchaîne les passions, surtout au Brésil et en Italie! La dernière Coupe du Monde du 20e siècle s'est jouée en France en 1998.

1 Lisez et écoutez l'article. Comment dit-on en français...?

1 people who play football
2 about 75%
3 in order of importance
4 sailing
5 more popular than
6 the most popular sport
7 people who play tennis
8 people who play basketball
9 about 20%
10 the most popular sport in the world

TIP **Numbers above sixty** in French are quite difficult. Remember:

$70 = 60 + 10 = soixante\text{-}dix$
$80 = 4 \times 20 = quatre\text{-}vingts$
$90 = (4 \times 20) + 10 = quatre\text{-}vingt\text{-}dix$

Ça se dit comment?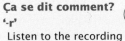
'-r'
Listen to the recording again. How is *-r* pronounced in French?
Easy! Raise the back of your tongue and growl!
Imitate these words: *sport, populaire, pratiques, rugby, randonnée*

Now try this: *Un rat rouge a rongé les roues de ma Renault rouillée!* (A red rat has gnawed the wheels of my rusty Renault!)

déchaîner *to release, to unleash*
environ *about*
randonnée (f) *walking, hiking*
seul(e) *alone, only*
siècle (m) *century*
sport (m) d'équipe *team sport*
sport (m) de découverte *open-air sport, adventure sport*
VTT (m) *mountain-bike/mountain-biking*

2 Masculin ou féminin?

Basketball, squash, parachutisme, danse, kendo, luge, surf, plongée, pétanque, badminton, kayak, hockey, sprint

Exemple: **le** basketball

3 Parlez avec un(e) partenaire.

Exemple:

A *J'aime le football.*
B *J'aime le football, mais je préfère la natation.*
C *J'aime le football et je déteste la natation. Moi, je préfère le ski.*

Continuez! Considérez:
• les genres (masculin/féminin)
• la prononciation de la lettre 'r'

4 Regardez l'article sur les sports en France (à la page 12). Lisez les phrases suivantes. Corrigez les erreurs.

Exemple: **1** La pétanque est **moins populaire que** le tennis.

1 La pétanque est **plus populaire que** le tennis.
2 Le football est **moins populaire que** le basketball.
3 Le ski est **aussi populaire que** le rugby.
4 Le judo est **moins populaire que** le golf.
5 Les sports d'équipe sont **moins populaires que** les sports individuels.
6 Les sports d'équipe sont **moins populaires que** les sports de découverte.

5 Comparez ces sportifs.

Exemple:
Zinédine Zidane mesure 1 m 85 cm. Il est plus grand que Jacques Villeneuve.

Cédric Pioline, joueur de tennis français: 1,88 m

Marie-Jo Pérec, athlète guadeloupéenne: 1,80 m

Et vous? Comparez-vous à un sportif: *Moi, je suis plus/moins grand(e)/petit(e), etc. que . . .*

TIP How can you tell if a noun is **masculine** or **feminine**?

Rule 1: Most nouns ending in a consonant are masculine: *le football.*
Exception Nouns ending in *-ation* are feminine: *la natation.*

Rule 2: Most nouns ending in *-i* or *-o* are masculine: *le ski, le judo.*

Rule 3: Most nouns ending in *-e* are feminine: *la pétanque, la voile,* including some nouns ending in *-é: la moitié* = half, *la majorité* = the majority.
Exceptions
▪ nouns ending in *-isme* are all masculine: *le cyclisme.*
▪ most nouns ending in *-age* are masculine: *le patinage.*

point grammaire

Comparatives of adjectives (see page 144)
*La télévision est **plus populaire que** le sport.*
Television is **more popular than** sport.
How do you think you say, 'Football is more popular than skiing'?

▪ To say that one thing is more popular, more interesting, more boring, biggER, smallER, etc., than another, use ***plus*** + adjective + ***que***:
*En France, le tennis est **plus** populaire **que** le ski.*
▪ To say 'less (adjective) than', use ***moins*** + adjective + ***que***:
*Le hand-ball est **moins** populaire **que** le golf.*
▪ To say 'as (adjective) as', use ***aussi*** + adjective + ***que***:
*Au Royaume-Uni, le basketball est **aussi** populaire **que** la voile.* (See page 27 for how to say 'better than'.)

Zinédine Zidane, footballeur français: 1,85 m

Jacques Villeneuve, pilote de Formule 1 québécois: 1,68 m

Christophe Moreau, cycliste français: 1,86 m

6 Complétez le texte suivant, en remplissant les blancs avec *le* ou *la*. Attention! Il y a un superlatif à compléter.

À part _____ football, _____ tennis est _____ sport _____ plus populaire de France. Puis on a _____ ski et _____ pétanque. _____ numéro cinq des Français, c'est _____ judo, et puis en sixième position on a _____ basketball. _____ moitié des Françaises et _____ majorité des Français pratiquent un sport.

7 Regardez les photos à la page 13 (exercice 5). Qui est le/la plus grand(e)? Qui est le/la plus petit(e)? Écrivez deux phrases complètes.

8

1 Mariez les noms et les records. Attention! Il faut être logique!

Sandy Allen
Lockheed SR-71
Helen et Alice Walton
Titanic
Otto Acron

- un des hommes les plus forts du monde
- le film le plus coûteux du monde
- la femme la plus grande du monde
- l'avion le plus rapide du monde
- les femmes les plus riches du monde

2 Recherchez dans *Le Guinness des records* cinq records qui vous intéressent. Notez les cinq records en français.

Exemple: X est l'homme/la femme le/la plus . . . du monde.

9 🎧

1 Notez les sports mentionnés.
2 Complétez les expressions pour donner/demander une opinion.
   a Je p_____ que
   b Je c_____ que
   c P_____ moi,
   d À mon a_____,
   e Tu p_____ que . . .?
   f Tu t_____ que . . .?

10 **Sondage**

1 Faites une liste de **huit** sports.
2 Demandez à **dix** camarades s'ils aiment ces sports (e.g. **Tu aimes le foot?**).
3 Cochez (✓) le sport en cas d'une réponse positive, marquez avec une croix (✗) en cas d'une réponse négative.
4 Reformulez votre liste dans l'ordre de préférence.
5 Présentez vos résultats: écrivez cinq phrases. Utilisez les expressions dans la case:

moins populaire que	plus populaire que	environ X% de la classe

point grammaire

Superlatives of adjectives (see page 144)
*Le football est **le sport le plus populaire** du monde.*
Football is **the most popular sport** in the world.
How do you think you would say 'the most popular teacher'?

- To say that something is 'the biggest', 'the most popular', etc., put the definite article (**le, la, les**) in front of **plus** and the adjective:
*Je pense que la natation est le sport **le plus ennuyeux** du monde.*
I think swimming is **the most boring** sport in the world.
- Why does the superlative come after the noun? Because the adjective is normally placed after the noun in French:
un sport populaire = a popular sport
- With superlatives, if you want to add, for example, '**in** the world', note that where English uses 'in', French uses **du/de la/des**:
in the world = **du** monde
on the planet = **de la** planète
*Le sport **le plus** populaire **de la** planète, c'est le foot.*

à part *apart from, except*

Ça se dit comment? 🎧
'-u'
Try this. Push your lips forward and put a pencil between them. Now take the pencil out, but leave a small gap. Say 'eee'. The sound will come out as a French *-u*.
   Try these words: *une, lu, bu, vendu, grue.*
   Now try this: *L'urubu a vu une tortue poilue.* (The buzzard saw a hairy tortoise.)

11 Regardez les photos ci-dessous et l'article sur les sports à la page 12. Quel sport est le plus coûteux/dangereux/rare/exotique/ennuyeux/dur/facile/moche? Utilisez les expressions de l'exercice 9 pour donner votre opinion.

Exemple: Je pense que l'alpinisme est le sport le plus dangereux.

le kendo

la Formule 1

l'alpinisme

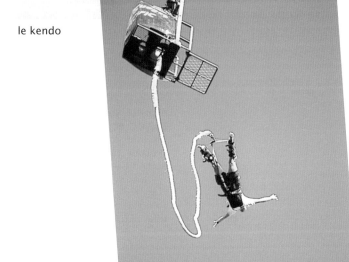

le saut à l'élastique

12
À votre avis, quels sont les 10 sports les plus populaires parmi les participants adultes (16+) au Royaume-Uni?

1 Discutez avec votre partenaire.
2 Illustrez les résultats sur un poster en français.
3 Écrivez vos conclusions dans un paragraphe (3–5 phrases).

TIP Here are some more rules to help you work out if a noun is **masculine**.

- Most nouns ending in *-e* are feminine, but, as we have seen, most nouns ending in *-age* and *-isme* are **masculine**.
- Other endings which show that a noun is likely to be masculine even if it ends in *-e* are:

	e.g.
-acle	*le miracle*
-aire	*le vocabulaire*
-amme	*le programme*
-ècle	*le siècle*
-ège	*le collège*
-ème	*le problème*

Masculine or feminine? *sommaire, glace, bibliothèque, privilège, fromage, classe, voiture, piscine, sondage* (Check in a dictionary.)

TENNIS INTERNATIONAL

Roland-Garros: Marcelo Rios favori

Marcelo Rios est le favori du tournoi de Roland-Garros.
Il a donné une interview à *Tennis International*.

TI: *Marcelo, vous avez semblé très confiant cette semaine.*
MR: Oui, j'ai joué très offensif contre Alberto Costa. Je suis très confiant, et c'est pour ça que j'ai gagné.

TI: *Vous allez jouer contre Berasategui aujourd'hui. Vous l'avez battu à Rome, non?*
MR: Oui, j'ai joué contre lui la semaine dernière et j'ai gagné 7–6, 6–2.
TI: *Vous avez été opposé à Carlos Moya d'Espagne au tournoi de Sankt Pölten il y a deux semaines, non?*
MR: Oui, et j'ai été éliminé. Mais j'aime la compétition. J'aime jouer. Moya a très bien joué.
TI: *Vous êtes content de votre victoire sur Alberto Costa?*
MR: Oui, ce match a prouvé que je suis en forme. Je suis très content. Et mon manager aussi! Nous avons célébré notre victoire ensemble avec une bouteille de champagne!

c'est pour ça que *that's why*
confiant *confident*
éliminer *to eliminate*
gagner *to win*
opposer *to play against*
prouver *to prove*
Roland-Garros *tennis stadium, Paris equivalent of Wimbledon*
sembler *to seem*
tournoi (m) *tournament*

13

1 Complétez les phrases suivantes avec la bonne forme du verbe *avoir*. Choisissez dans la case.

ai	as	a	avons
	avez	ont	

  a Marcelo Rios _____ accordé une interview à *Tennis International*.
  b «Je n'_____ pas été très confiant, et c'est pour ça que j'_____ perdu.»
  c Rios _____ opposé à Berasategui à Sankt Pölten il y a deux semaines.
  d Rios et son manager _____ été très contents.
  e Costa _____ joué très offensif.
  f Marcelo Rios _____ été éliminé par Costa.
  g Marcelo et son manager _____ célébré la victoire ensemble.
  h Le match _____ prouvé que Marcelo est un excellent joueur.

2 Lisez et écoutez l'interview. Regardez vos phrases complétées. Décidez 'vrai' ou 'faux' et écrivez V ou F.

3 Écrivez la forme correcte des phrases fausses.

point grammaire

The perfect tense (*le passé composé*)
(see page 147)

- For most verbs, the perfect tense consists of part of ***avoir*** + a past participle:
*J'**ai joué** très offensif.*
*Moya **a** très bien **joué**.*
*Nous **avons célébré** notre victoire ensemble.*
*J'**ai joué** can mean 'I have played' or simply 'I played'.*
- The past participles of *-er* verbs (e.g. *jouer*) end in *-é*: *joué*.
- The past participle of *être* is *été*.
- The past participle of *avoir* is *eu*.

14 Écoutez l'interview avec Laurent Capet. Copiez et complétez la grille.

Nom	Laurent Capet
Âge	
Points marqués dans le match	
Date du match	
Qui a gagné	
Les célébrations (3 choses)	On a... Ils ont... Il a...

15 Copiez cette liste de mots et écoutez *Ça se dit comment?* Numérotez les mots dans le bon ordre.

Exemple: **1** tournoi

> jouer Coupe
> tournoi aujourd'hui
> groupe

16 Qu'est-ce que vous avez fait le week-end dernier/la semaine dernière?

1 Interviewez les membres de votre groupe – il faut inventer quatre questions/réponses!

Tu as...?
Vous avez...
{
joué au
regardé
opposé
gagné
acheté
visité
}
{
J'ai...
On a...
Nous avons...
}

2 Changez de rôle – inventez quatre nouvelles questions!

17 Imaginez que vous êtes un sportif/une sportive bien connu(e). On vous invite à écrire un article pour la page 'Mon weekend' du magazine *Sportif*. Il faut écrire environ 100 mots.

D'habitude:
• Le samedi...
• Tous les week-ends...

Le week-end dernier:
• J'ai...

Ça se dit comment?
'-ou'
Push your lips forward and put your finger into your mouth. Take it out again and leave the gap. Now say 'oooo'.
  Try these: *tout, doux, joujou, glouglou*
  Now try this: *Les joues des joueurs sont couvertes de boue.* (The players' cheeks are covered in mud.)

TIP Remember that you can use **on** as an easier way to talk about yourself and what you are doing or have done. *'On'* often replaces *'nous'*:

'On a bien joué. On a gagné, et après on a fait la fête.'
We played well. We won, and afterwards we celebrated.

JEUNES SPORTIFS — *Le courrier sportif*

Danny de Saint-Omer nous demande:

✏️ *Je ne suis pas très en forme. Je trouve que le fitness, c'est bon, mais j'ai peur d'avoir un accident. Qu'est-ce qu'il faut faire pour éviter les accidents?*

Nous avons des conseils essentiels à offrir à Danny:

- On doit bien se préparer par la pratique régulière d'un sport.
- Il faut s'échauffer par des exercices ou massages.
- Pendant l'effort, on doit boire régulièrement de l'eau.
- Il faut faire une pause si on est fatigué.
- On doit porter des protections pour les sports de risque.

avoir peur de *to be afraid of*
casque (f) *helmet*
conduire *to drive*
conseil (m) *advice*
s'échauffer *to warm up*
éviter *to avoid*
maillot (m) *(sports) shirt*
même si *even if*
numéroté *numbered*
pendant *during*
régulièrement *regularly*
savoir *to know (how to)*
sport (m) de risque *dangerous sport, adventure sport*

18 Regardez les images 1–5 de Danny. Est-ce que Danny a compris les conseils de *Jeunes Sportifs*? Pour chaque image, répondez *oui* ou *non*.

1 Il faut faire du sport de temps en temps.

2 On doit porter un pull chaud.

3 J'ai soif!

4 On doit continuer, même si on est fatigué.

5 Il faut toujours avoir de la protection contre les risques.

19 Pour quels sports…?

Exemple: **1** Le kayak, le VTT,…

1 Il faut porter un casque.
2 Il faut savoir nager.
3 On doit savoir conduire.
4 On doit porter un maillot numéroté.
5 On ne doit pas avoir peur des animaux.
6 Il faut porter des gants.
7 Il faut courir vite.
8 On ne doit pas toucher au ballon avec la main.

point grammaire

The verb *devoir* (see page 149)
The verb ***devoir***, meaning 'to have to/must' is an irregular verb, so you have to know it by heart. It always goes with an infinitive.

*Il **doit faire** régulièrement de l'exercice.* He must exercise regularly.
***Nous devons** acheter des billets.* We must buy some tickets.
*On ne **doit** pas trop **manger**.* You mustn't eat too much.

*Il **faut*** + infinitive is another way of saying 'it is necessary to/you must'. It doesn't change and can mean 'I/you/we/etc. must…'

Il faut boire régulièrement de l'eau. You must drink water regularly.
Il faut quelquefois faire un régime. Sometimes it's necessary to go on a diet.

Interview avec une athlète

chaque *every, each*
dormir *to sleep*
frais *fresh*
se nourrir de *to eat*
respirer *to breathe*
sortir *to go out*

20 🎧

1 Écoutez l'athlète qui parle. Choisissez une expression pour compléter chaque phrase.
  a il faut...
  b on doit...
  c je dois...
  d il ne faut pas...
  e on ne doit pas...
  f je ne dois pas...
2 Comment dit-elle *I spend one hour swimming*?

TIP To say that you **spend** so much **time** doing something, use: ***passer*** (in the appropriate form) + ***à*** + infinitive:

Je passe deux heures à jouer au basketball.
I spend two hours playing basketball.

How would you say 'I spend two hours working' or 'She's spent one hour playing tennis'?

21

1 Décrivez une semaine normale.

Je passe ... heures à   étudier
                    faire mes devoirs
                    manger
                    dormir
                    faire des activités sportives

2 Décrivez le week-end dernier.

Exemple: ....J'ai passé vingt heures à jouer avec l'ordinateur. On a passé ... etc.

22

1 Vous voulez vous mettre en forme? Voici des conseils. Identifiez les **bons**! ▶
2 Inventez d'autres bons conseils pour rester en forme.

• Je pense qu'on doit...
• Pour moi, je crois que...
• À mon avis...

a On doit manger beaucoup de gâteaux.

b Il faut manger beaucoup de fruits et de légumes.

c On doit boire deux litres de bière chaque jour.

d Il faut pratiquer un sport.

e On doit passer des heures à regarder la télé.

f Il faut se nourrir de chips et de frites.

g Il faut dormir 7 ou 8 heures chaque nuit.

h On doit toujours rester à la maison.

i Il faut sortir et respirer de l'air frais.

j On doit fumer 10 cigarettes par jour.

23 Comparez!

Exemple: Les frites sont plus appétissant**es** que l'ananas mais les tomates sont plus saine**s**.

   ananas

sain   appétissant   délicieux   savoureux   exotique   coûteux

LE QUOTIDIEN

Les enfants du Coca-hamburger

Aux USA 30% à 40% des enfants sont obèses.

Les hamburgers sont le plat le plus populaire chez les enfants américains, et le Coca est la boisson la plus aimée.

À Camp Shane, à 150 kilomètres de New York, 350 enfants, âgés de 7 à 19 ans, sont soumis à des activités physiques intenses (6 heures de sport par jour) et un régime sévère.

Les enfants passent entre 3 et 9 semaines à Camp Shane.

Le coût? 500 dollars les sept jours.

Scott dit: «Ici c'est dur, mais je voudrais être plus mince.»

Ici, les enfants apprennent à dire «non» devant une portion de frites ou une glace au chocolat.

Adieu, les hamburgers, adieu, le Coca!

apprendre *to learn*
boisson (f) *drink*
dur *hard*
être soumis à *to be subjected to, undergo*
mince *thin*
plat (m) *food, dish*
régime (m) *diet*

24 Écrivez le chiffre ou les statistiques, pour les cases 2–7.

1	$500	Prix d'une semaine à Camp Shane
2		Âge des enfants
3		Distance entre Camp Shane et New York
4		Heures de sport par jour
5		Pourcentage des enfants obèses
6		Semaines passées à Camp Shane
7		Nombre d'enfants à Camp Shane

25 🎧

1 Écoutez l'interview et complétez les phrases.
   a Guy a quitté le camp après _____ semaines.
   b Il a _____ que le régime est dur.
   c Il a aimé le _____ mais il a _____ la natation.
   d Il a fait aussi du _____ et de la _____.
   e Guy a perdu _____ kilos, et son ami _____ 20 kilos.
2 Inventez 10 règles pour Camp Shane.

Exemple: On doit boire beaucoup d'eau.

26 Vous avez passé un week-end à Camp Shane. Écrivez votre journal: mentionnez ce que que vous avez mangé, les activités, et le temps que vous avez passé à faire de l'exercice. Inventez les détails!

TIP French words ending in *-ité*, such as *activité*, have a 'twin' in English, ending in *-ity*. Can you complete the following lists?

activité	1	_____	
2	_____	electricity	
identité	3	_____	
4	_____	majority	
densité	5	_____	
6	_____	quality	
réalité	7	_____	
8	_____	obesity	
intensité	9	_____	
10	_____	capacity	

Note: French words ending in *-ité* are nearly always feminine.

checkpoints

TEST

Use the TEST to check your skills in...
- making comparisons using adjectives
- recognising masculine and feminine nouns
- using the perfect tense with *avoir*
- using *on*
- using *il faut* and *devoir* to say what you must do

1 Comparez les choses.

Exemple: Thrust 2 **est plus** rapide **que** le TGV.

a Le football/fatigant/la natation. [1]
b Le français/facile/le chinois. [1]
c Les jus de fruits/populaire/le Coca. [1]
d Le jogging/coûteux/la voile. [1]
e La lecture/passionnant/la danse. [1]

2 Insérez *le, la,* ou *les*.
a Le 'Blackbird' est l'avion _____ plus rapide du monde. [1]
b Les Alpes sont les montagnes _____ plus hautes de la France. [1]
c La baleine bleue est la baleine _____ plus lourde du monde. [1]

3 Inventez **trois** comparaisons. Comparez, par exemple, des sports, des passe-temps, des vedettes de rock et des voitures. [6]

4 Masculin ou féminin?
sport, natation, voile, rugby, danse, ski [6]

5 Écrivez 5 phrases pour décrire la semaine de Françoise, fana du sport.

Exemple: Jeudi soir, elle a joué au football.

a vendredi matin – tennis [1]
b samedi matin – natation [1]
c dimanche après-midi – équitation [1]
d lundi matin – volleyball [1]
e mardi soir – badminton [1]

6 Complétez avec la bonne forme du verbe *devoir*.
a Tu _____ rester à la maison. [1]
b Nous _____ partir maintenant. [1]
c Les filles _____ partir aussi. [1]

7 Pour rester en forme: donnez **six** conseils sous les titres suivants:
On doit/On ne doit pas (trois conseils) [6]
Il faut/Il ne faut pas (trois conseils) [6]

Total [40]

QUIZ

Use the QUIZ to check your ability to talk in French about...
- popular sports in France
- sports personalities
- record holders
- fitness and exercise
- healthy lifestyles

1 Quel est le sport le plus populaire de la planète? [1]
2 Chez les Français, est-ce que la natation est plus ou moins populaire que le tennis? [1]
3 Quel est le moins populaire chez les Français – le golf ou le ski? [1]
4 Quel sport a le plus de pratiquants en France?
a le judo; b le tennis; c la pétanque [1]
5 Qui est la femme la plus grande du monde? [1]
6 À Paris, l'équivalent de Wimbledon, c'est...? [1]
7 Quels sports font-ils?
a Laurent Capet [1] d Jacques Villeneuve [1]
b Cédric Pioline [1] e Christophe Moreau [1]
c Marie-Jo Pérec [1] f Zinédine Zidane [1]
8 a Comment s'appelle le camp américain? [1]
b Quel âge ont les enfants qui vont à ce camp? [1]
c Ça coûte combien pour une semaine? [1]

Total [15]

PROJETS

A Dessinez un poster: 'Restez en forme!' Donnez des conseils:

Il faut...
On ne doit pas...

B Il faut comparer:
- *OU* deux sports (voir page 12)
- *OU* deux sportifs/sportives (voir page 13)

Préparez une présentation d'une minute, ou écrivez environ 50 mots.

C Choisissez un sport: le rugby, le tennis, la pétanque. Répondez aux questions d'un(e) débutant(e) (*beginner*).

- Il faut avoir combien de personnes par équipe?
- Qu'est-ce qu'il faut porter?
- On fait ce sport en été ou en hiver?
- Où est-ce qu'on fait ce sport?
- Un match, ça dure combien de temps?

unité 3
Boulot

UNIT GOALS

To improve your language skills in...
- using *pouvoir* and *savoir* to say what you are able to do
- using *aller*, *vouloir* and *espérer* to say what you intend to do
- making comparisons using adverbs
- using possessive adjectives *mon, ton, son* to say *my, your, his/her*
- using the perfect tense with *être* to say what you did/have done

To find out about...
- the school system in France
- jobs in France
- a French CV
- French business letters and job applications
- voluntary work and organisations

Revision in this unit includes...
- reflexive verbs
- the difference between *tu* and *vous*
- asking questions
- giving your opinion

---

aide (f) *help*
chiffres (fpl) *figures (statistics)*
lecteur (m) *reader*
en ligne *on line*
matière (f) (scolaire) *school subject*
moteur (m) de recherche *search engine (on the Internet)*

Vous nous demandez...

Moi, je suis en 3ᵉ et je veux être programmeuse mais j'ai des problèmes en calcul. Où est-ce que je peux trouver de l'aide? **Cécile**, Nantes

Tu as un ordinateur chez toi, Cécile? Tu sais, maintenant on peut étudier toutes les matières scolaires en ligne ... ou presque. Tu dis que tu as des problèmes en calcul. Il y a beaucoup de sites-web éducatifs où tu peux trouver des puzzles, des jeux et des tests.

Oui, le monde d'Internet, c'est à toi! Maintenant nous pouvons faire des études scolaires à la maison. Est-ce qu'on peut faire ses devoirs à l'aide d'Internet? Bien sûr! On peut trouver toutes sortes d'informations à l'aide d'un moteur de recherche.

Mais on ne peut pas rester à la maison tout le temps! Il faut aller au collège, bien sûr. Là vous pouvez consulter vos professeurs. Les professeurs peuvent vous offrir des conseils et ils peuvent vous guider. Oui, le monde change, mais il faut continuer à travailler!

1 Les phrases suivantes sont fausses. Remplacez les mots **en gras** pour les corriger.

1 C'est une **adulte** qui a des problèmes.
2 Elle ne comprend pas le **français**.
3 Il y a un **petit** nombre de sites-web éducatifs.
4 Il est **impossible** de faire des recherches à la maison.
5 Il faut **rester** à la maison.
6 Les **professionels** sont capables de vous aider.

2 Trouvez dans le texte *Vous nous demandez* les équivalents des expressions 1–6.

1 il est possible de
2 bon nombre de
3 chez nous
4 naturellement!
5 il n'est pas possible de
6 on doit

TIP The **French school system** counts the opposite way to that of the UK:

la 6ème = Year 7
la 5ème = Year 8
la 4ème = Year 9
la 3ème = Year 10
la seconde = Year 11
la première = Year 12
la terminale = Year 13

Moi, je suis en 3ème.
Students move from a *collège* after *la 3ᵉ*. They can go to a *lycée* to continue academic studies or to a *lycée professionnel* for more vocational and practical courses.

Ça se dit comment?
'-on', '-om'
This is another nasal vowel. Remember *-ent* in *parent* and *adolescent* (see page 3)? For *-on* and *-om*, drop your jaw a little further and push your lips forwards a little.

Listen to the recording of the text at the top of this page and pay special attention to the words including *-on* or *-om*. Then practise the following words:
on, monde, pouvons, maison, information, consulter, conseils, continuer, comprendre, nombre

Try this nonsense sentence: *Bon nombre de longs camions sont sur le pont d'Avignon.*

point grammaire

The verb *pouvoir* (see page 150)

- *Pouvoir* means 'to be able to' (e.g. I am able to, I can). It is followed by an infinitive:
  Tu peux contacter des correspondants par e-mail.
  On peut étudier toutes les matières scolaires en ligne.
  Nous pouvons faire des études scolaires en ligne.
  Can you find the forms of the verb for *vous* and *ils* in the text on page 22?
- The form of the verb for *je* is the same as for *tu*. So what is it?
  Now complete the verb:

je _____	nous _____
tu _____	vous _____
il/elle/on _____	ils/elles _____

How would you say the following?
'We can study on-line.'
'Teachers can find all sorts of information.'
Pouvoir can be used for asking and giving permission:
– *Je peux sortir ce soir, maman?*
– *Non, tu ne peux pas sortir. Tu dois compléter tes devoirs.*

TIP When do you use **tu** and when do you use **vous**?

Tu is used when you're speaking to one person that you know well, and by adults talking to a young person.

Vous is used to speak to more than one person, or to someone that you don't know very well. If you're not sure, go for *vous*.

In the article on page 22, the writer calls Cécile *tu*, but in the last paragraph *vous* is used to address readers in general.

3 Qu'est-ce qu'on peut faire quand on est libre?

1 Composez des phrases avec la bonne forme de *pouvoir*.

Exemple: Le soir, **nous pouvons** faire des recherches en ligne.

			surfer sur Internet
Le soir, Le samedi, Le week-end,	je tu Céline nous vous mes copains	**[pouvoir]**	jouer au basketball faire des recherches en ligne tchatcher avec des cyber-copains sortir rester à la maison

2 Dites ce qu'on peut faire dans votre ville le week-end. Et qu'est-ce qu'on ne peut pas faire?

4 Choisissez la forme correcte: *tu peux* ou *vous pouvez*?

1 _____ m'aider, Monsieur?
2 _____ m'aider, maman?
3 _____ travailler dans la bibliothèque, Aline et Marie-Jo.
4 _____ entrer maintenant, Monsieur, Madame.
5 _____ sortir ce soir, Paulette?

5 Lisez *Quelques chiffres*. Choisissez la bonne réponse.

1 Il y a plus d'élèves: **a** en primaire; **b** en secondaire.
2 Les élèves sont dans la proportion de: **a** 100 élèves contre un professeur; **b** 10 élèves contre un professeur.
3 La majorité des élèves sont: **a** dans le secteur public; **b** dans le secteur privé.

Quelques chiffres

En France on compte:

- 1 million d'enseignants
- 4,5 millions d'élèves en primaire
- 6 millions d'élèves en secondaire
- 2 millions d'étudiants
- 18% des élèves dans l'enseignement privé

Petites annonces

URGENT

GARDE D'ENFANT

On recherche jeune fille
sérieuse
minimum 6 mois
Expérience essentielle

a

VILLAGE DE VACANCES

recherche
Animateur
musique/disc jockey
Période 1er mai – 30 septembre

b

HOTEL LA NORMANDIE

recherche
Serveurs/Serveuses
pour notre restaurant de luxe
Travail à plein temps

c

SUPERMARCHÉ ATLAS

recrute
Caissiers/Caissières
Travail temporaire: 1er juin – 31 juillet

e

SOCIÉTÉ PUBLICITAIRE

recherche
Distributeur/
Distributrice
de nos documents
publicitaires
en boîtes aux lettres

d

animateur (m) *organiser, host*
caissier/caissière *checkout assistant, cashier*
garde (f) d'enfant *child-minding, child-minder*
rechercher *to seek*
recruter *to recruit*
serveur/serveuse *waiter*

TIP **Talking about jobs**:

- Some job titles have feminine forms: *animateur/animatrice, distributeur/distributrice, infirmier/infirmière, vendeur/vendeuse.*
- Don't include *un(e)* when you say what somebody's job is. *Luc est UN caissier; je veux être vétérinaire.*

6 Pour chaque description (1–5), identifiez la bonne annonce (a–e).

1 Il faut aimer les enfants.
2 On doit travailler en plein air.
3 On doit comprendre le menu.
4 Il faut avoir de l'expérience.
5 Il faut commencer en juin.

7 🎧 Écoutez les cinq jeunes qui parlent.

1 Trouvez un bon emploi pour chaque personne.
  a Christine **b** Kamel **c** Benoît **d** Alice **e** Gérard
2 Expliquez votre choix dans chaque cas.

Exemple: Christine – serveuse – elle a travaillé dans un café.

8 Boulots

1 Complétez la grille.

Il est...	Elle est...
Exemple: électricien	*électricienne*
	institutrice
vendeur	
	boulangère
chanteur	
	infirmière
caissier	

2 Utilisez les mots dans la grille (question 1) pour compléter les phrases suivantes.
  a Comme _____, mon père fabrique tout le pain pour le village.
  b Ma sœur est très célèbre. Elle est la _____ d'un groupe de rock.
  c Mon frère travaille dans une école primaire comme _____.
  d La mère de Sylvie travaille dans un supermarché comme _____.
  e L'oncle de Pierre est employé dans l'hôpital municipal comme _____.

9 🎧 On fait quelle sorte de travail?

1 Copiez la grille. Écoutez la conversation et complétez la grille.

	Profession	Heures de travail par semaine	Salaire à l'heure	Vêtements	Opinion
Fabien	disc jockey	30	17€	t-shirt, jean	super
Maïté					
Valérie					
Sébastien					

2 Qui gagne le plus par semaine? Faites le calcul nécessaire.

10 Complétez les phrases.

1 Tu _____ conduire une voiture?
2 Tu _____ Paris?
3 Tu _____ quelle heure il est?
4 Tu _____ mon copain Michel?
5 Tu _____ la date de la bataille de Waterloo? Non, mais demande à Michel – il _____ bien l'histoire.

11 C'est qui?

1 Choisissez un(e) employé(e) pour chaque description.

Exemple: **a** Michel

Descriptions

a Il connaît le stock de son magasin et il sait calculer.
b Elle connaît la biologie, et elle sait rassurer les gens.
c Ils peuvent porter des paquets lourds et ils connaissent leur ville.
d Elle connaît les activités préférées des jeunes et elle sait organiser les gens.
e Elle sait mettre la table et elle peut porter des choses lourdes.
f Il connaît très bien sa matière et il sait répondre aux questions sur l'histoire.

Employés

Charlotte est animatrice.
Guillaume est animateur.
Delphine est caissière.
Françoise et Lisette sont distributrices.
Ben et Boris sont distributeurs.
Pauline est médecin.
Claude est professeur.
Jacques est serveur.
Catherine est serveuse.
Michel est vendeur.
Annette est vendeuse.

2 Écrivez une description de deux autres métiers. Utilisez *savoir*, *pouvoir* ou *connaître*.

point grammaire

Two verbs for 'to know' (see pages 149–50)

- To know a fact = *savoir*:
  Je sais la date de ton anniversaire.
- To know how to do something = *savoir*:
  Tu sais nager?
  The pattern of *savoir* is:
  je sais, tu sais, il/elle/on sait, nous savons, vous savez, ils/elles savent.
- To know (be familiar with) a person, a place or a particular subject is *connaître*:
  Tu connais cette fille?

TIP When you want to say what you **'can'** do, there is an important difference in French between saying you **'know how to'** (*savoir*) and you **'are physically able to'** (*pouvoir*).

Aidez-moi! Je ne sais pas nager!

Désolé, mais je ne peux pas nager.

lourd *heavy*
mettre la table *to set/lay the table*
moitié (f) *half*

12 🎧 Et à la maison?

Oui, il faut travailler à la maison. Écoutez Nathalie, Paul, Angèle, Stéphanie et Nicole qui parlent de leurs corvées de ménage. Pour chaque personne, écrivez la bonne lettre, et dessinez 😃 ou 🙁.

Exemple: Nathalie = g,

a   b

c   d   e   f   g

LE QUOTIDIEN

Quelles sont vos ambitions?

Moi, je veux travailler pour la Croix Rouge. C'est une organisation admirable qui aide les populations en danger. Elle est représentée dans 176 pays différents du monde. J'espère étudier la médecine à l'Université de Caen où je veux me spécialiser en maladies tropicales. Mon ambition est de passer deux ou trois années en Afrique et de travailler dans un hôpital. Pourquoi est-ce que je veux faire cela? Parce que je trouve qu'il faut aider les autres, surtout les pauvres. Nous habitons un pays riche, et nous avons beaucoup de possessions – voitures, frigos, ordinateurs, chaînes-stéréo, etc. Si on veut manger dans un restaurant, pas de problème! Mais il y a des millions de pauvres qui n'ont ni nourriture ni d'eau pure à boire. C'est scandaleux!

Éric, Lisieux

Si vous voulez avoir plus d'informations sur la Croix Rouge, consultez
www.croix-rouge.fr **sur Internet.**

13 Trouvez dans le texte le contraire de chaque expression.

1 un pays pauvre
2 une organisation horrible
3 il n'est pas nécessaire de
4 nous n'avons pas beaucoup de choses
5 C'est super!

14 Complétez les phrases suivantes.

1 La Croix Rouge est présente dans _____ pays du monde.
2 Éric veut travailler comme _____.
3 Il trouve qu'il est _____ de travailler pour les pauvres.

15 Qu'est-ce qu'ils veulent faire?

1 Écoutez les gens qui parlent et complétez la grille.

	Travail	Voyages	Achats
Cédric	*journaliste*	*États-Unis*	*voiture américaine*
Anne-Marie			
Henri			
Simone			

2 Écoutez une deuxième fois et décidez: Qui veut suivre sa profession...
  a ...parce qu'on peut voir le monde et aider aux autres?
  b ...parce que c'est bien payé?
  c ...parce qu'il/elle veut avoir un métier dangereux?
  d ...parce qu'il/elle aime les langues étrangères?

cela *that*
maladie (f) *disease, illness*
nourriture (f) *food*
pauvre *poor*

point grammaire

The verb *vouloir*
(see page 150)

- The verb *vouloir* is followed by an infinitive:
  Je veux travailler pour la Croix Rouge.
  Si on veut manger dans un restaurant, pas de problème.

- The pattern is like that of *pouvoir* (page 23).

  How would you say 'I want to work in Africa. Do you want to work for the Red Cross?'

- *Vouloir* is also used to make requests:
  Voulez-vous parler plus lentement, s'il vous plaît?

TIP You can make your sentences more interesting (and increase your score in a speaking test!) by **giving reasons** for things. Use *parce que* (because):

*Je veux travailler comme journaliste **parce que** c'est un métier intéressant.*
*Je veux être mannequin **parce que** c'est très bien payé.*

Ça se dit comment?
'-l' endings
Final consonants are not usually pronounced. So you don't normally say the *-p* on the end of *beaucoup* or the *-s* on the end of *pays*.
Exception: *-l* after a vowel: *il, personnel, tropical* and *tel*.

16 Quelles sont leurs ambitions?

Moi, je veux être professeur.

1 Fabienne

Moi, je veux être programmeuse.

2 Valérie

Moi, j'espère travailler comme journaliste pour une radio locale.

3 Antoine

Mon ambition est de travailler comme secrétaire.

4 Marie-Paule

Nous voulons faire le tour du monde!

5 Jeanne et Sylvie

Notre rêve est d'aider les victimes du SIDA.

6 Édouard et Agathe

Expliquez leurs ambitions à votre copain/copine selon les détails ci-dessous:

Exemple: **1** Fabienne **espère** travailler dans le domaine de l'éducation.

1 Fabienne (**espérer**) travailler dans le domaine de...
2 Valérie (**aimer**) programmer...
3 Antoine (**vouloir**) travailler dans...
4 Marie-Paul (**compter**) travailler dans...
5 Jeanne et Sylvie (**espérer**) visiter...
6 Édouard et Agathe (**avoir l'intention de**) aider...

17 Interviewez vos copains de classe sur leur métier futur.

1 Demandez quel est leur métier choisi.

Exemple: – Qu'est-ce que tu veux faire comme métier?
– Je veux être pompier.

2 Demandez **deux** raisons de leur choix.

Exemple: – Pourquoi?
– Parce que c'est **dangereux** et **bien payé**.

Expliquez ces choix à la classe.

Exemple: Mandy veut être photographe parce qu'elle s'intéresse au journalisme et parce qu'elle veut voir le monde.

18 Changez les phrases suivantes. Utilisez la forme correcte de l'adverbe.

| + plus | = aussi | – moins |

Exemple: Philippe travaille (+) lentement (Josie).
Philippe travaille **plus** lentement **que Josie**.

1 Julie observe (−) attentivement (Michel).
2 Les techniciens travaillent (=) soigneusement (les serveurs).
3 On peut répondre (+) vite par courrier électronique (lettre).
4 Les Médecins sans Frontières sont (+) bien connus (ActionAid).

TIP These are ways of talking about your **ambitions** and **intentions**:

- You can use the verb *espérer* which means 'to hope', and which, like *vouloir*, is followed by an infinitive: *J'espère travailler en Afrique.* Check the whole verb on page 104, watching out for the accents!
- You can also use *j'aimerais* or *je voudrais*, which both mean 'I'd like to': *J'aimerais aider les pauvres. Je voudrais travailler pour MSF. Je voudrais devenir animatrice à la télé.* (*devenir* = to become)
- To express intention you can use any of the following: *Je compte faire du travail volontaire. J'ai l'intention de travailler à l'étranger. Mon idée/mon ambition/mon rêve est de devenir directeur d'une société.* All these are followed by an infinitive.

point grammaire

Comparatives of adverbs

Adverbs ending in *-ment* can be used for comparisons, just like adjectives:
plus + adverb + *que*
moins + adverb + *que*
aussi + adverb + *que*
*La tortue marche **plus lentement que** le lièvre.*

The comparative of *bien* (well) is *mieux* (better):
*Christine travaille **mieux que** Caroline.*

OFFRES D'EMPLOIS

RADIO CORSAIRE

recherche

Reporter
Région Ouest
Bonnes connaissances du français et de l'anglais.
Lieu de travail: Saint-Malo
Rémunération: négociable
Formation: BAC + 2

Envoyer CV + photo à:
**Chef du personnel,
Radio Corsaire,
34 place Bouvet,
35400 Saint-Malo**

BAC + 2 *baccalauréat (A level) + 2 years' experience*
connaissances (fpl) *knowledge*
CV (m) *CV (curriculum vitae)*
envoyer *to send*
formation (f) *training, education*
rémunération (f) *salary*

Alain Chasseur, jeune reporter, pose sa candidature au poste de reporter.

Alain Chasseur
14 rue Malherbe
44000 Nantes

tél: 02 40 62 35 27

Chef du personnel
Radio Corsaire
34 place Bouvet
35400 Saint-Malo

Saint-Malo, le 3 novembre

Monsieur

J'ai lu votre annonce parue dans *Le Quotidien* daté du 2 novembre et je veux poser ma candidature au poste de reporter.

J'ai vingt ans et je travaille actuellement pour un petit journal publicitaire, *Le Marché.*

Je parle bien l'anglais, car j'ai passé une année en Angleterre, où j'ai fait des études. Je veux être journaliste de radio, parce que c'est un métier sérieux mais aussi excitant.

Je vous envoie un CV avec photo.

Veuillez agréer, Monsieur, l'expression de mes sentiments distingués.

Alain Chasseur

Alain Chasseur

TIP In a **formal letter**, always use *vous* rather than *tu.*

actuellement *currently, at present*
paru *appeared (here = which appeared)*
poser sa candidature *to apply for*

19 La lettre formelle

Regardez la lettre. Regardez les questions ci-dessous et choisissez la bonne réponse.

1 On écrit son adresse: **a** en haut, à droite; **b** en haut, à gauche.
2 On écrit l'adresse de la personne à qui on écrit: **a** à gauche; **b** à droite.
3 On écrit: **a** la ville et la date; **b** la date.
4 L'équivalent de *Dear Sir* est: **a** Monsieur; **b** Cher Monsieur.
5 L'équivalent de *Yours faithfully* est: **a** Bons baisers; **b** Veuillez agréer, Monsieur, l'expression de mes sentiments distingués.

Date:

Heure:

Interview avec:

Salle:

Étage:

Confirmation:

☎

20 🎧 Deux jours plus tard, quand Alain arrive chez lui, il y a un message sur le répondeur téléphonique. Notez les détails de l'interview proposé.

21 🎧 Alain se prépare. Il se demande ce qu'il va porter pour son interview. Choisissez le bon mot: *mon, ma* ou *mes*.

Bon . . . qu'est-ce que je vais porter . . .? Voyons, oui, je vais porter _____ complet gris avec _____ nouvelle chemise bleue et _____ cravate jaune . . . mais _____ chaussures sont trop vieilles . . . je vais en acheter de nouvelles. Et s'il pleut? Bon . . . je vais porter _____ imperméable . . . et je vais prendre aussi _____ parapluie.

22 🎧 Après l'interview, Alain est allé au café avec sa copine Brigitte. Complétez leur conversation avec les mots dans la case.

mon	ma	mes	ses	ton	ta	tes

Brigitte: Alors, c'était comment, _____ interview?
Alain: C'était vraiment super. M. Parizet m'a parlé de _____ expérience. Et _____ qualifications l'ont impressionné.
Brigitte: Est-ce que _____ questions étaient difficiles?
Alain: Non, et je pense que _____ réponses étaient assez bonnes.
Brigitte: Et tu as l'air assez chic avec _____ cravate jaune, non?
Alain: Oui, peut-être. Regarde, tu aimes _____ nouvelles chaussures?
Brigitte: Oui, elles sont belles. Bon, qu'est-ce que tu prends comme boisson, _____ chéri?

23 🎧 Lisez les règles **a**–**h**. Écoutez quatre candidats qui n'ont pas lu ces règles. Pour chaque candidat, identifiez la règle qu'on n'observe pas.

> ### Règles pour réussir votre interview
> **a** Confirmez le rendez-vous
> **b** Portez un costume sombre
> **c** Arrivez à l'heure
> **d** Parlez simplement de vous-même
> **e** Pensez avant de parler
> **f** Restez sérieux
> **g** Posez des questions intelligentes
> **h** Souriez

24 🎧 Alain Chasseur rapporte ce qui s'est passé le jour de son interview avec M. Parizet. Notez les détails personnels d'Alain. Quelle appréciation lui donnez vous? Copiez et remplissez la carte.

RADIO CORSAIRE

Nom:	Âge:
Prénoms:	
Langues:	
Salaire actuel:	Poste actuel:
Ambitions:	

Appréciation: Excellent ☐   Bon ☐   Suffisant ☐

point grammaire

mon, ma, mes, etc. (see page 144)
In French the words for 'my', 'your', 'his/her', etc., agree with the noun to which they are attached:

ma *candidature*
my application
mon *CV*   my CV
mes *sentiments*
Alain Chasseur pose **sa** candidature.
J'ai lu **votre** annonce.

- *mon, ton* and *son* replace *ma, ta* and *sa* when a feminine noun starts with a vowel:
mon *ambition*
ton *attitude*

For the full forms of the possessive adjectives, see page 144.

TIP To ask a **question** to which the answer is 'yes' or 'no', you can simply raise the tone at the end of a statement: *Vous êtes journaliste?*
   Alternatively, put *Est-ce que* at the beginning: *Est-ce que vous êtes journaliste?*
   If you need information, rather than a 'yes' or 'no' answer, add a question word before *est-ce-que* (*Qui . . . ? Que . . . ? Quand . . . ? Comment . . . ? Pourquoi...? Où...?*) (see page 148):
Qu'est-ce que vous faites?
Où est-ce que vous travaillez?
Pourquoi est-ce que vous voulez changer d'emploi?

25 🎧 Alain est maintenant reporter avec Radio Corsaire. Il assiste à un incendie dans une usine près de Dinard. Écoutez son reportage. Trouvez les chiffres suivants.

1 L'incendie s'est déclaré à _____ heures.
2 Les pompiers sont arrivés à _____ .
3 _____ des pompiers est monté au premier étage.
4 Il est descendu _____ minutes plus tard.
5 Tout le personnel, qui consiste en _____ personnes, est sain et sauf.

caserne (f) de pompiers *fire station*
se déclarer *to break out*
incendie (m) *a fire*
pompier (m) *firefighter*
voiture (f) de pompiers *fire engine*

26

1 Dans la case, choisissez le verbe approprié pour compléter chaque titre.

est entré	est partie	est sorti	sont remontés
	est monté	est arrivée	

- Un pompier _____ dans le bâtiment.
- Le pompier _____ du bâtiment, portant Mlle Ducros.
- La voiture de pompiers _____ à l'usine.
- Le pompier _____ au premier étage.
- Enfin, la voiture des pompiers _____.
- Les pompiers _____ dans la voiture.

2 Ensuite, mariez les titres avec les images.

Exemple: Un pompier est entré dans le bâtiment = **b**

point grammaire

The perfect tense (*le passé composé*) (see page 147)
Most verbs use *avoir* in the perfect tense: *J'ai travaillé comme journaliste.* A small group use *être* instead of *avoir*. They are mostly verbs which refer to movement:

*Je **suis arrivé** à l'usine à 9h10.*
*La voiture de pompiers **est partie** à 9h07.*
*Le pompier **est monté** au premier étage.*

With all verbs that use *être* in the perfect tense, the past participle agrees with its subject:
***Elles** sont arriv**ées**.*

Rappel *être*: *je suis, tu es, il/elle/on est, nous sommes, vous êtes, ils/elles sont.*

a   **b**   **c**   **d**   **e**   **f**

27 Composez des phrases au passé composé en utilisant la grille suivante.

Exemple: Tu **es partie** à quelle heure, Nathalie?

Combien de phrases sont possibles en deux minutes?

Moi, je	partir	à onze heures.
Tu	arriver	à quelle heure?
La voiture	sortir	quand?
Nous	descendre	vers la fin de la matinée.
Vous	venir	hier.
Les pompiers	entrer	quelques minutes plus tard.

28 Reformulez le texte suivant au passé composé.

23h10 Deux cambrioleurs **entrent** dans une bijouterie à Avranches.
23h20 Des gendarmes **arrivent** à la bijouterie. Trois gendarmes **entrent** dans le bâtiment et **montent** au premier étage.
23h25 Un des gendarmes **descend** et **sort** de la bijouterie, avec un des cambrioleurs.
23h30 Les deux autres **sortent** de la bijouterie. Ils **montent** dans la voiture qui **part** à toute vitesse.

29 🎧 Voici un article sur l'incendie, qui a paru dans *Le Quotidien*.

Malheureusement, il y a plusieurs erreurs. Écoutez le reportage et corrigez les erreurs dans l'article.

Exemple: À **9** heures du matin

cercueil (m) *coffin*
se précipiter *to rush*
les applaudissements (mpl) *applause*

LE QUOTIDIEN

DINARD

À 8 heures du matin, hier, vendredi, un incendie s'est déclaré dans l'usine Arkitex dans la zone industrielle de Dinard. À 8 heures 45, deux voitures de pompiers sont arrivées sur les lieux. Quelques minutes plus tard, deux ambulances sont arrivées. Trois pompiers se sont précipités dans le bâtiment pour chercher le personnel de l'usine. Deux

pompiers sont montés au premier étage, où ils ont

trouvé une des secrétaires.

Ils sont descendus, portant Mlle Dufour. Ils sont sortis, sous les applaudissements du personnel assemblé devant l'usine. Les pompiers sont montés dans l'ambulance avec Mlle Dufour. Les deux ambulances sont parties. Les voitures de pompiers sont restées devant l'usine encore une demi-heure, puis elles sont parties.

---

30 Imaginez la journée d'Alain. Utilisez ces verbes pour enregistrer ou écrire un compte-rendu de ses activités.

Exemple: Alain s'est réveillé à 7h. Il s'est levé...

se réveiller	se lever	se doucher	s'habiller
se précipiter	arriver	partir	interviewer
retourner	se calmer	repartir	rentrer
se laver	se coucher		

31 🎧 Quelques jours plus tard, Alain a interviewé plusieurs gens professionnels. Il leur a demandé ce qu'ils font et quelles en sont leurs opinions. Copiez et complétez.

	Profession	Opinion
1		
2		
3		
4		
5		

32 **Le journal de Dracula**

Lisez cet extrait du journal de Dracula. Imaginez que vous êtes le vampire. Reformulez le texte. Utilisez le passé composé (*perfect tense*). Il faut changer les verbes **en gras**.

---

point grammaire

Rappel: Reflexive verbs (see page 5)
All reflexive verbs use *être* in the perfect tense; so remember that the participle has to agree!

*Elle **s'est** réveillée très tard, **s'est** levée immédiatement et **s'est** précipitée dans la salle de bains.*

TIP It's useful to learn words expressing opinions according to whether they are **positive** or **negative**.

	Positive	Negative
C'est un boulot qui est très	*facile* *relaxant* *stimulant*	*difficile/dur* *stressant* *fatigant*
C'est un boulot qui donne	*beaucoup de satisfaction*	*peu de satisfaction*

Remember, you can also combine opinions:
*C'est un boulot qui est très difficile **mais** qui donne beaucoup de satisfaction.*

À 21h le soleil **se couche**. À 21h10 je **me lève** – je **sors** de mon cercueil. Je **me brosse** les dents très soigneusement parce qu'elles doivent être blanches et propres. Je **me rase** – c'est difficile parce que je ne vois pas mon visage dans le miroir. Je **me peigne** – dans ma profession, il faut être chic! Je **pars** pour le village. J'**arrive** à la maison d'une jeune fille, et j'**entre** dans sa chambre par la fenêtre. Elle ne **se réveille** pas. Je **m'approche** du lit. ...

checkpoints

TEST

Use the TEST to check your skills in . . .

- using *pouvoir* and *savoir* to say what you are able to do
- using *vouloir* to say what you intend to do
- making comparisons using adverbs
- using the perfect tense with *être* to say what you did/have done

1 Complétez le dialogue suivant en utilisant le verbe *pouvoir*.

- – Maman, je _____ sortir ce soir? [1]
- – Non, tu ne _____ pas. Tu dois finir tes devoirs. [1]
- – Mais, maman, la mère de Philippe dit qu'il _____ aller au cinéma ce soir. [1]
- – Bon, vous _____ y aller tous les deux, mais tu dois finir tes devoirs avant, OK? [1]
- – D'accord!!

2 Choisissez la forme correcte du verbe *vouloir*.
- **a** Alain Chasseur **veux/veut** être reporter. [1]
- **b** Est-ce que vous **voulez/voulons** faire le tour du monde? [1]
- **c** Mes copains **veut/veulent** faire du travail volontaire. [1]
- **d** Moi, je **veulent/veux** aller aux États-Unis. [1]
- **e** Est-ce que tu **veut/veux** aller au café ce soir? [1]

3 Faites des comparaisons en utilisant des adverbes.

Exemple:
Bernard – écouter – (+) attentivement – moi
Bernard **écoute plus attentivement que** moi.

- **a** On – arriver – (+) facilement avec le bus – avec le train [2]
- **b** Le TGV – rouler – (−) vite – Thrust 2 [2]
- **c** Moi, je – travailler – (+) rapidement – ma sœur [2]

4 Écrivez les phrases suivantes au passé composé.
- **a** Paul arrive au bureau à neuf heures. [2]
- **b** Hélène arrive juste après Paul. [2]
- **c** Ils entrent dans le bâtiment. [2]
- **d** Paul monte au premier étage. [2]
- **e** Hélène monte au deuxième. [2]
- **f** Ils descendent à une heure. [2]

5 Faites accorder le participe passé.
- **a** Sandrine est (**arrivé**) au travail à 9h30. [2]
- **b** Les deux directeurs sont (**resté**) dans la cantine. [2]
- **c** Anne et Simone sont (**parti**) à 6h. [2]
- **d** Moi, je suis (**rentré**) à 5h30. (*Attention!*) [2]

6 Voici la journée de Pascale Wintz, productrice à la radio. Qu'est-ce qu'elle a fait hier?

Exemple: Elle **s'est levée** à 7h.

- **a** Se lever – 7h [1]
- **b** Se doucher, s'habiller [2]
- **c** Partir pour le studio – 7h45 [1]
- **d** Arriver au studio – 8h15 [1]
- **e** Préparer son programme – 8h15–12h [1]
- **f** Déjeuner – 12h [1]
- **g** Retourner au studio – 13h [1]
- **h** Écouter une répétition – 14h–16h [1]
- **i** Participer à une conférence – 16h [1]
- **j** Rentrer à la maison – 18h [1]
- **k** Dîner – 20h [1]
- **l** Se coucher – 22h30 [1]

Total [48]

QUIZ

Use the QUIZ to check your ability to talk in French about...

- the school system in France
- jobs in France
- what a French CV looks like
- what a French job application or business letter looks like
- voluntary work and organisations

1 Vrai ou faux?
   a la 3e = *Year 9* [1]
   b la terminale = *Year 13* [1]

2 Où est-ce qu'on fait des études scolaires à l'âge de 16 ans? [1]

3 Où est-ce qu'on fait des études plutôt pratiques à cet âge-là? [1]

4 Combien d'élèves y a-t-il en primaire en France? [1]

5 Et combien d'élèves y a-t-il en secondaire? [1]

6 Quelle est la proportion élèves/professeurs? [2]

7 Il y a plus d'élèves dans le secteur public ou dans le secteur privé? [1]

8 On dit *tu* ou *vous* quand on parle à son professeur? [1]

9 Dans une lettre formelle on écrit à la fin *Gros bisous* ou *Veuillez agréer, Monsieur, l'expression de mes sentiments distingués*? [1]

10 Répondez aux questions suivantes sur la Croix Rouge.
   a La Croix Rouge est représentée dans combien de pays? [1]
   b C'est une organisation agricole, médicale ou industrielle? [1]

11 Un CV, c'est un C_____ V_____

12 Où est-ce que ces gens travaillent?
   a un serveur [1]
   b une vendeuse [1]
   c un disc-jockey [1]

Total [16]

PROJETS

A Écrivez un portrait de Patrick Legrand en utilisant les détails suivants:

Nom	Legrand
Prénoms	Patrick Joël
Âge	25 ans
Domicile	3 place du 6 juin, Saint-André-la-Victoire
Profession	Photographe
Expérience professionnelle	Deux ans en Afrique. Publication d'un livre de photos de lions. Un an comme photographe avec le *Télégramme* à Brest.
Ambitions professionnelles	Photographier des animaux inconnus. Travailler pour un grand journal quotidien.
Ambitions personnelles	Être photographe. Maîtriser la guitare électrique. Se marier. Avoir une famille.

B Mes ambitions.
Faites deux listes:

- ce que vous savez faire maintenant
- ce que vous espérez faire dans 10 ans.

Comparez vos listes avec les listes d'un(e) partenaire.

Exemple: Moi, je sais jouer de la flûte. Dans dix ans j'espère savoir jouer de la guitare.
Ma copine Elizabeth sait déjà jouer de la guitare, mais elle veut apprendre la batterie.

Écrivez environ 100 mots.

C Faites une enquête sur le travail de deux personnes.

Que font-ils? Où?
Combien d'heures est-ce qu'ils travaillent?
Combien est-ce qu'ils gagnent?
Qui travaille les heures les plus longues?
Qui gagne le plus?

unité 4
Communications

UNIT GOALS

To improve your language skills in...
- using direct object pronouns instead of repeating nouns
- using the present tense of *finir* and *dire*
- using indirect object pronouns: *lui* and *leur*
- using negatives: *ne . . . jamais* and *ne . . . plus*

To find out about...
- TV in France
- radio in France
- using the Internet
- multimedia
- French newspapers and magazines

Revision in this unit includes:
- making comparisons
- the perfect tense
- asking and giving times in French

Ça se dit comment?
'-i'

The vowel *-i* is quite long. It never sounds like the English vowel, i.e. like 'eye'.

Listen to the recording and repeat the descriptions of the TV programmes.

Now try this tongue-twister: *Si six scies scient six cigares, six cent six scies scient six cent six cigares.*

(If six saws saw six cigars, six hundred and six saws saw six hundred and six cigars.)

Mille heures devant la télé!

En moyenne, les Français passent 1001 heures par an devant la télévision. Au total, ils passent plus de 9 années de leur vie devant le petit écran (ils passent 6 années au travail). Les enfants passent 800 heures par an à l'école – et 800 heures devant la télé! En général, on passe 3 heures par jour à regarder le petit appareil au coin du salon. Mais les enfants sont moins fascinés par la télévision. Pourquoi? Parce qu'ils ont maintenant des magnétoscopes et des consoles de jeux qui se branchent sur le téléviseur. Les enfants ne sont pas passifs – ils préfèrent l'interactivité.

---

1 Choisissez le bon mot pour compléter les phrases suivantes.

1 Les Français passent **plus/moins** de 1000 heures par an à regarder la télévision.
2 Ils passent **plus/moins** de temps à travailler qu'à regarder le petit écran.
3 Pour les enfants, le temps passé à l'école est **aussi/plus** long que le temps passé devant la TV.
4 Les enfants sont **aussi/plus** fascinés par les consoles de jeux que les adultes.
5 Ils sont **plus/moins** actifs que les adultes.

2 Lisez le texte une deuxième fois.

1 Trouvez dans le texte les expressions suivantes en français:
  a on average
  b in total
  c a machine
  d the TV (*three expressions*)
  e video recorder
  f games console
  g to plug into
2 Maintenant, écrivez en français:
  a On average people spend three hours per day watching TV.
  b French children spend 800 hours a year in front of the TV.

3 Écoutez les extraits. Quelles sortes d'émission entendez-vous? Notez le bon numéro pour chaque extrait.

Exemple: **1 e**

a la météo
b une série romantique
c le journal
d un feuilleton
e un jeu télévisé
f un dessin animé
g un documentaire
h un film d'horreur
i un match de football
j un reportage

4 Faites correspondre les titres et les descriptions.

Ligue des Champions	• Un detective belge à la recherche d'un meurtrier
Le Juste Prix	• Film classique français. Qui est le prisonnier royal?
Le Génie d'Hercule Poirot	• Documentaire sur la géologie et les catastrophes
Les Volcans Tueurs	• Des gens ordinaires gagnent des milliers d'euros
L'Homme au Masque de Fer	• À qui la victoire dans le football?

point grammaire

Direct object pronouns (see page 145)

Direct object pronouns (*le*, *la* and *les*) help you to avoid repeating nouns. They are placed before the verb, **not after it** as in English.

*Tu regardes **le football** à la télé?*	Do you watch **football** on the TV?
*Oui, je **le** regarde tous les samedis.*	Yes, I watch **it** every Saturday.
*Tu reconnais **l'actrice** dans ce film?*	Do you recognise **the actress** in this film?
*Oui, je **la** reconnais.*	Yes I recognise **her**.
*Vous aimez **les documentaires**?*	Do you like **documentaries**?
*Oui, nous **les** aimons.*	Yes, we like **them**.

Remember that:

- Before a vowel, *le* and *la* shorten to *l'*:
  – *Tu aimes **la natation**? – Ah, oui, je **l'**adore!*
  Do you like **swimming**? Yes, I love **it**.
- Negatives, e.g. *ne . . . pas*, *ne . . . jamais*, must fit round the pronoun and the verb:
  *Les documentaires? Je **ne les aime pas**, je **ne les regarde jamais**.*
  Documentaries? I don't like them, I never watch them.

5 🎧 Écoutez la conversation.

1 Écrivez un mot pour compléter les blancs.

Exemple: **a** les

- **a** Tu aimes _____ feuilletons australiens?
- **b** Ah, oui, je _____ adore. Et toi, que penses-tu de la musique à la télé?
- **c** Moi, je _____ déteste. Je _____ trouve ennuyeuse.
- **d** Tu aimes _____ magazine sportif *Sports Événements*?
- **e** Non, je ne _____ aime pas.

2 Essayez de compléter les phrases suivantes. Écoutez la conversation pour vérifier les mots.

- **a** Et que penses-tu du journal du soir? Tu _____ aimes?
- **b** Non, je _____ déteste, c'est barbant!
- **c** Et que penses-tu des documentaires? Tu _____ préfères?
- **d** Oui, je _____ trouve vraiment intéressants!

6 Interviewez votre copain/copine sur les émissions. Il/elle aime quelles sortes d'émission?

- Posez deux questions.
- Changez de rôle.

Exemple:
A *Tu aimes les jeux télévisés?*
B *Oui, ils sont amusants./Oui, je les trouve amusants.*

7 🎧 Écoutez le dialogue entre Amélie et son père. Complétez la grille.

Émission	Opinion d'Amélie	Opinion de son père
La Femme flic (film)		*trop violent*
Tintin et le lac aux requins (dessin animé)		
Amour et mariage (documentaire)		
Le Journal de 8 heures		

TIP Look again at the **adjectives** in sentences **1c** and **2d** in exercise 5. When adjectives are used with a pronoun, they must **agree** just as they would have to agree with the noun:

*Je n'aime pas **les reportages**. Je **les** trouve déprimant**s**.*
I don't like news reports. I find them depressing.
***Les séries** romantiques? Jes **les** trouve très ennuyeu**ses**.*
Romantic serials? I find them very boring.

assez *enough*
barbant *boring*
ça finit *it finishes*
durer *to last*
tard *late*
trop (de) *too much*

À la télévision – M6

DIMANCHE				
9.05–9.35	M6 KID – L'île de la jungle			

DIMANCHE		
9.05–9.35	M6 KID – L'île de la jungle	
11.20	PROJECTION PRIVÉE – Revue: La Veuve de Saint-Pierre; Scream 3	
11.50	MÉTÉO	
11.55	JOURNAL	
12.30	SPORTS ÉVÉNEMENT: Golf, la Coupe Ryder	
13.10	PROMESSES D'AMOUR – Film américain	
14.45	24 HEURES DU GRAND PRIX	
16.45	LES NOUVEAUX PROFESSIONNELS avec Edward Woodward	
17.40	FRÉQUENSTAR – Alain Souchon parle de son dernier album	
18.55	CYRANO DE BERGERAC – Film de Gérard Depardieu	
21.15	E5M6 – Une invention pour remplacer la canne blanche	
21.50	CAPITAL – L'Union européenne et votre argent	

point grammaire

Verbs like *finir*

There is an important group of verbs of which ***finir*** (to finish) is the most common:

- *Cette émission **finit** à quelle heure?*
- *Elle **finit** à 23h30.*
- *Tes cours **finissent** à quelle heure?*
- *Ils **finissent** à 17 heures.*

See page 146 for the complete verb. Other verbs in this group include *saisir* (to seize), *remplir* (to fill) and *choisir* (to choose).

8 Lisez la liste 'À la télévision – M6'. Lisez les phrases **a–g**. Remplacez les mots **en gras** pour corriger les phrases.

Exemple: **a** commence

a *M6 Kid* est une émission jeunesse qui **finit** à 9h05.
b La météo dure **dix** minutes et finit à **12h55**.
c Le journal commence à **11h50** et dure **vingt minutes**.
d A 12h30 on peut voir un match de **rugby**; cela finit à **13h20**.
e *Fréquenstar* est un magazine de musique; il finit à **19h55**.
f *Les Nouveaux Professionnels* est une série policière qui **commence** à 17h40.
g *Cyrano de Bergerac* **finit** à 18h55 et dure **moins** de deux heures.

9 Faites un dialogue avec un(e) partenaire.

Exemple:
A *M6 KID, c'est à quelle heure?*
B *Ça commence à 9h05 et ça finit à 9h35. Ça dure 30 minutes. Et Fréquenstar, ça commence à quelle heure?*

Continuez . . . mentionnez toutes les émissions!

10 Écoutez la conversation.

1 Qui invite Maïté? Paul, Pierre, ou son frère?
2 Pourquoi est-ce que Maïté ne veut pas sortir? Elle doit . . .

a   **b**   **c**

3 À quelle heure est-ce que Maïté finit son travail, en général?

4 À quelle heure est-ce qu'elle finit son travail, aujourd'hui?

5 On finit par décider de se retrouvez. C'est à quelle heure, le rendez-vous?

11 Imaginez que vous allez sortir samedi soir. Pour chaque phrase, choisissez l'heure appropriée.

1 le film commence
2 on arrive au cinéma
3 le film finit
4 on choisit un film
5 on se retrouve au café
6 on finit son travail
7 on sort du cinéma

12 Pour chaque opinion, dessinez un symbole:

c'est **positif**

négatif ☹

ou **ni positif ni négatif** 😐

1 C'est rigolo!
2 Ça m'ennuie.
3 Ça m'est égal.
4 Ça m'intéresse beaucoup.
5 Ça m'intéresse un peu, mais pas trop.
6 Je ne veux pas le voir, merci.
7 Les reportages? Je ne les regarde jamais.
8 Les dessins animés? Ça m'amuse bien.

point grammaire

Direct object pronouns
Some more **direct object pronouns**:

- *me* = me
- *te* = you
- *nous* = us
- *vous* = you (polite or plural)

Like *le*, *la* and *les*, these pronouns are placed **before** the verb:
*Ça **m'**amuse d'écouter la radio.*
*Ça **t'**intéresse, ce film?*
*La radio **nous** informe des actualités.*

13 Débrouillez les phrases suivantes.

actualités (fpl) *current affairs*
déranger *to bother, disturb*
tracasser *to hassle*
affirmations (fpl) *statements*

Exemple: **1** Mon père ne m'écoute pas.

1 père écoute ne Mon m' pas
2 Allô écoute vous Oui, je
3 frère amuse Mon beaucoup t'
4 sœur Ta embarrasse nous
5 émissions Je que trouve ennuient m' ces
6 pense cette que Je vous émission intéresse

14 Décidez de l'ordre d'importance de ces affirmations **pour vous**. Écrivez-les dans cet ordre. Comparez votre liste avec la liste de votre partenaire.

Rachel! Tu ne peux pas écouter la radio quand tu fais tes devoirs!

Quoi? – attends – je ne t'entends pas!

Ça ne m'étonne pas! Baisse le son!

Mais ça m'intéresse – et la radio m'aide à me concentrer! Toi, tu ne me laisses rien faire! Tu m'énerves, toi! Ne me tracasse pas, hein?

Comment peux-tu te concentrer?

«Et maintenant, chers auditeurs, votre émission favorite: "Ça vous intéresse?"»

Oh, bon – "Ça vous intéresse", ça m'amuse beaucoup!

Oh zut!

Tu peux te concentrer, Papa, la radio ne te dérange pas?

Pourquoi préférer la radio à la télévision?

- Une radio est vraiment portable.
- On peut l'écouter en voiture.
- Si vous avez une radio-Walkman, vous pouvez l'écouter dans la rue.
- Il est possible d'écouter des stations étrangères.
- Il y a plus de musique à la radio qu'à la télévision.
- On peut faire une autre activité en même temps.

TIP The most popular **radio stations** in France are RTL (Radio Télévision Luxembourg) and France-Inter, followed by NRJ (a pun – try saying it!) and Europe 1. France-Inter and Europe 1 can be received in Britain – but only on long wave. Independent stations such as Skyrock and Fun Radio are music channels.

Avec Internet, c'est vite fait!

Tu as jamais surfé sur Internet? Ça t'intéresse?

Non, ça ne m'a jamais intéressé. Je n'ai pas le temps!

Mais c'est vraiment utile – et rapide aussi! Ça peut aider, avec le shopping, par exemple.

Ce n'est pas difficile. Il faut tout simplement choisir un site-web – Amazon, par exemple, puis on doit cliquer sur un produit, disons . . . un CD, et voilà!

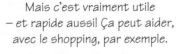

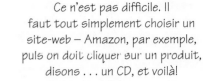

Comment est-ce qu'on fait ça?

Bon, mais il faut payer, non?

Bien sûr, quand on a choisi son produit, on le paie avec la carte de crédit. Par exemple, la semaine dernière j'ai trouvé un site intéressant et j'ai acheté un logiciel pour mon ordinateur.

Et comment est-ce que tu l'as trouvé, ton logiciel?

Euh, je sais pas, il n'est pas encore arrivé . . .

> **TIP** To say **'never'**, use *ne . . . jamais* just like *ne . . . pas*:
> *Moi, je **n'**écoute **jamais** la radio, et je **ne** surfe **jamais**.*
>
> - Any pronouns will go inside *ne . . . jamais*: *Le problème, c'est que tu **ne m'**écoutes **jamais**.*
> - In the perfect tense *ne . . . jamais* goes around the *avoir/être* word: *Je **n'ai jamais** surfé sur Internet.*

15 Pour chaque personne (**1**–**5**), trouvez la bonne description (**a**–**f**).

1 Raoul ne va jamais au supermarché.
2 Hélène n'achète jamais de journal.
3 Robert et Henri surfent tous les soirs sur Internet.
4 Céline n'écrit jamais de cartes postales.
5 Marie déteste les séries à la télé.

a Elle ne regarde jamais les feuilletons.
b Elle envoie toujours des e-mails.
c Il sort tous les jours.
d Elle lit les nouvelles sur Internet.
e Il achète tout sur Internet.
f Ils ne sortent jamais.

16 Comment dit Célia . . .?

1 I send him e-mails
2 I talk to him on the phone
3 he phones me
4 he tells me he loves me
5 I never forget to send him an email
6 I didn't phone him
7 I didn't send him an email
8 I phoned him today
9 he thinks I don't love him any more
10 I explained the problem to them

«À toi la parole»

Bonjour, je m'appelle Célia et j'ai un problème. Il y a trois mois, j'ai rencontré un gars sur Internet. Je lui envoie des méls tous les jours. Quelquefois, je lui parle au téléphone des heures et des heures. De temps en temps il me téléphone. Il me dit qu'il m'aime. Je n'oublie jamais de lui envoyer un mél ou de lui téléphoner, mais la semaine passée j'ai été malade et je ne lui ai pas téléphoné, et je ne lui ai pas envoyé de mél, non plus. Aujourd'hui, je lui ai téléphoné, mais il ne me croit pas. Il pense que je ne l'aime plus mais c'est pas vrai. J'ai téléphoné à ses parents et je leur ai expliqué le problème. Ils me disent qu'ils ne peuvent pas m'aider. Que dois-je faire?

17 Choisissez une solution au problème de Célia.

a Tu lui téléphones immédiatement et lui parles très sérieusement.
b Tu lui envoies une lettre.
c Tu lui envoies un mél, insistant que tu l'aimes.
d Tu lui dis 'au revoir'.
e Tu lui parles en tête-à-tête.

18 Choisissez le bon pronom.

1 –Tu téléphones souvent à ton copain?
   –Oui, je **lui/le** parle tous les jours.
2 –Vous envoyez beaucoup de méls à vos clients?
   –Oui, nous **lui/leur** envoyons des méls tout le temps.
3 –Tu as répondu à ton père?
   –Oui, je **lui/l'** ai répondu.

19 Répondez aux questions. Donnez une réponse **positive** comme dans l'exemple.

Exemple: **1** Tu as téléphoné à ton copain?
        Oui, je **lui ai** téléphoné.

1 Tu as téléphoné à ton copain?
2 Vous avez écrit à vos parents?
3 Alain a parlé à sa copine?
4 Tu as téléphoné à Anne?
5 Tes parents t'ont parlé ce matin?
6 Votre professeur vous a donné des devoirs, Annick et Céline?

point grammaire

The verb *dire* (see page 149)

The verb *dire* means 'to say' or 'to tell'. It is **irregular** and so must be learnt. Since you talk *to* somebody, the preposition *à* is often used with *dire* (and with other verbs to do with communication, e.g. *parler, téléphoner, envoyer*):

*J'ai dit **à** mon petit ami que je ne l'aime plus.*

- Indirect pronouns are used with verbs of communication:
  *Je **lui** ai téléphoné et je **lui** ai dit que je l'adore.*
- Don't forget to insert ***que*** (that) when you report what someone said:
  *Il a dit **que** Philippe a accès à Internet.*

point grammaire

Indirect object pronouns (see page 145)
These pronouns contain the meaning of 'to', e.g. 'to me', 'to you', 'to him', etc. Like direct object pronouns, they are placed before the verb.

- Four of them are the same as direct object pronouns (see page 37). These are *me, te, nous* and *vous*:
  *Il **m'**envoie un mél tous les jours.*
  *Je **vous** envoie une lettre demain.*
- 'To him' or 'to her' is ***lui***. This pronoun cannot be abbreviated, even before a vowel:
  *Je **lui** téléphone de temps en temps.*
  *Anne **lui** a envoyé un fax.*
- 'To them' is ***leur***:
  *J'ai téléphoné à ses parents et je **leur** ai expliqué le problème.*

20 Écrivez la forme appropriée du verbe *dire*. (P) = présent; (PC) = passé composé.

Exemple: **1** Qu'est-ce tu (PC)? → Qu'est-ce que tu **as dit**?

1 Qu'est-ce que tu (PC)?
2 Mon père (PC) que je peux sortir samedi soir.
3 Alain (P) qu'il va à Paris la semaine prochaine.
4 Mes professeurs (PC) que je travaille assez bien.
5 Vous (P) qu'il y a un train à quelle heure?
6 Yannick (PC) qu'il espère retourner en Bretagne.

LE QUOTIDIEN

Votre courrier

J'ai lu avec intérêt votre sondage sur les enfants et les jeux vidéo. Mon fils Pierre a neuf ans et il passe beaucoup de temps à jouer sur ordinateur. Il a plusieurs jeux vidéo. Maintenant il ne joue plus au foot, il ne sort plus, il n'écoute plus la radio. Il ne regarde plus la télé – il préfère brancher sa console sur le téléviseur. Il ne s'intéresse plus à rien, sauf à l'ordinateur! Il commence à être difficile – il ne veut jamais aller à l'école, il ne veut pas manger les plats que je prépare. Il veut manger des fast-food devant l'écran. En ce moment il ne porte pas de lunettes, mais il a des problèmes de vue. Que faire?

Monique
Lille

Votre fils est typique de la génération actuelle – la génération «joystick». Les enfants et les adolescents qui passent trop de temps à jouer sur ordinateur deviennent solitaires, moroses même. Les copains ne leur sont plus d'importance. Les jeux vidéo ne constituent pas une activité sociale. On ne doit pas laisser un enfant rester des heures devant un ordinateur. Il est essentiel de limiter l'accès à l'ordinateur. Fixez une période spécifique où Pierre peut faire ses jeux vidéo. Il doit sortir avec ses copains. S'il ne veut pas manger – tant pis pour lui! Vous ne devez pas préparer d'autres plats pour lui. Quant au problème de la vue, Pierre doit aller voir votre opticien le plus tôt possible.

Ça se dit comment?
'-s', '-ss'

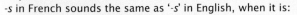

-*s* in French sounds the same as '-*s*' in English, when it is:

- before a vowel at the beginning of a word: *ses, sondage, solitaire, sortir, sur*
- double -*ss*: *passer, laisser*
- between a consonant and a vowel or two consonants: *console, constituer*

-*s* in French sounds the same as '-*z*' in English, when it is:

- between two vowels: *plusieurs, fantaisie*
- at the end of a word when the next one starts with a vowel or silent 'h': *les_enfants, les_adolescents, des_heures*

Listen to this on the recording, then try it: *Six scientifiques ont passé de longues heures à analyser les espèces rapportées de Saturne.* (Six scientists spent long hours analysing the species brought back from Saturn.)

devenir *to become*
plusieurs *several*
quant à *as for, as regards*
sauf *except*
tant pis! *tough!*

21 C'est dans la lettre ou dans la réponse?

Exemple: **1** dans la lettre

1 Pierre est assez jeune.
2 Il n'est plus sportif.
3 Son problème n'est pas rare.
4 Il n'aime plus faire des études scolaires.
5 Il faut décider une période de jeu.
6 Pierre ne veut plus se mettre à table.
7 Il ne doit pas rester à la maison.
8 Le médecin doit examiner ses yeux.

22

Complétez les phrases suivantes avec un négatif. Utilisez le code:

(#) = ne . . . pas (∞) = ne . . . plus (- - -) = ne . . . jamais

Exemple: **1** Pierre joue sur ordinateur. (- - -)
= Pierre **ne** joue **jamais** sur ordinateur.

1 Pierre joue sur ordinateur. (- - -)
2 Moi, j'ai accès à Internet. (∞)
3 Mes parents aiment le fast-food. (#)
4 Yannick sort avec ses copains. (∞)
5 Tu aimes les jeux vidéo? (∞)
6 Je lui parle. (- - -)
7 Anne leur parle. (#)
8 Il me téléphone. (∞)

23

Écoutez le médecin qui parle des multimédias et de la santé. Copiez la grille et notez les bons et les mauvais points (écrivez un ou deux mots pour chaque case).

	Bons points	Mauvais points
1 Accès à Internet	*informations*	
2 Jeux vidéo		
3 Téléphones portables		
4 CD-ROM		

24 Travail à deux

Pour chaque question, il y a plus d'une réponse possible. Regardez les questions ensemble. Partenaire A choisit une réponse possible. Partenaire B trouve une autre réponse possible.

Questions	Réponses
Tu **aimes** les talk-shows à la télé?	Non, il ne m'aime plus.
Tu **veux regarder** le film d'horreur ce soir?	Oui, je voudrais lui parler.
Tu **vois** encore Pierre?	Oui, je les aime beaucoup.
Tu **voudrais parler** à Michel?	Non, je ne le vois plus.
Tu **vas téléphoner** à tes parents?	Oui, je vais leur téléphoner.
	Non, je ne les regarde jamais.
	Non, ils ne me parlent plus.
	Oui, je voudrais bien le voir.

25

Écrivez un paragraphe sur les médias. Voici des expressions pour vous aider.

> jamais ordinateur
> m'intéresse plus
> je l'aime je les déteste
> le petit écran
> la radio l'écoute
> m'amuse
> c'est intéressant
> éducatif pénible

point grammaire

Ne . . . plus
(see page 148)
The negative *ne . . . plus* means 'no longer' or 'not any more'. Like *ne . . . pas* and *ne . . . jamais*, it frames the verb and any direct or indirect object pronouns:

*Il **ne** joue **plus** au foot.*
He no longer plays football.
*Il **ne** regarde **plus** la télé.*
He doesn't watch TV any more.
*Les copains **ne** leur sont **plus** d'importance.*
Their friends don't matter to them any more.
*Je **ne** l'aime **plus**.*
I don't like it/him/her any more.

TIP When you use **adjectives** after *c'est* to give your opinion, remember not to alter the adjective – it is always masculine singular because it agrees with *ce*:

Vous aimez les actualités à la télévision?
*Oui, **c'est intéressant**.*
*Non, **c'est nul**, ça m'énerve.*

La presse: les journaux

Il y a environ 50 titres aujourd'hui dans la presse nationale et régionale. Les trois grands titres quotidiens sont:

Journal	Lecteurs
L'Équipe	1 855 000
Le Parisien	1 633 000
Le Monde	1 513 000

On peut les acheter partout en France. On achète 230 journaux pour mille habitants en France.

En général, ce sont les hommes qui lisent les journaux (60% des lecteurs). D'habitude ils aiment les lire le matin. La durée moyenne de lecture est de 30 minutes par jour.

En ce qui concerne la presse régionale (par example *Ouest-France*), il y a environ 40 titres. Les gens des régions préfèrent les acheter pour leur contenu d'interêt local.

baisse (f) *drop, decrease (level, numbers)*
contenu (m) *content*
dû à *due to*
journal (m) *newspaper*
lecteur (m) *reader*
partout *everywhere*
quotidien *daily*

26 Que représentent les chiffres suivants?

Exemple: **1 b**

Chiffres	Représentant...
1 un million huit cent cinquante-cinq mille	**a** Titres de journaux
2 trente	**b** Lecteurs de *L'Équipe*
3 quarante	**c** Journaux pour mille habitants
4 soixante	**d** Lecteurs du *Parisien*
5 un million cinq cent treize mille	**e** Grands titres quotidiens
6 deux cent trente	**f** Circulation du *Monde*
7 cinquante	**g** Pourcentage des hommes lecteurs
8 un million six cent trente-trois mille	**h** Titres régionaux
9 trois	**i** Minutes – durée moyenne de lecture

27 Regardez les trois descriptions. Vous pouvez identifier les journaux?

1 Journal important 'mondialement connu'
2 Journal sportif qui organise le Tour de France
3 Le journal de la capitale? Non, c'est un journal national.

28 🎧 Écoutez l'interview. Un journaliste explique la baisse de la popularité des grands journaux. Notez **en anglais** quatre raisons de cette baisse.

29 🎧 Écoutez encore une fois le journaliste (exercice 28). Maintenant – c'est vous le journaliste! Faites un petit reportage oral. Utilisez les expressions suivantes:

En général   Dans les régions   On aime   On préfère   Certains pensent que
Le contenu est plus/moins

Ça se dit comment? 🎧
'-e', '-é', '-è'
The sound written as *-e* at the end of *ce, me, te, se*, is the same sound as in *le*.

At the end of longer words, this final *-e* is not usually pronounced (except in the far south of France and in songs): *L'Équipe, Le Monde, Ouest-France.*

Listen to the recording to remind yourself of how the acute accent changes the pronunciation of *-e*: *général, durée, Libération, représenter.*

The grave accent (*è*) makes the sound more like the English word 'air': *achète, frère, père, mère.*

You hear both *-é* and *-è* in the following: *je préfère, je répète.*

Try this: *L'infirmière préfère utiliser une épée pour piquer les malades terrifiés dans le derrière.* (The nurse prefers to use a sword to jab the terrified patients in the behind.)

30 Complétez les phrases suivantes comme dans l'exemple.

Exemple: – Tu veux lire le journal?
– Non, je ne veux pas **le** lire.

1 – Tu veux lire le journal? – Non, je ne veux pas _____ lire.
2 – Vous aimez lire les journaux régionaux? – Oui, nous aimons _____ lire.
3 – Philippe espère acheter cette télévision? – Oui, il espère _____ acheter.
4 – Tu comptes regarder les articles sur le sport? – Non, je ne compte pas _____ regarder.
5 – Vous aimez écouter les nouvelles à la radio? – Non, nous détestons _____ écouter.
6 – Vous écoutez les nouvelles tous les jours? – Oui, je _____ écoute tous les jours.

La presse: les magazines

95% des 15 ans et plus sont lecteurs de magazines. Les femmes sont plus nombreuses que les hommes, parce qu'il y a un grand nombre de magazines féminins et de décoration. Les hommes aiment les revues de loisirs: sport, bricolage, auto-mobile, etc. Les jeunes aiment les magazines comme *Cousteau Junior* (animaux), *Science et Vie Junior* (sciences), *Jeune et Jolie* (modes, interviews, courrier du cœur), *Salut* (musique, mode) et *Les Clés de l'Actualité* (revue générale).

point grammaire

Word order with pronouns and infinitives

- With verbs such as *vouloir, pouvoir, savoir, devoir, espérer, aimer, adorer, détester* and *compter* the pronoun is placed between the first verb and the following infinitive:
Le journal régional? J'aime le lire le matin. Les grands titres quotidiens? On peut les acheter partout en France.

- If the phrase is negative, *ne . . . pas, ne . . . jamais, ne . . . plus* fit round the first verb, and the pronoun comes next:
Les journaux nationaux? Je n'aime pas les lire. Je préfère les journaux régionaux. Le Monde? Je ne peux jamais le comprendre. Le Figaro? Je ne veux plus le lire.

31 🎧 Écoutez le reportage.

1 Où est-ce qu'on lit les magazines? Écrivez les lettres dans le bon ordre.
2 Écoutez encore une fois. Notez les pourcentages donnés pour chaque endroit.

a b c d

e f g h

32 Regardez les magazines à droite. Choisissez un ou deux magazines pour chaque personne.

1 M. Lafont a toujours l'appareil ou le caméscope en main.
2 Mme Ben-Simon s'intéresse aux voitures de sport.
3 M. et Mme Duroc ont un nouveau bébé.
4 Paul Auchan veut décorer sa chambre et transformer son jardin.
5 Dominique Bazin est fana de tous les sports.
6 Antoine Boileau est géologue à l'Université de Rennes.

checkpoints

TEST

Use the TEST to check your skills in...

- using direct object pronouns instead of repeating nouns
- using the present tense of *finir* and *dire*
- using indirect object pronouns: *lui* and *leur*
- using negatives: *ne . . . pas*, *ne . . . jamais* and *ne . . . plus*

---

1 Complétez le texte suivant avec *le, la, l'* ou *les*.

Les documentaires sont assez populaires en France, mais ce sont les adultes qui **(a)** _____ préfèrent, plutôt que les jeunes. Les jeunes connaissent assez bien Internet et ils **(b)** _____ trouvent très utile pour leurs études scolaires. Les adultes **(c)** _____ utilisent moins. Ils préfèrent la télévision. Ils **(d)** _____ trouvent plus réconfortante. Les jeunes, au contraire, aiment tous les médias. Ils **(e)** _____ connaissent depuis leur toute jeune enfance. [5]

2 Complétez le dialogue suivant avec *le, la, l'* ou *les*.

– Tu as vu cette émission sur le Canada hier?
– Non, je ne _____ ai pas vue. C'était bien? [1]
– Oui, c'était formidable. Tu as vu le journal à 8h00?
– Non, je ne _____ regarde jamais. [1]
– Mais, comment as-tu trouvé la présentation sur le foot?
– Moi, je _____ ai trouvée très bonne. Je _____ regarde tous les jeudis. [2]
– À propos, tu as fini tes devoirs de maths?
– Oui, je _____ ai finis. [1]
– Je peux emprunter ta copie?
– Non, je _____ ai prêtée à Catherine. [1]
– Zut! Tu peux me donner les réponses, peut-être?
– Désolé, je _____ ai oubliées. [1]

3 Composez des phrases avec le présent de *finir* ou de *dire*.

a Je – dire – toujours bonjour au professeur. [1]
b On – dire – que le match est annulé. [1]
c Cette émission – finir – à quelle heure? [1]
d Les cours – finir – normalement à cinq heures. [1]

4 Répondez aux questions suivantes comme dans l'exemple.

Exemple: Qu'est que tu as offert à Pierre comme cadeau? (CD-ROM)
Je **lui ai** offert un CD-ROM.

a Qu'est-ce que tu as prêté aux garçons? (calculatrice) [2]
b Qu'est-ce que tu as passé à Nicole? (note) [2]
c Qu'est-ce que tu as donné à Michel? (de l'argent) [2]
d Qu'est-ce que tu as offert aux jeunes? (cadeaux) [2]

5 Écrivez les phrases suivantes au négatif, comme dans l'exemple.

Exemple: Je regarde le journal de huit heures. (jamais)
Je **ne** regarde **jamais** le journal de huit heures.

a On aime les mauvais professeurs. (jamais) [2]
b Je sors avec Angéline. (plus) [2]
c Pourquoi est-ce que tu veux être pompier? (pas) [2]
d Tu vas en France? (jamais) [2]

6 Complétez les réponses, comme dans l'exemple.

Exemple: Tu veux parler à Pierre? ☹
Non, je ne veux pas **lui parler**.

a Tu veux téléphoner à Suzanne? ☹ [2]
b Tu aimes envoyer des méls? ☹ [2]
c Tu vas écrire à tes parents? ☺ [2]
d Tu veux acheter ce magazine? ☺ [2]

Total [40]

QUIZ

Use the QUIZ to check your ability to talk in French about...
- TV in France
- radio in France
- French newspapers and magazines

1 «Les Français passent plus de temps au travail que devant la télé.» Oui ou non? [1]

2 Les Français passent combien d'heures par jour à regarder la télé? [1]

3 Qui es plus fasciné par la télé – les enfants, ou les adultes? [1]

4 Nommez un détective belge très célèbre. [1]

5 Quelles sont les stations de radio françaises les plus populaires en France? [1]

6 Comment s'appellent deux des grands journaux quotidiens français? [2]

7 Combien de journaux régionaux y a-t-il en France? Nommez un de ces journaux. [2]

8 Nommez deux magazines français. Ils sont pour qui, ces magazines?

Exemple: Jeune et Jolie est pour les filles adolescentes. [4]

Total [13]

PROJETS

A1 Demandez à vos copains de classe ce qu'ils aiment à la télé.

Exemple: – Tu aimes les jeux télévisés?
– Non, je les déteste. Je les trouve barbants.

Comptez les réponses. Quelles sont les émissions les plus populaires? Préparez une graphique sur ordinateur et faites-en imprimer une copie.

A2 Étudiez les résultats des investigations du Projet A1. Notez les adjectifs utilisés. Préparez un petit article sur les préférences de la classe.

Exemple: 25% des élèves n'aiment pas les talk-shows. Ils les trouvent **ennuyeux**.

B Interviewez un(e) partenaire sur ses connaissances et son emploi d'Internet. Puis, écrivez un petit rapport (environ 100 mots).

Exemple: – Tony, tu connais bien Internet?
– Oui, je le connais assez bien.
Tony a dit qu'il connaît assez bien Internet.

Quelques questions à poser:

- Tu connais bien Internet?
- Tu as un cyber-copain?
- Tu envoies des méls?
- Tu utilises les moteurs de recherche?
- Tu télécharges des logiciels?

utiliser *to use*
télécharger *to download*

C Vous lisez un magazine ou un journal? Pourquoi? Décrivez votre magazine ou votre journal préféré. Expliquez pourquoi vous l'aimez. Utilisez les expressions utiles dans la case (50 mots).

J'aime (+ titre) parce que   de bons articles sur
bien illustré   intéressant   informatif
de belles photos   lettres intéressantes   amusant

D «Pour moi, la radio est importante, parce que...». Expliquez pourquoi la radio est importante pour vous. Vous pouvez utiliser les phrases suivantes:

on peut   il ne faut pas   ça m'amuse de
ça m'intéresse de   la radio nous informe sur

unité 5
Allons-y! Le Québec

point d'info

Le Québec en bref

QUÉBEC

ONTARIO

Fleuve Saint-Laurent

Québec
Montréal

0   500 km

ÉTATS-UNIS

Population: 7,2m
Villes principales: Québec
(capitale), Montréal (ville
universitaire)
Langues principales:
français, anglais

canot (m) *canoe, canoeing*
faune (f) *fauna, wildlife*
orignal (m) *moose,
   Canadian elk*

Réserves fauniques

Réserve	Baignade	Canot	Motoneige	Observation de la faune	Randonnée à bicyclette	Pêche au saumon	Ski
Chic-Chocs	*			*	*		*
Laurentides		*	*	*			*
Port-Daniel	*	*		*		*	*
Rouge-Matawin		*	*	*			

1 Quelle réserve?

Lisez le mél de Patricia.
Quelle réserve a-t-elle
visitée?

Salut! Me voici au Québec – en vacances. Tu sais, les
Québécois aiment les activités en plein air.
Ce matin je suis allée nager avant le petit déjeuner. Hé! Il fait
froid ici!
Après, mon père et moi, nous sommes allés voir des animaux
typiques de la région – l'orignal, par exemple. Cet après-midi
nous sommes allés au bord de la rivière – papa a attrapé un
poisson – moi, j'ai décidé de faire du canot! Demain on va
faire du ski.
Bons baisers.
Patricia

2 Débrouillez la spirale!

En vacances, on peut faire
du sport. Quels sont les
sports les plus populaires
au Québec? Séparez les
mots de la spirale.

3 Cherchez l'intrus!

Vous passez vos
vacances au Québec?
Regardez la publicité à
droite. Ce **n'est pas**
pour les amateurs ...

1 de sport
2 de plein air
3 de nature
4 de musique
5 de randonnée

lehockeylanatationlavoilelevttlelac
rosselehockeysurglace
lapêchelesurfdesneigeslelacrosselehockeysurglacelarandonnéelavoilelevtt...patinagesurglace

Les parcs du Québec

Découvrez
les 20
parcs du Québec. Ces
parcs existent pour la
protection des régions
naturelles du Québec et
ils offrent à leurs
visiteurs une grande
diversité d'activités en
plein air.

Parcs
Québec

On s'amuse

4 🎧 *Où est-ce qu'on va?*

1 Quatre étudiants passent leurs vacances à Montréal, deuxième ville du Québec. Pour chaque description **a–e**, décidez, c'est Paul, Angèle, Ahmed, Magali . . . ou personne?

  a Le sport ne l'intéresse pas, [?] préfère la musique et la danse.

  b [?] n'aime ni la musique ni le sport. Il/elle s'intéresse à l'histoire de son pays.

  c [?] aime sortir. Sa passion, c'est la nature.

  d [?] aime faire de la randonnée avec ses amis. Il/elle aime aussi écouter de la musique.

  e [?] aime les activités sportives. Il/elle trouve la musique ennuyeuse.

2 Lisez les publicités suivantes et décidez – qui veut aller où?

Exemple: Paul veut aller au Taz Skatepark.

Groove Society
514 859-9055
1288 Amherst, Montréal

mercredi:
DJs Shortcut, Georges B
(House, Hip Hop, R & B)

vendredi:
DJs Stylez, Mark Blue
(House, Old School, R & B, Hip Hop)

samedi:
DJs Teddy Floe, Pat Boojie
(House, Old School, Hip Hop, R & B)

Le Musée McCord
Toute l'histoire canadienne
Heures d'ouverture:
Mardi au vendredi 10h à 18h
Samedi et dimanche 10h à 17h

TAZ SKATEPARK
Le skatepark le plus grand
et le mieux équipé du Canada
Sauts, rampes, rails…
Membre: $7   Non-membre: $10

Parc Jean-Drapeau

La Biosphère
Le premier centre canadien
d'observation environnementale,
une sorte de musée interactif
pour le 21ᵉ siècle

5 🎧 *Pouvez-vous interpréter les mots québécois?*

Trouvez une image pour chaque terme québécois **en gras**. Ajoutez le mot français si vous le connaissez.

Exemple: **dull** = image 5 – ennuyeux

Ben, c'est **dull** ici. Quelquefois on prend **mon char** et on va dans un bar. Je prends **une draffe,** tu sais, puis on **jase**. Puis **on fait le party**, peut-être, **ma blonde** et moi. **C'est l'fun**! Mais, elle, elle aime **magasiner**, et ça peut **coûter un bras**. Elle a besoin d'un **tchum** riche. **À tantôt!**

Il faut travailler . . .

6 🎧 *Choisissez le meilleur candidat.*

On interviewe quatre candidats pour le poste de Directeur de Tourisme: Albert, Louis, Isabelle et Paul. Lisez la publicité et écoutez les candidats. Choisissez le meilleur candidat. Considérez:

- Qui ne parle pas français?
- Qui connaît assez bien le Québec?
- Qui ne parle pas très bien l'anglais?

> *Vous connaissez le Québec?*
>
> La ville de Québec
> recherche
> ### Directeur de Tourisme
>
> Le candidat retenu doit être bilingue (français/anglais) et doit avoir une bonne connaissance de la région québécoise. Originaire du Québec, il aura une certaine expérience du commerce et appréciera le contact humain. Dynamisme requis. Salaire intéressant + voiture.

Directeur de Tourisme

. . .mais après, on se repose

Qu'est-ce qu'on regarde à la télévision québécoise?

7 🎧 *Quelles émissions?*

Écoutez les petits interviews et regardez l'horaire. Pouvez-vous identifier les quatre émissions?

8 *Combien de mots en deux minutes?*

Combien de mots **français** pouvez-vous faire des lettres dans *comédie dramatique*?

Exemples: car, ma, me, carte, etc.

Un mot de 2 lettres = 2 points; un mot de 3 lettres = 3 points, etc.

Vous avez deux minutes!

● t é l é v i s i o n
Radio Canada.ca

Horaires	**Cette semaine à la télévision**
Émissions	**4 et demi** Le téléroman le plus populaire de la télé. Retour sur un immense succès qui captive chaque semaine plus d'un million de téléspectateurs. Lundi à 20h
Reportages	
Multimédia	
Aide	**Le Monde de Charlotte** Une comédie dramatique pour toute la famille. Dimanche à 17h
Commentaires	**Hockey** Finale de la Coupe Québécoise. À ne pas manquer! Samedi à 15h
	MC MC pour magazine culturel . . . avec Yves Desgagnés. Dimanche à 19h30

point d'info

Le tourisme est très important au Québec:

Touristes par an	35 317
Américains	11%
Canadiens	14,9%
Québécois	68,2%
Autres nationalités	5,8%

activité informatique

Recherchez le site web *www.toile.qc.ca*. Trouvez une recette québécoise pour une personne qui a une diététique spéciale, par exemple:

- végétarien(ne)
- ne peut pas manger de poisson
- ne mange pas gras

diététique (f) *dietary requirements*
gras *fat, fatty food*

Les Premières Nations

Ce sont les tribus natives du Québec. Il y en a onze, y compris les Algonquins, les Micmacs, les Mohawks et les Inuits.

En juillet et en août, les tribus célèbrent leur culture et leur histoire. On chante, on danse, on joue de la musique, on raconte des histoires et des légendes. Il y a aussi des compétitions pour les femmes et les jeunes – par exemple, dresser une tente, faire un feu, préparer du thé, porter un canot et participer à des courses.

Les jeunes jouent un rôle actif dans les cérémonies traditionnelles. Ils portent des costumes spéciaux avec des plumes, des masques et des vêtements multicolores.

dresser *to put up (tent)*
tribu (f) *tribe*
y compris *including*

9 Trouvez les deux phrases qui sont vraies.

1 Il y a moins d'une douzaine de tribus natives.
2 On célèbre la culture native au printemps.
3 Les hommes prennent part aux compétitions.
4 On donne des médailles aux gagnants.
5 Les jeunes participent aux cérémonies.
6 Ils portent des jean et des t-shirts.

10 Pouvez-vous décoder les tribus?

Le code

M	N	O	P	etc.
10	11	12	13	etc.

Exemple:

10 12 5   24 20 8
M   O   H   A   W   K

Tribu 1	26	15	6							
Tribu 2	11	24	16	8	24	13	6			
Tribu 3	5	18	15	12	11	20	2	11	1	24	17
Tribu 4	24	25	2	11	24	14	18	6			

unité 6
Le grand départ

UNIT GOALS

To improve your language skills in...

- using *à* and *en* to talk about places
- using *du ... au ...* to talk about dates
- using *-re* verbs
- using the verbs *prendre* and *mettre*
- using *qui* and *que* to say 'the ... which/who/that'
- asking questions using *quel* and *lequel*
- using *ce/cet/cette/ces* to say 'this' or 'these' and *celui/celle/celux/celles* to say 'this one', 'that one'

To learn about...

- French holiday destinations
- hotels and camping in France
- holiday activities
- safety advice on a French beach
- giving/accepting/rejecting invitations

Revision in the unit includes:

- numbers, times and dates
- asking questions

> 80% des Français passent leurs vacances en France. Pourquoi? Parce qu'il y a une si grande variété de paysages et d'activités à voir et à faire! Plus de 1,5 millions de vacanciers français choisissent le département du Var comme destination en été.

1 Moi, je vais en Bretagne, parce que j'adore les fruits de mer, les crêpes et le cidre!

2 Moi, je vais à Bordeaux, parce que j'aime faire de la voile.

3 Nous allons dans le Var, parce qu'il fait si beau en été!

4 Moi, je vais dans les Alpes pour faire des sports d'hiver et des randonnées dans la montagne.

1 Choisissez le mot nécessaire pour compléter les phrases suivantes.

1 La **majorité/minorité** des Français passent leurs vacances en France.
2 Bordeaux est sur la côte **est/ouest** de la France.
3 Dans le département du Var, il fait un temps **mauvais/superbe**.
4 En Bretagne, dans le **nord-est/nord-ouest**, on peut très bien manger!
5 Le département des Alpes-Maritimes est une région **campagnarde/montagneuse**.

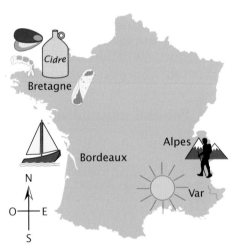

2 🎧 Écoutez l'interview.

1 Regardez cette liste. Quels pays est-ce qu'on mentionne?
Le Maroc; la Norvège; l'Espagne; le Portugal; le Sénégal; le Viêtnam; la Suisse; l'Égypte; la Belgique; les Pays-Bas; le Canada; la Grande-Bretagne; la Turquie; la Tunisie; l'Italie; l'Allemagne
2 Notez un détail sur trois des pays mentionnés.

francophone *French-speaking*
montagne (f) *mountain(s)*
paysage (m) *landscape*
randonnée (f) *hike*

TIP France is divided into 95 **départements** (counties); each has its own number: Var, in the Provence region, is *département* 83. You can tell which *département* a French car is from because the two figures at the end of the registration number are the *département* number, e.g. 684 KWR 33 is from département 33, Gironde.

3 Complétez les phrases suivantes. Il faut:

- choisir dans la case un mot pour remplir ces blancs: _____
- choisir *en*, *au*, *aux* ou *à* pour remplir ces blancs: . . .

Exemple: **1** Cette année-ci, nous **espérons** aller **en** Tunisie.

dernière	espérons	habite	intention	jamais	passé	prochaine	qui

1 Cette année-ci, nous _____ aller . . . Tunisie.
2 Moi, je ne suis _____ allé . . . Madrid.
3 Moi, j'ai une correspondante qui _____ . . . États-Unis et une autre _____ habite . . . Canada.
4 Moi, j'ai _____ d'excellentes vacances . . . Paris.
5 Nous avons l'_____ d'aller . . . Italie l'année _____, ou peut-être . . . Maroc.
6 La semaine _____ j'ai été . . . Pays-Bas, . . . Amsterdam.

4 Écrivez une phrase pour dire où vous espérez aller en vacances (pays et ville). Demandez à trois copains où ils vont en vacances et écrivez trois phrases.

Exemple: Julie espère aller en Écosse, à Édimbourg.

5 Travaillez avec un(e) partenaire. Personne A pose une question négative; Personne B répond 'Si, . . .'

Exemple:
A *Tu ne vas pas en Afrique?*
B *Si, je vais au Maroc. Tu ne vas pas en France?*
A *Si, je vais à Paris.*

TIP To **contradict** a **negative** statement or question, say *Si*, not *Oui*.

Continuez! Combien de questions/réponses sont possibles en une minute?

6 Copiez la grille et écoutez la conversation.

1 Notez les détails.

	Destinations préferées	Raisons
Alain		
Michèle		
Juliette		
Daniel		

2 Notez les destinations finalement choisies, et les dates.
3 Vous êtes d'accord avec qui? Pourquoi?

TIP Remember how to express agreement and disagreement with your partner in a conversation:

I agree	I'm not sure...	I disagree
Oui	Je ne suis pas sûr(e)	Non
D'accord	Ça dépend	Mais, non!
Très bien	Peut-être	Je ne suis pas d'accord
Tu as/Vous avez raison	Tu es/Vous êtes sûr(e)?	Pas question!
OK	C'est possible...	Pas du tout!

'to' and 'in' (see page 148)

- To say 'to' or 'in' a **feminine country**, use *en*: *Nous allons en Espagne.*
- To say 'to' or 'in' a **masculine country**, use *au*: *Adèle habite au Sénégal.*
- To say 'to' or 'in' a **plural country**, use *aux*: *Nous allons aux Pays-Bas.*
- To say 'to' or 'in' a **city, town or village**, use *à*: *Il y a beaucoup de touristes à Saint-Malo.*

Exceptions to the general rules are: *dans le Luxembourg* (country); *dans le Var* (département); *dans les Alpes/les Pyrénées*, etc. (mountains).

Ça se dit comment? **'-tion'**
The letter *-t* is normally pronounced approximately as in English. In the ending *-tion*, however, it sounds like *-ss*.
Examples: *destination, conversation, addition, solution, réaction, intention, réception*

7 À l'hôtel

1 Faites correspondre les symboles et leur définition.

Exemple: **1 b**

1 Chiens admis	**a** 🅿
2 Bienvenue aux enfants!	**b** 🐕
3 Piscine	**c** 🎾
4 Ascenseur	**d** 🌳
5 Jardin	**e** 🛗
6 Tennis	**f** ⛷
7 Parking	**g** 🏊
8 Télévision	**h** 📺
9 Restaurant	**i** 📞
10 Chambres accessibles aux handicapés physiques	**j** ♿
11 Téléphone dans les chambres	**k** 🍴

2 Quelles langues parle-t-on?

 ?  ?  ?  ? ? ?

8 Regardez la brochure.

CHATEAUGIRON

★ ★ ★ HOTEL DU CHATEAU
5 Quai. A. Thomas
Tél. 02.99.37.40.01   Fax. 02.99.37.59.61
🇬🇧 35 chambres – ouverture: 15 / 1 – 15 / 12

Écrivez une courte description de cet hôtel.

Il y a...; Vous avez...; On parle...; Les chambres sont équipées de...; Pour vous relaxer...; Vous avez la possibilité de...

9 🎧 Franck Moulot veut réserver une chambre. Écoutez la conversation et complétez la formule.

Réservation   *Hôtel du Château*

Nom _____ Prénom _____

Chambre _____

Du _____ au _____

Douche ☐   Bain ☐

WC privatif   Oui ☐   Non ☐

Petit-déjeuner   Oui ☐   Non ☐

TIP Remember that to say 'on July 13th' you say *le treize juillet* (there is no 'th' in French dates):

*Je vais arriver **le treize** juillet et je vais partir **le quinze**.*

When giving dates 'from the ... to the...' use ***du*** *... **au**...*
*Nous sommes en vacances **du** vingt-cinq juillet **au** huit août.*

10 Préparez un dialogue téléphonique. Travaillez avec un(e) partenaire. Choisissez des phrases pour faire des dialogues.

Client	Réceptionniste	Client	Réceptionniste	Client
Je voudrais... 🛏🛏 🛁📞 🚿☕	Oui, Monsieur/ Madame, pour quelles dates?	▪ 1–10 août ▪ 12–19 janvier ▪ 23–26 mars On arrive le... On part le...	Bon, Monsieur, j'ai 🛏🛏🛁 📞🚿☕ Ça coûte ▪ 40€ ▪ 45€ ▪ 70€ la nuit	▪ Désolé, c'est trop cher. ▪ Bon, ça va, merci. ▪ D'accord, ça va.

11 🎧 Écoutez la publicité. Notez, **en anglais**, quatre détails de l'offre.

1 Rachel...
Rachel, tu m'entends...?

Est-que je l'entends? Ça dépend...

2 Rachel, tu m'entends, tu vas mettre la table, s'il te plaît? Réponds-moi!

Désolée, je ne t'entends pas.

3 Elle n'entend rien avec ce vacarme-là, elle ne me répond jamais...

4 Une demi-heure plus tard...

Rachel, à table! Tu m'entends?

Oui, attends, j'arrive!

12 🎧 Lisez/écoutez le dialogue. Comment dit-on en français...?

1 Can you hear me?
2 That depends...
3 to set the table
4 sorry, can't hear you
5 that racket
6 she can't hear a thing
7 she never answers
8 it's dinner time!
9 hang on!
10 I'm coming!

13 🎧 Écoutez la conversation. Identifiez les pròblemes de M. Désirat. Complétez les phrases avec un mot dans la case.

1 Il _____ depuis trois minutes.
2 On ne _____ pas.
3 Il n'_____ pas le réceptionniste.
4 Il doit _____ pour parler au directeur.

attend	attendre	entend	entends	répond	réponds

14 Complétez les phrases suivantes avec la bonne forme du verbe: *attendre, entendre,* ou *répondre.*

1 Michel est toujours au café? – Oui, il a_____ sa petite-amie.
2 Le téléphone sonne, mais on n'e_____ pas.
3 Pardon, mais je n'e_____ pas. Répétez, s'il vous plaît.
4 R.S.V.P. = R_____ S'il Vous Plaît
5 Un moment, messieurs-dames. A_____ ici, s'il vous plaît.
6 Est-ce que vous avez e_____ la sonnerie?
7 Ils ont r_____ à mon mél.

point grammaire

Regular -*re* verbs (see page 146)
The regular -*re* verbs *attendre* (to wait), *entendre* (to hear), *répondre* (to reply) all follow the pattern below.

je répond**s**	nous répond**ons**
tu répond**s**	vous répond**ez**
il/elle/on répond	ils/elles répond**ent**

- the -*d(s)* is never heard in the singular forms
- past participles end in -*u* (*j'ai attendu*, etc.)

Warning: The verbs *prendre* and *mettre* look like ordinary -*re* verbs but they do not follow this pattern. These verbs will be practised on pages 56 and 58.

TIP When you want to say **how long** you have been doing something, resist the temptation to use a past tense! Use present tense + ***depuis***:

Salut! Tu **es** *là* **depuis** *longtemps?*
*Quoi!!? Je t'***attends depuis** *une heure!!*

15 Inventez des réponses aux questions. Il faut écrire des phrases complètes.

Exemple: **1** Oui, **j'attends depuis** deux heures.

1 Vous attendez depuis longtemps, Madame?
2 Tu es là depuis quelques minutes?
3 Anne parle avec sa mère depuis combien de temps?
4 Philippe travaille ici depuis combien de temps?

Les campings

Dans les guides touristiques, les campings ont des étoiles. Voici le système:

★ Assez bon – lavabos, douches froides, WC, bacs à vaisselle

★★ Bien aménagé – douches chaudes, prises électriques, lavabos, gardé le jour

★★★ Confortable – emplacements équipés électriquement, magasin, service de boissons, gardé en permanence, site éclairé la nuit

★★★★ Grand confort – arbres, fleurs, salle de réunion et de jeux

aménagé *equipped*
bac (m) *sink*
éclairer *to light (illuminate)*
emplacement (m) *pitch*
gardé *guarded*
lavabo (m) *wash-basin*
prise (f) *plug (socket)*
jeu (m) *game*

16 Combien d'étoiles?
Camping de la Plage: gardé le jour, prises électriques, magasin, éclairage électrique
Camping de la Forêt: lavabos, WC, douches chaudes, magasin, salle de jeux
Camping des Rochers: lavabos, WC, parking, douches froides

17 **Au camping**
Combien des symboles suivants pouvez-vous identifier en français? Faites une liste avec un(e) partenaire. Vous avez **une minute**!

Exemple: **1** il y a un bar

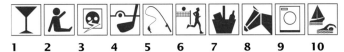

18 Regardez la publicité. Répondez aux questions. Écrivez *oui* ou *non* et expliquez votre réponse.

Exemple: **1** Oui: le site est equipé d'électricité.
1 On peut éclairer sa caravane la nuit?
2 On peut faire des achats ici?
3 Il y a un service de baby-sitting?
4 On peut nager ici?
5 On peut aller à la pêche?

SAINT-MALO

★★★★ LE P'TIT BOIS
Epiniac
Tél. 02.99.90.30.59   Fax. 02.99.90.37.41

19 Copiez la formule de réservations. Écoutez les conversations et complétez la formule.

	Combien de tentes?	Caravane – oui/non?	Combien de personnes?	Combien de nuits?	Véhicule
Client 1					
Client 2					
Client 3					
Client 4					

20 On n'observe pas les règles. Écoutez les conversations. C'est quelle règle?

A Il est interdit de fumer dans les tentes.
B Il est interdit de faire du bruit après 22h.
C Il est interdit aux moins de 14 ans d'entrer dans le bar.
D Il faut faire la vaisselle dans les bacs.
E Il est interdit de dresser une tente hors des emplacements officiels.
F Il faut tenir les chiens en laisse.
G Il faut déposer des objets de valeur à la réception.

21 🎧 Écoutez la conversation. Liez les drapeaux aux images.

a   b   c   d   e   f

1   2   3   4   5   6

22 Mettez les mots dans le bon ordre, pour formuler les phrases.

1 le aime que Natasha j' sort garçon avec
2 emplacement avons est Où que l' nous réservé?
3 le Nous étoiles qui trois camping cherchons a 'Soleil'
4 la veut tente que Voilà Marcelle acheter

23 Liez les paires de phrases. Remplacez chaque paire avec une seule phrase longue. Utilisez *qui*.

Exemple: **1** Tu vois la voiture. La voiture rouge est derrière la tente.
Tu vois la voiture rouge **qui** est derrière la tente.

1 Tu vois la voiture. La voiture rouge est derrière la tente.
2 Tu connais les gens. Les gens ont la caravane bleue.
3 Tu vois la voiture verte. La voiture verte est là-bas.
4 Les Hollandais ont la tente d'à côté. Les Hollandais s'appellent Seuren.
5 Tu aimes la fille? La fille a les cheveux longs et bruns.

24 Composez de nouvelles phrases. Utilisez *que*.

Exemple: **1** boisson + aime +
La boisson **que** j'aime, c'est l'Orangina.

1 Boisson + aime + 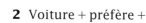   **2** Voiture + préfère +   **3** Pays + préfère +

4 Garçon + déteste +   **5** Matière + ne supporte pas +

25 Complétez chaque phrase. **Choisissez** une dernière partie et **inventez** la 'partie centrale'.

Exemple: **1** Mon ami qui **est un génie en maths** veut sortir avec toi.

	?	
1 Mon ami qui		va fêter son anniversaire demain.
2 Les caravanes qui		s'appelle Louise.
3 La jeune Espagnole qui		est très grande.
4 La fille que		sont très chères.
5 La tente que		veut sortir avec toi.
		est très cool.
		sont vraiment chics.

point grammaire

Qui and **que**
(see page 145)
Qui and *que* are pronouns which make a link between a noun and some information about the noun. In English, we use 'who', 'which' and 'that' for this, but sometimes we miss them out.

- We use **qui** when the noun is the **subject**:
  *la voiture **qui** est garée ici.*
  *la voiture **qui** est devant la tente orange*
  the car (which/that is) in front of the orange tent

- We use **que** when the noun is the **object**:
  *la voiture **que** je préfère.*
  *Ce sont des gens **que** je ne connais pas.*
  They're people (that/who) I don't know.
  *La femme **que j'aime**, c'est la femme **qui aime** Paul. C'est tragique!*
  The woman **that I love**, is the woman **who loves** Paul. It's tragic!

Le temps de se reposer

En vacances on a le temps de se reposer, de se relaxer, de se détendre. Plus de stress! Votre temps est à vous.

26 🎧 Écoutez le reportage et mettez les images dans le bon ordre.

a b c d

e f g h

point grammaire

The verb *prendre* (see page 150)
Prendre (to take) is not completely regular. It's like an ordinary *-re* verb in the singular: *je prends, tu prends, il prend*; but the plural is different: *nous prenons, vous prenez, ils prennent*.

Prendre is useful. It's sometimes used where we would say 'to have'.
Note the following:

prendre une douche/un bain to have a shower/a bath
prendre le petit déjeuner to have breakfast
prendre le bus to catch a bus
prendre son temps to take one's time
prendre ses vacances to take one's holidays

- The past participle is *pris*. The perfect tense runs: *j'ai pris, tu as pris*, etc.
- Other verbs like *prendre* are: *comprendre* (to understand), *apprendre* (to learn) and *surprendre* (to surprise).

27 Écrivez des phrases en utilisant le verbe *prendre*. Utilisez le présent **ou** le passé composé; ça dépend du contexte!

Exemple: En général, Sophie **prend** une douche à 7 heures.

D'habitude	je		le petit déjeuner à 8 heures.
Le mardi	tu		le bus pour aller au collège.
En général	Alain	**[prendre]**	une douche à 7 heures.
Hier	Sophie		un repas au restaurant.
Avant-hier	nous		un bain à 22 heures.
La semaine dernière	vous		
Le mois dernier	les autres		

28 **On prend le bus qui...**

Écrivez un titre pour chaque image.

Exemple: **1** Il prend le bus qui va à la plage.

1 2 3 4 5 6

Quelles vacances préférez-vous?

A

Vacances en montgolfière

Voler, c'est magique! Vous flottez, vous glissez. Un vol en montgolfière, c'est vraiment magnifique. Observez les villages, les voitures, les moulins, petits comme des jouets. Flottez au-dessus de la Provence, descendez vers le pont d'Avignon. Remontez dans l'air. Ici vous n'entendez rien. Tout est tranquille.

B

Par monts et par vallées – Vacances en VTT dans le parc naturel régional du Lubéron

Centre du Mont Sainte-Victoire – Hôtel – Restaurant – Centre VTT
- 120 km de sentiers et chemins
- 6 circuits (bleu, blanc, rouge)
- Garage à vélos
- Location VTT
- Chambres à louer: individuelle 40€, double 55€ la nuit

À proximité: piscine en plein air, centre équestre, pêche en rivière

29 Lisez les publicités. Regardez les questions et choisissez: **a** ou **b**.

1 Une montgolfière, c'est quelle sorte de transport? **a** un ballon; **b** un avion.
2 Quel monument célèbre peut-on voir de la montgolfière? **a** la tour de Provence; **b** le pont d'Avignon.
3 Les montgolfières volent au-dessus de quelle région de la France? **a** la Provence; **b** Avignon.
4 Dans quel parc est-ce qu'on fait les randonnées à vélo? **a** parc du Mont St-Luc; **b** parc naturel régional du Lubéron.
5 À part le VTT au Centre du Mont Sainte-Victoire, quelles activités peut-on faire dans la région? **a** natation, voile, équitation; **b** natation, équitation, pêche.
6 Quelles chambres sont les plus chères? **a** pour deux personnes; **b** pour une personne.

30 On parle de quelle publicité? Publicité A? Publicité B? Ni A ni B?

31 Complétez les questions/les réponses.

Question	Réponse
1 Quelle visite?	Cette visite.
2 Quel centre de vacances?	?
3 ?	Ces animaux.
4 Quelle montgolfière?	?
5 ?	Cet hôpital.
6 Quelles brochures?	?
7 ?	Cette attraction.

32 Écoutez Christophe qui parle de ses vacances en Provence. Écrivez deux listes:

Bons points	Mauvais points

au-dessus de *above*
flotter *to float*
jouet (m) *toy*
voler *to fly*

point grammaire

'which', 'this', 'that'

- To ask 'Which...?' use *quel/quelle/quels/quelles*, choosing the right one to match your noun:
  quel parc?
  quel hôtel?
  quelle publicité?
  quels hommes?
  quelles femmes?
- To answer 'This...' or 'That...', use *ce/cet/cette/ces*, choosing the right one for your noun:
  ce parc   cette publicité
  cet hôtel   ces hommes
  ces femmes
- Remember the special masculine form *cet* for masculine nouns beginning with a vowel or silent 'h': *cet animal, cet hôtel*
- *ces* is for feminine as well as masculine nouns in the plural: *ces hommes, ces femmes*

Protégez-vous!

Vous allez à la plage! Super! Mais faites attention . . . même à la plage en pleines vacances il y a des dangers.

Soleil
1. Ne prenez pas de bains de soleil entre midi et 15h – le soleil est au plus chaud.
2. Mettez un chapeau.
3. Les enfants doivent mettre une chemise en coton.
4. Mettez-vous à l'ombre.

Mer
5. Si vous ne savez pas nager, restez au bord de l'eau.
6. Faites attention aux marées.
7. Ne plongez jamais des rochers.

Feu
8. N'allumez jamais les barbecues les pieds nus – mettez des chaussures.

Objets aigus
9. Attention! Il y a quelquefois du verre cassé sur les plages – même des seringues. Mettez des sandales.

aigu *sharp*
allumer *to light (a fire, match)*
à l'ombre *in the shade*
marée (f) *tide*
rocher (m) *rock*

33 Ces vacanciers n'observent pas les règles. Pour chaque vacancier, identifiez une règle qu'il/elle n'observe pas.

Exemple: **a 7**

34 Choisissez la bonne forme de *mettre* ou de *prendre*.

1 S'il fait chaud je **mets/prends** un t-shirt et un short.
2 Quand on est en vacances on **prend/met** le déjeuner sur la plage.
3 Quand je suis revenu de la plage hier, **j'ai mis/j'ai pris** une douche.
4 Mes parents **ont mis/ont pris** le temps de se détendre.
5 Nous **avons pris/avons mis** le bus pour aller de l'hôtel en ville.

35 Ça ne va pas! Après une visite à la plage vous rentrez à la maison, tout rouge, le pied coupé. Vous avez mal à la tête. Expliquez ce qui s'est passé à la plage.

Le problème, c'est que j'ai _____ et je n'ai pas _____

point grammaire

The verb *mettre* (see page 150)
The verb *mettre* (to put) is not a regular -re verb. Here is the present tense:

je mets	nous mettons
tu mets	vous mettez
il/elle/on met	ils/elles mettent

- It can mean 'to put on' (clothes): *Mettez un chapeau.*
- *Se mettre* means 'to place oneself', 'to sit': *Mettez-vous à l'ombre.*
- *Se mettre à* means 'to start': *Il s'est mis à travailler.*
- Similar verbs are *permettre* (to allow), *promettre* (to promise), *remettre* (to hand over).
- The past participle is *mis*. The perfect tense is *j'ai mis, tu as mis*, etc.

36 Tu sais draguer en vacances?

Pour réussir un flirt, il faut savoir intéresser les autres.

1 Lisez les invitations suivantes.
- **a** Tu veux aller au cinéma?
- **b** Tu as envie de voir mes timbres?
- **c** Ça te dirait d'aller à la plage?
- **d** Tu aimes l'école?
- **e** Tu as envie de regarder la télé ce soir?
- **f** J'ai un billet pour le cirque. Tu veux venir avec moi?
- **g** J'aime bien ce parfum. Qu'est-ce que c'est?
- **h** Si on allait au café?
- **i** Je peux t'offrir une glace?
- **j** Tu veux rencontrer mes parents?

2 Quelles sont les invitations les plus intéressantes/les moins intéressantes? Mettez-les en ordre, selon vos préférences personnelles.

TIP To **invite** someone to do something, you can use any of the following:

Tu veux . . . ?
Tu as envie de . . . ?
Ça te dirait de . . . ?
These expressions are always followed by an **infinitive**:
*Tu as envie d'**aller** au club?*

37 Vous voulez sortir avec quelqu'un. Composez des invitations pour les destinations suivantes.

		au cinéma?
Tu veux		à la foire?
	aller	au parc?
Tu as envie d'		au bowling?
Ça te dirait d'		au McDo?
		chez moi?

38 Qu'est-ce qu'elle dit?

1   2   3   4   5

39 🎧 Alain et Madeleine vont au café. Écoutez leur conversation. Copiez et complétez la grille.

	À manger		À boire
Alain	1)	2)	
Madeleine	1)	2)	

point grammaire

'which one?', 'this one', 'that one' (see page 148)

- To ask 'which one?' use *lequel* in its various forms (masculine/feminine; singular/plural)
- To answer 'this one' use *celui* in one of its forms.
- To make the distinction between 'this one' and 'that one' add *-ci* or *-là*.

	Which one?	This one / That one	Which ones?	These (ones) / Those (ones)
M	*Lequel*	*Celui-ci* / *Celui-là*	*Lesquels*	*Ceux-ci* / *Ceux-là*
F	*Laquelle*	*Celle-ci* / *Celle-là*	*Lesquelles*	*Celles-ci* / *Celles-là*

40 Écrivez les mots pour compléter les phrases.

Exemple: **1** Celui-là

1 Voici deux maillots de bain. Lequel est à toi? _____-là.

2 Lesquels sont tes vêtements? _____-ci.

3 On va aller dans quel café? _____-ci.

4 Tu as le choix entre ces deux livres. L_____ veux-tu?

5 Au marché il y a des poires vertes et des poires rouges. L_____ préfères-tu?

6 Il y a de beaux posters ici. L_____ sont les meilleurs?

checkpoints

TEST

Use the TEST to check your language skills in...

- using *à* and *en* to talk about places
- using *du ... au ...* to talk about dates
- using *-re* verbs
- using the verbs *prendre* and *mettre*
- using *qui* and *que* to say 'the ... which/who/that'
- asking questions using *quel* and *lequel*
- using *celui, celle, ceux, celles* to say 'this one/that one/these ones/those ones'

1 Complétez les phrases suivantes avec le **présent** du verbe indiqué:

   a Qu'est-ce que tu dis? Je n'(**entendre**) pas très bien. [1]

   b Vous (**attendre**) l'autobus juste devant le camping. [1]

   c Le directeur de l'hôtel ne (**répondre**) jamais à mes lettres. [1]

   d Quand le téléphone sonne, c'est toujours moi qui (**répondre**)! [1]

2 Complétez les phrases suivantes avec le **passé composé** du verbe indiqué:

   a J'(entendre) ce que vous avez dit. [1]

   b Sandra (attendre) une demi-heure au cinéma. [1]

   c Nous (répondre) à toutes vos questions. [1]

3 Qui est-ce? Cherchez dans la case pour remplir les blancs.

mes parents	vous	je	tu	Jérôme	nous

   a Qu'est-ce que [?] mets pour sortir ce soir? [1]

   b [?] mets un t-shirt et un pantalon. [1]

   c [?] prenons le petit déjeuner à quelle heure? [1]

   d D'habitude [?] prend le bus de huit heures pour aller au travail. [1]

   e [?] ne me prennent jamais au sérieux! [1]

   f [?] me prenez pour un idiot? [1]

4 **Qui.** Écrivez une seule phrase. Utilisez *qui* comme dans l'exemple.

   Exemple: J'ai un ami. Mon ami est très fort en volleyball.
   J'ai un ami **qui** est très fort en volleyball.

   a Je connais quelqu'un. Cette personne parle six langues. [1]

   b Il faut utiliser les bacs à vaisselle. Les bacs à vaisselle se trouvent derrière les toilettes. [1]

   c Il essaie de draguer cette fille. Cette fille est avec ses parents. [1]

5 **Que.** Débrouillez ces phrases.

   a que La tu bleue cherches est tente [1]

   b Les qu' vend froides sont boissons on [1]

   c jeune La que rencontrée aimable Espagnole j'ai très est [1]

6 *À, en* ou *dans*?

   a Saint Raphaël est _____ le Var. [1]

   b Cet été on va _____ Espagne. [1]

   c J'espère passer quelques jours _____ Paris. [1]

   d Nous allons faire du ski _____ les Alpes. [1]

   e Cette année je dois rester _____ France. [1]

7 Complétez les phrases suivantes comme dans l'exemple.

   Exemple: Je vais être à Nice (20.7–23.7)
   Je vais être à Nice **du** 20 **au** 23 **juillet**.

   a Nous allons rester à Biarritz (1.8–14.8) [2]

   b On espère être à Saint-Malo (6.6–12.6) [2]

   c Mes amis sont restés à Lorient (27.9–4.10) [2]

8 Formulez les questions et choisissez les bonnes réponses. [8]

Quelles	hôtel préfères-tu?	Ceux-ci
Quels	brochure est-ce que tu lis?	Celles-là
Quel	campings va-t-on visiter?	Celui-là
Quelle	invitations préférez-vous?	Celle-ci

9 Complétez les phrases suivantes avec *lequel, laquelle, lesquels* ou *lesquelles*.

   a On a le choix de deux hôtels. _____ préfères-tu? [1]

   b Il me reste cinq chocolats. Tu peux en avoir deux. _____ veux-tu? [1]

   c Tu peux acheter un maximum de cinq cartes postales. _____ vas-tu prendre? [1]

   d Il faut choisir entre deux destinations. _____ est la meilleure, à ton avis? [1]

   Total [42]

QUIZ

Use the QUIZ to check your ability to talk in French about...
- French holiday destinations
- hotels and camping in France
- holiday activities
- safety advice on a French beach

1 Quel est le pourcentage des Français qui passent leurs vacances en France? [1]

2 Quel est le département le plus populaire comme destination de vacances? [1]

3 Nommez deux pays où les Français aiment aller en vacances. [2]

4 Que signifient ces symboles? Répondez **en français**.

a [1]

b [1]

c [1]

d [1]

e [1]

f [1]

g [1]

h [1]

5 Expliquez les termes suivants **en anglais**.
a une montgolfière [1]
b un VTT [1]
c un parc régional naturel [1]

6 Sur la plage. Écrivez deux listes:
Il faut (deux idées)/**Il ne faut pas** (trois idées) [5]

Total [20]

PROJETS

A Faites des recherches sur une région de la France (par exemple, la Bretagne, la Provence, les Alpes). Utilisez Internet, une encyclopédie, des livres de référence, les expériences de votre professeur ou de votre assistant(e) de français.

Notez les attractions touristiques, les hôtels et les campings.

Dites si vous voulez visiter cette région ou non.

Pour avoir des brochures copiez la lettre suivante et envoyez-la à un Office de Tourisme:

```
[Votre Adresse]            M. le Directeur
                           Office de Tourisme
                           ...000 [Ville]*
Monsieur
Je vous serais reconnaissant(e) de bien
vouloir m'envoyer des dépliants
touristiques sur votre région.
Dans l'attente de vous lire, veuillez
agréer, Monsieur, l'expression de mes
sentiments les meilleurs.


[Signature]
```

*Codes postaux des grandes villes:

Strasbourg	67000	Marseille	13000
Chambéry	73000	Bordeaux	33000
Nice	06000	Lyon	69000
Toulon (Var)	83000	Rennes	35000

B Imaginez que vous avez passé vos vacances en Provence et que vous avez participé à des activités décrites dans les brochures. Décrivez vos expériences. Utilisez les expressions suivantes:

- Cet été
- c'était (*it was*)...
- les activités:

  – je suis allé(e)
  – j'ai pris (+*transport*)
  – moche
  – super
  – c'était vraiment.../ très...
- je me suis bien amusé(e)
- le problème, c'est que
- heureusement
- j'ai pu
- je n'ai pas pu
- malheureusement

C Écrivez un petit script.
Jean et Monique se rencontrent en vacances. Elle essaie de le draguer...

unité 7
La France en huit jours

UNIT GOALS

To improve your language skills in . . .

- using prepositions: *de, à, en, entre, dans* in expressions of time
- using the verb *venir* and others like it
- using the pronoun *y*
- using the perfect tense with pronouns
- using strong pronouns *moi, toi*, etc.

To learn about . . .

- the Channel Tunnel, Eurostar and Le Shuttle
- travelling by French train and Métro
- car hire and driving on French roads
- cycle hire in France and the *Tour de France*
- air travel in France
- regions of France

Revision in the unit includes:

- using *aller* to refer to future events
- times and numbers

JOUR 1 Phileas Fogg commence son voyage!

Dans le livre de Jules Verne, en 1872, le célèbre Phileas Fogg a fait le tour du monde en 80 jours. Aujourd'hui, son arrière-arrière-petit-fils, qui s'appelle aussi Phileas Fogg, est à Londres où il parle avec des amis. Lui, aussi, il va faire un voyage.

> Le tour de la France en huit jours? Impossible, Fogg!

> Mais si, c'est possible et je vais faire ce voyage! Je vais partir demain!

> Je vais utiliser tous les moyens de transports possibles. Je vais visiter Paris, Strasbourg, Marseille, Toulouse et Rennes et je vais revenir en Angleterre dans huit jours.

TIP Remember that to say you're **going to do something**, you can use *aller*:

Je vais utiliser tous les moyens de transports possibles.
Check that you know *aller* by heart (see page 149).
  Find five examples of this use of *aller* in the cartoon.

1 Faites correspondre les paires de phrases.

Exemple: **1 d**

1 Notre avion va partir à 18h.
2 Le match va commencer à 14h.
3 C'est les vacances!
4 Demain je vais traverser la Manche.
5 Je vais prendre le train samedi.

a On va partir pour le stade à midi.
b Je vais acheter mon billet vendredi.
c Je vais prendre le ferry de Calais.
d Nous allons arriver à l'aéroport à seize heures trente.
e Jean va faire un tour de l'Europe.

2 On va prendre le ferry? l'avion? Inventez des phrases.

Exemple: **1** Pour aller de Lyon à Alger, on va prendre l'avion.

1 Lyon–Alger **2** Paris–Londres **3** Londres–Lille **4** Plymouth–Santander

Ça se dit comment? '-c', '-ç'

The letter *-c* sounds like *-s* before *-e*, *-i* and *-y*: *ce, cité, celui-ci, Nancy.*
  Before *-a*, *-o* and *-u*, it sounds like *-k*: *Catherine, comme, culottes.*
  If *-c* is to sound like '-s' before *-a*, *-o* or *-u*, a cedilla must be added: *ça, leçon, reçu.*
  Try this: *Ça alors! Catherine, à Nancy, a reçu cette carte-ci de sa cousine de Besançon.*

3 🎧 Écoutez les renseignements sur le Tunnel sous la Manche. Identifiez les détails corrects: **a**, **b** ou **c**.

conçu *designed*
durer *to last*
la Manche *the English Channel*
vitesse (f) *speed*

1 Longueur:	**a** 55 km; **b** 55.5 km; **c** 50.5 km
2 Date de commencement de la construction:	**a** 1984; **b** 1987; **c** 1994
3 Date d'ouverture publique:	**a** 1984; **b** 1987; **c** 1994
4 Train-piétons:	**a** L'Eurostar; **b** L'Express; **c** Le Shuttle
5 Train-véhicules:	**a** La Manche; **b** Le Shuttle; **c** La Vitesse
6 Vitesse maximale de l'Eurostar:	**a** 3000 km/h; **b** 200 km/h; **c** 300 km/h

Phileas Fogg est à Paris

Arrivé à la Gare du Nord à Paris, Phileas Fogg cherche des renseignements sur le Métro.

Connaissez-vous le Métro?

● Les billets sont valables dans les autobus et dans le Métro

● Avec un seul billet vous pouvez faire un voyage entre toutes les gares situées à Paris

● Chaque ligne a un nom, par exemple 'Porte de Clignancourt – Porte d'Orléans'

● Pour changer de ligne, descendez à une correspondance

Régie Autonome des **RATP** Transports Parisiens

TIP
pour + infinitive = **in order to...**

*Téléphonez-moi **pour me dire** quand tu vas arriver.*
Phone me **to tell me** when you're going to arrive.

You can also use *Pour aller à...?* to ask 'How do I get to...?'

4 🎧 Phileas fait la queue au bureau de renseignements. La femme devant lui demande des informations. Copiez et complétez les détails suivants.

• Destination:
• Ligne:
• Direction:
• Combien de correspondances:
• Tickets:

5 Remplissez les blancs avec une des prépositions dans la case.

Exemple: **1** Phileas Fogg va **de** Londres **à** Paris.

1 Phileas Fogg va _____ Londres _____ Paris.
2 Il a passé _____ le Tunnel _____ la Manche.
3 Il a pris le Métro _____ aller _____ la Gare de l'Est.
4 Il a demandé des informations _____ le Métro.
5 Il est parti _____ ses bagages.

par	à	sous	de	sur	sans	pour

point grammaire

Prepositions
(see page 148)
Prepositions are words which can be attached to nouns (or verbs) to show position or relationship:
***en** France; **à** Paris; **entre** Gare du Nord et Jacques Bonsergent; juste **après** Luxembourg; **pour** moi; **avec** Phil; **sans** billet.*

De Paris à Strasbourg par train

Arrivé à la Gare de l'Est, M. Fogg veut acheter un billet pour Strasbourg, capitale régionale de l'Alsace.

6 Horaire de trains Paris–Strasbourg

1 Faites les calculs nécessaires pour compléter les détails (**?**) comme dans l'exemple, Choix 1.

	Départ	Arrivée	Type de train/Quai	Durée
Exemple: Choix 1	*PARIS EST 15:54*	*STRASBOURG 19:49*	*Train/Quai 4*	*3h 55m*
Choix 2	PARIS EST 16:48	STRASBOURG 20:59	Train/Quai 3	**?**
Choix 3	PARIS EST 17:45	STRASBOURG **?**	TGV/Quai 5 Réservation essentielle	3h 30m
Choix 4	PARIS EST 18:47	STRASBOURG 22:55	Train/Quai 4	**?**
Choix 5	PARIS EST **?**	STRASBOURG 00:02	Train/Quai 3	3h 55m

2 Phileas décide de prendre le train le plus rapide. C'est lequel?

7 En route pour Strasbourg, M. Fogg entend quatre annonces. Écoutez les annonces. Imaginez sa réaction à chaque annonce: 😊? ou ☹?

8 Choisissez **trois** catégories qui s'appliquent à ce texte:

Strasbourg commercial; Strasbourg culturel; Strasbourg scientifique; Strasbourg gourmand; Strasbourg touristique.

Venez à Strasbourg

**Strasbourg est la capitale de l'Alsace et de l'Europe.
Ici vous allez trouver le nouveau siège du Parlement Européen. Venez visiter la belle cathédrale et les collections artistiques des musées de la ville. Vous aimez manger? Strasbourg est la capitale des gourmands: vins d'Alsace, chocolats et les célèbres gâteaux strasbourgeois. Les touristes viennent des quatre coins du monde pour trouver la vie de la ville la nuit – bars, discos, clubs – tout est là. Moi, je reviens ici chaque année.
Venez découvrir Strasbourg!**

point grammaire

The verb *venir*
(see page 150)
The verb *venir* (to come) is irregular. Special points to note:

- only the *nous* and *vous* forms begin like the infinitive: *nous **ven**ons, vous **ven**ez*. The other forms change their spelling to ***vien***: *je **vien**s, tu **vien**s, il **vien**t, ils **vien**nent*
- in the perfect tense, *venir* needs *être*; the past participle is *venu*: *je suis venu(e)*

Other verbs related to *venir*, such as *revenir* and *devenir*, behave in the same way.

découvrir *to discover*
durée (f) *length (time)*
gourmand (m) *person who is fond of food*
siège (m) *seat*
TGV (m) ***t**rain à **g**rande **v**itesse*

9 Répondez aux questions, en français. À Strasbourg…

1 Qu'est-ce qu'on peut manger?
2 Qu'est-ce qu'on peut boire?
3 Qu'est-ce qu'on peut voir?
4 Qu'est-ce qu'on peut visiter?
5 Qu'est-ce qu'on peut faire le soir?

JOUR 2
De Strasbourg à Lyon, en voiture

Arrivé à Strasbourg, capitale de l'Europe, Phileas Fogg doit trouver un autre moyen de transport. Il décide donc de louer une voiture.

10 🎧 Copiez la grille.

1 Écoutez la conversation et notez les détails.

Marque et modèle	Freins assistés oui/non	Direction assistée oui/non	CD oui/non	Vitres électriques oui/non	Vitesse maximale
Exemple: Peugeot 406	*oui*	*oui*	*non*	*oui*	*180 km/h*
Opel Vectra					
Renault Mégane					
Renault Clio					

2 Quelle voiture Phileas choisit-il? Pourquoi?

11 🎧 **Attention à la vitesse!**

1 Liez les situations aux panneaux limitant la vitesse.

Autoroutes
En ville
Routes à quatre voies
Autres routes

2 Écoutez le dialogue. Quelle limite M. Fogg a-t-il excédée?

12 Choisissez la bonne réponse.

1 **a** Vous avez le droit d'entrer par ici.
  b Vous ne pouvez pas entrer par ici.

2 **a** Vous devez continuer tout droit.
  b Il est interdit de continuer tout droit.

3 **a** Il est obligatoire de rouler à moins de 50 km/h.
  b Il n'est pas permis de rouler à moins de 50 km/h.

4 **a** Vous êtes obligé de stationner ici.
  b Vous pouvez stationner ici.

5 **a** Il faut tourner à gauche.
  b Vous n'avez pas le droit de tourner à gauche.

13 Regardez l'exercice 12. Classez les expressions en deux groupes, comme dans l'exemple.

Vous devez	Vous ne pouvez pas
Exemple: Il est obligatoire de . . .	

Ça se dit comment? 🎧
'-g'
-g is 'hard' before -a, -o and -u: *Mégane, garage*
-g is 'soft' before -e and -i: *rouge, engin*
  If -g needs to be softened before -a, -o or -u, an -e is inserted: *nous mangeons, nous voyageons, une Peugeot.*
Listen and try this: *Tu as garé la Mégane et la Peugeot rouge dans le garage? Génial!*

marque (f) *make (of car)*
panneau (m) *(road) sign*

point grammaire

The pronoun *y* (see page 145)
The pronoun *y* means 'there'/'to there' and it replaces *à* + noun. Like other pronouns, it goes before the verb (and inside negatives, such as *ne . . . pas, ne . . . jamais*):

– *Vous allez **à la gare**? – Oui, j'**y** vais/Non, je n'**y** vais pas.*
– *Vous êtes allé(e) **à Marseille**? – Oui, j'**y** suis allé(e)/Non, je n'**y** suis jamais allé(e).*

TIP Because **voiture** is feminine, all car makes and models are too:

une Mégane blanche, une 2CV bleue

14
Répondez aux questions suivantes, d'abord avec *oui*, puis avec *non*. Utilisez *y*.

Exemple: **1** Oui, il y va.
          Non, il n'y va pas.

1 – M. Fogg va à Strasbourg?
2 – Il arrive à Lyon demain?
3 – Les policiers vont à Besançon?
4 Vous êtes né(e) en Angleterre?
5 On est arrivé à Paris hier?

En panne entre Strasbourg et Lyon!

J'ai un pneu crevé.

Les phares ne marchent pas.

Le moteur est en panne.

Il y a une fuite d'huile.

Il y a une fuite d'eau.

Les freins ne marchent pas.

15 Au téléphone, Phileas explique son problème. Écoutez la conversation. Copiez le formulaire et corrigez les erreurs.

> Nom du conducteur: M. Phoog
>
> Marque: Renault   Modèle: Mégane   Couleur: Blanc
>
> Situation: N23 entre Strasbourg et Belfort
>
> Problème: Phares

16 En panne! Travaillez avec un(e) partenaire et composez un dialogue.

Personne A = le conducteur; **Personne B** = le mécanicien

Mécanicien (B)	Conducteur (A): Choisissez et répondez!
Qu'est-ce qui ne va pas?	freins/phares/eau/huile/moteur/pneu, etc.
Où êtes-vous?	Dijon ? Dôle Poligny N5 Champagnole
Vous avez quelle marque de voiture?	une Renault, une Peugeot, une Ford, etc.
C'est quel modèle?	Mégane, 406, Ka, etc.
C'est de quelle couleur?	?
Comment vous appelez-vous?	?
Comment ça s'écrit?	?

17 Vous voyagez en France? Vous devez pouvoir présenter aux agents de police certains documents et articles d'équipement. Trouvez les paires.

Terme français
1 le permis de conduire
2 le certificat d'assurance
3 des ampoules de rechange
4 triangle rouge

Terme anglais
a spare bulbs
b red (warning) triangle
c insurance certificate
d driving licence

18

1 Faites accorder le participe passé dans chaque réponse.
  a – Tu as vu cette comédie? – Non, je ne l'ai pas **vu**_____.
  b – C'est vous qui avez choisi ce film? – Non, c'est Marc qui l'a **choisi**_____.
  c – Dans *Le Quotidien*, il y a de belles photos. – Oui, je les ai **vu**_____.
2 Donnez la réponse positive (✓) ou négative (✗), comme dans l'exemple.

Exemple: Fogg a loué cette voiture? (✗)   **Non**, il ne **l'**a pas loué**e**.

  a L'agent a trouvé les papiers? (✓)
  b Phileas a faxé sa lettre? (✗)
  c Le mécanicien a reçu tes méls? (✓)

point grammaire

Agreement of past participles
Sometimes you need to use an object pronoun in a sentence in the perfect tense. There is a special rule for this. If a direct object pronoun (*le, la, les*) comes before a past participle, that participle must agree with the pronoun:
– *Tu as vu **cette émission** hier soir?*
– *Oui, je **l'**ai vu**e**.*

If the phrase is negative, *ne . . . pas* fits round the pronoun and *avoir*:
– *Comment as-tu trouvé les documentaires?*
– *Malheureusement, je **ne les** ai **pas** vu**s**.*

Note: This rule does **not** apply with indirect object pronouns (*lui, leur*, etc.) Look at the difference:

– *Tu as vu Céline? – Oui, je **l'**ai **vue**.*
– *Tu lui as parlé? – Oui, je **lui** ai **parlé**.*

JOURS 3 et 4
De Lyon à Marseille – à vélo!

aux pois *with dots*
bouchon (m) *traffic jam*
coureur (m) *competitor*
étape (f) *stage*
maillot (m) *jersey*
piétonnier *pedestrian*
réseau (m) *network*
roi (m) *king*

Document A

LYON: DEUXIÈME VILLE DE FRANCE

VILLE GASTRONOMIQUE:
Goûtez la cuisine
traditionnelle aux oignons

VILLE INDUSTRIELLE:
automobiles, électronique,
chimique

VILLE CULTURELLE:
19 musées, bibliothèque
municipale (plus d'un million de livres)

VILLE COMMERCIALE:
Le plus grand centre commercial d'Europe

VILLE TOURISTIQUE:
La vieille ville, le Métro

Document B

LYON: VILLE BOUCHON

À Lyon, le problème de la congestion et de la pollution est grave.
Pour améliorer la situation, on développe:

* des lignes de métro
* des lignes de tramway
* des zones piétonnières
* le réseau des bus
* un système de contrôle des voitures
* un réseau de pistes cyclables

19 On le trouve: dans **le document A**? dans **le document B**? dans **les deux** documents?

20 Phileas loue un vélo pour traverser Lyon. Écoutez la conversation et répondez aux questions suivantes.

1 C'est combien pour 24 heures, **a** pour un vélo tous chemins (VTC)?; **b** pour un vélo tous terrains (VTT)?
2 C'est combien pour une semaine, **a** pour un VTC?; **b** pour un VTT?
3 C'est combien, la caution, **a** pour un VTC?; **b** pour un VTT?
4 Quel vélo choisit-il?

21 Vous voulez louer un vélo. Votre partenaire décide du prix par jour et par semaine et la caution à payer. Demandez-lui combien il faut payer.
Changez de rôle et continuez!

C'est combien...?
Par jour   Par semaine
La caution
Et le total, alors?

En passant par la ville de Lyon, M. Fogg est entouré de cyclistes. Qu'est-ce qui se passe? Oui, c'est le Tour de France! Et on part vers Marseille!

22 Qui est-ce? Ecrivez un titre pour chaque image.

Exemple: **4** le leader

Le tour de France est l'événement sportif le plus populaire de France. La route du tour change chaque année, mais il y a toujours des étapes qui passent par les montagnes. Le leader porte toujours un maillot jaune. Le coureur qui a le plus de points porte un maillot vert. Le «roi des montagnes» (le leader dans cette étape) porte un maillot aux pois rouges, le leader dans la catégorie jeunes porte un maillot blanc.

JOUR 5 À Marseille

23 Trouvez la bonne image pour illustrer chaque fait sur Marseille.

Six faits sur Marseille

1 Marseille est le deuxième port français (Le Havre est le premier). D'énormes pétroliers arrivent ici.

2 Marseille est très bien connu pour le football. Son équipe s'appelle Olympique de Marseille.

3 Ici on fabrique des automobiles.

4 L'industrie chimique aussi est importante.

5 Marseille est célèbre pour son Musée de la mode.

6 Le sinistre Château d'If est situé sur une île dans le port de Marseille.

jour (m) férié *public holiday*
location (f) *hire*

point
grammaire

Prepositions of time
(see page 63)
Some prepositions are used in expressions of time:

à = at:
Le vol part à 13h45.
entre = between:
La boutique est ouverte entre 9h00 et 23h00.
dans = in (future):
Le vol BA265 va arriver dans cinq minutes.

24 🎧 Phileas décide de prendre l'avion de Marseille à Toulouse. À l'aéroport de Marseille, il écoute les annonces. Notez les trois détails.

1	Numéro de vol
2	Heure de départ
3	Problème

25 🎧 Écoutez les cinq phrases et notez la préposition que vous entendez: *à*, *entre*, ou *dans*?

26 Complétez les phrases suivantes. Choisissez: *à*, *entre*, *dans*.

1 Le vol AF567 part _____ 15h56.
2 Il est 18h00. On va partir à 18h35, c'est-à-dire, _____ 35 minutes.
3 Il y a un retard. Donc, on va arriver _____ 17h10 et 17h20.
4 Je vais aller à Lyon le 18 juin, c'est-à-dire _____ 10 jours.

JOUR 6 De Marseille à Toulouse, par avion

C'est à toi, Viviane, cette valise?

Non, c'est à moi! Donne-la-moi, Viviane!

Ce sont à vous, Messieurs-Dames, tous ces bagages?

Oui, tout ça est à nous.

C'est qui, Mlle Hugo?

C'est moi!

S'il vous plaît, Messieurs-Dames…

point grammaire

'Strong' pronouns (see page 145)
The **'strong' pronouns** such as *moi* are the ones to use when you need a pronoun on its own or after *c'est*:

– *C'est qui, M. Fogg, s'il vous plaît?* – **Moi!** *C'est* **moi**!
– Who is Mr Fogg, please? – **Me!** It's **me**!

je	*«c'est **moi**»*	me	*nous*	*«c'est **nous**»*	us
tu	*«c'est **toi**»*	you	*vous*	*«c'est **vous**»*	you
il	*«c'est **lui**»*	him	*ils*	*«ce sont **eux**»*	them
elle	*«c'est **elle**»*	her	*elles*	*«ce sont **elles**»*	them

They can also be used after prepositions such as *sur, avec, sans, pour, après*:

*Vous avez votre passeport sur **vous**?* Have you got your passport on **you**?
*On ne va pas partir sans **toi**.* We won't go without **you**.
*Tu as vu Élise? J'ai un cadeau pour **elle**.* Have you seen Élise? I've got a present for **her**.

27 Complétez les phrases suivantes.

1 – Qui a laissé cette valise ici? – (*Me*)!
2 – C'est pour qui, ce cadeau? – C'est pour (*him*).
3 – Vite! L'avion va partir sans (*us*)!
4 – Pauline, c'est qui? – C'est (*you*), non?
5 – Cette information est pour les hôtesses de l'air? – Oui, c'est pour (*them* f).
6 – L'inspecteur va accompagner les pilotes? – Oui, il part avec (*them* m).

28 Utilisez un pronom au lieu de l'expression **en gras**.

Exemple: **1** Ce sac est à **elle**.

1 Ce sac est à **Viviane**.
2 Ce sac est à **Serge et Jacques**?
3 Maman est avec **Lucie et Viviane**?
4 Cette valise est à **Philippe et moi**.
5 M. Hugo n'a pas de pièce d'identité sur **M. Hugo**.
6 Les billets de première classe sont aux **Deschamps**, mais les billets de seconde classe sont à **toi et à moi**!

TIP Putting *à* in front of one of the strong pronouns is a useful way to say who owns something:

– *C'est **à vous**, cette valise?* – *Oui, elle est **à moi**.*
Is this case **yours**? Yes, it's **mine**.

JOURS 6 et 7: De Toulouse à Rennes – en camion!

en grève (f) on strike

TOULOUSE

Ses industries:
- l'informatique
- le spatial
- la pharmaceutique
- la biotechnologie

Toulouse

Toulouse est la ville de demain. Les voyages à Mars vous intéressent? La médecine est pour vous une passion? Aimez-vous travailler avec les ordinateurs? Alors venez travailler à Toulouse.

VILLE D'AUJOURD'HUI,   VILLE DE DEMAIN

29 Regardez la publicité et les images. C'est dans quelle catégorie de travail?

Exemple: **1** le spatial

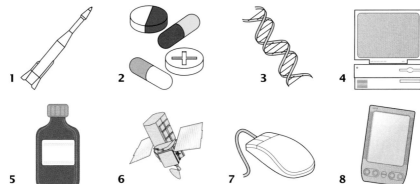

30 🎧 Phileas veut prendre un car à Rennes. Mais il y a un problème. Identifiez le problème:

a les cars ne marchent pas;
b les chauffeurs ne travaillent pas;
c il n'y a pas de places.

TIP Not everybody in France has the same **accent**. In the south, people roll their 'r's more and pronounce all the syllables of a word, e.g. *un-e bou-teill-e de biè-re.* Listen to the lorry driver again.

31 🎧 Phileas décide de faire de l'autostop. Il a de la chance. Un camionneur s'arrête pour le prendre.

Écoutez la conversation. Notez les détails suivants:

1	Destination du camionneur
2	Distance à Rennes
3	Origine du camionneur
4	Langue(s) parlée(s) par le camionneur

JOUR 8 Fogg quitte la Bretagne et arrive en . . . Grande-Bretagne!

fruits (mpl) de mer *seafood*
galette (f) *savoury pancake*

LA BRETAGNE

Situation:
À l'extrême ouest de la France

Capitale régionale:
Rennes

Villes principales:
Brest, Lorient, Saint-Brieuc, Morlaix

Industries:
Automobile, électronique, agriculture, pêche, tourisme
(2e zone de France)

Gastronomie régionale:
Crêpes, galettes, fruits de mer, gâteaux, cidre

Langues:
Français, breton (à l'ouest)

---

32 Complétez les phrases suivantes.

1 La plus grande ville de Bretagne...
2 On y fabrique...
3 En été, il y a beaucoup de...
4 On y mange...
5 On y boit...
6 On y parle...

33 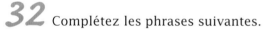 À Rennes, Phileas prend un hélicoptère pour aller à Saint-Malo. Là, Alain Chasseur de Radio Corsaire l'interviewe. Notez ce que dit Phileas sur son tour.

Bons points	Mauvais points
1 *hospitalité superbe*	1
2	2
3	3

34 Voici les dernières étapes du voyage de Phileas Fogg. Écrivez les cinq phrases dans le bon ordre pour faire un résumé de son retour en Angleterre.

1 La traversée dure neuf heures.
2 Ses amis célèbrent la rentrée de Phileas!
3 Phileas prend le train de Portsmouth à Londres.
4 L'heure locale d'arrivée est 18h30.
5 Le ferry quitte la Bretagne à 10h30.

TIP When you are reading French you will come across **questions** formed by swapping the positions of the subject and the verb:

Allez-vous en Bretagne?
Comprends-tu?
Veut-il venir avec nous?

- in the question, there is always a hyphen.
- with *il* and *elle*, if the verb ends in a vowel, there will be -*t*- between the verb and its subject. This makes the phrase flow better:
  Va-t-il arriver à l'heure? Arrive-t-il aujourd'hui? Y a-t-il assez de temps pour compléter le voyage?

checkpoints

TEST

Use the TEST to check your language skills in...

- using prepositions: *de, à, en, entre, dans* in expressions of time
- using the verb *venir* and others like it
- using the pronoun *y*
- using the perfect tense with pronouns
- using strong pronouns *moi, toi*, etc.

1 Complétez les phrases suivantes avec la forme correcte du présent du verbe indiqué:

a Si vous (**venir**) à Strasbourg, vous allez pouvoir visiter la cathédrale. [1]

b Beaucoup de touristes (**venir**) à Toulouse chaque année. [1]

c Cette brochure (**contenir**) des informations intéressantes. [1]

d J'adore cette ville! J'y (**revenir**) le plus souvent possible. [1]

e Les petites villes bretonnes (**devenir**) très populaires. [1]

2 Choisissez la bonne question pour chaque réponse:

a Oui, je le lui ai donné. [1]
b Oui, il me l'a prêté. [1]
c Oui, je la lui ai prêtée. [1]
d Oui, il nous l'a donné. [1]

- Thomas t'a prêté son vélo?
- L'agent de voyages vous a donné l'itinéraire?
- Tu as donné l'argent à l'agent?
- Vous avez prêté votre valise à ton frère?

3 Répondez aux questions suivantes comme dans l'exemple.

Exemple: – Vous avez envoyé la lettre?
– Oui, **je l'ai envoyée**.

a Vous avez envoyé les méls? [2]
b Vous avez recommandé ces livres? [2]
c Vous avez acheté la voiture? [2]
d Vous avez acheté les billets? [2]

4 Écrivez le bon pronom (*moi, toi, lui, elle, nous, vous, eux, elles*)

a – Qui a fait ça? – (*Me!*) [1]
b Tu vois? Ce cadeau est pour (*you*). [1]
c – Tu es sorti avec tes copains? – Non, je ne suis pas sorti avec (*them*). [1]
d Tu connais Rachel? Je vais au cinéma avec (*her*). [1]
e J'aime bien Alain. Je sors avec (*him*) demain. [1]

5 Complétez les phrases suivantes avec *de, à, entre* ou *dans*.

a Le voyage dure _____ 13h00 _____15h50. [2]
b _____17h00, on prend le train pour Paris. [2]
c L'Office de Tourisme est ouvert _____ 9h00 et 16h00. [2]
d Il est 12h00. On va arriver à 12h30, donc _____ une demi-heure. [2]

6 Lisez les questions/réponses suivantes. Insérez *y* dans les réponses.

a – Tu habites à Lyon?
– Oui, j'habite. [1]
b – On arrive bientôt à Strasbourg?
– On arrive dans 10 minutes. [1]
c – Vous allez chaque année dans le Var?
– Non, nous n'allons pas cette année-ci. [1]

Total [33]

QUIZ

Use the QUIZ to check your knowledge of . . .
- the Channel Tunnel, Eurostar and Le Shuttle
- travelling by French train and Métro
- car hire and driving on French roads
- the *Tour de France* cycle race
- regions of France

1 En quelle année est-ce qu'on a ouvert le Tunnel sous la Manche? [1]

2 Je vais en France en voiture. Je prends un train Eurostar ou Le Shuttle? [1]

3 L'Eurostar arrive à quelle gare parisienne? [1]

4 Dans le Métro, il faut combien de tickets pour une 'section urbaine'? [1]

5 Qu'est-ce que c'est qu'une *correspondance* dans le Métro? [2]

6 Strasbourg est la capitale régionale de quelle région? [1]

7 Vous voyez l'enseigne *Location de voitures*. Qu'est-ce qu'on peut faire ici? [2]

8 Donnez deux solutions proposées par la ville de Lyon au problème de la congestion. [2]

9 Qui porte le maillot jaune dans le Tour de France? [1]

10 Où se trouve Marseille? Dans le nord? le sud? l'est? l'ouest? [1]

11 Comment s'appelle l'équipe de football de Marseille? [1]

12 Que veut dire *une grève*? [2]

13 Comment s'appelle la capitale régionale de la Bretagne? [1]

14 Nommez les trois industries principales de la Bretagne. [3]

Total [20]

PROJETS

A Préparez des notes sur votre région, comme dans la petite brochure sur la Bretagne à la page 71.

B Écrivez un petit texte pour attirer les touristes dans votre région. Utilisez des expressions prises dans le texte sur Strasbourg (page 64). Par exemple:

| Venez à | Venez découvrir | Les touristes viennent |

C Vous faites un tour de la France. Écrivez un mini-dialogue (2–4 lignes) pour chacune des situations suivantes.

1 Le Métro parisien – vous voulez aller à Pyramides.
2 La gare de l'Est – vous voulez savoir l'heure de départ d'un train.
3 L'Office de Tourisme à Strasbourg – vous voulez avoir des informations sur les monuments.
4 L'aéroport de Marseille – vous voulez savoir l'heure d'arrivée d'un vol particulier.
5 La gare routière de Toulouse – vous voulez savoir la destination du car de 13h30.
6 Rennes – vous voulez louer un vélo.

unité 8
Échange scolaire

UNIT GOALS

To improve your language skills in...
- using possessive pronouns to say 'mine', 'his', etc.
- using the pronoun *auquel*
- using the future tense
- using the pronoun *en*
- using verbs followed by *à* or *de*
- using the relative pronoun *dont*

To learn about...
- French school exchanges
- education in France
- weather forecasts
- planning days out
- alcohol
- dealing with ailments in France
- planning parties

Revision in the unit includes:
- using comparatives
- using the perfect tense
- agreement of adjectives
- the pronoun *lequel*

Voici John qui veut faire un échange scolaire avec un élève du Collège Jacques Cartier à Saint-Malo. Mais qu'est-ce qu'un échange scolaire? John nous l'explique.

Qu'est-ce qu'un échange scolaire? C'est simple. Vous passez quelques jours chez un jeune Français ou une jeune Française, et, en retour, votre correspondant(e) passe du temps chez vous. Quand vous êtes en France, vous avez la possibilité de visiter une école, de faire des excursions et de parler français! D'abord, il faut compléter une fiche avec vos détails. Voici la fiche que j'ai complétée.

BELFAST COLLEGE
Échange français

Nom: HUGHES   **Prénom:** John   **Age:** 15 ans

Adresse: 34 River View, Belfast BT1 3BG

Type de maison: Bungalow

Profession du père: Professeur (maths)   **Profession de la mère:** Programmeuse

Famille: 1 sœur (13 ans) – Sophie

Sports: Football (fana de Manchester United), cricket, natation

Hobbys: Informatique, musique (rock), pêche

Diététique: Végétarien. N'aime pas les pâtes   **Allergies:** Rhume des foins

Est-ce que votre correspondant(e) aura sa propre chambre? Oui/Non

1 🎧 John va choisir un partenaire. Écoutez: trois jeunes parlent...

1 Remplissez les blancs pour compléter les détails:

	Joël	Simon	Arnaud
a Quel âge a-t-il?		15	
b Son père/Sa mère sont...?	*prof/secrétaire*		
c Il habite où?		*Saint-Malo*	*près de Dinan*
d Ses hobbys?	*football*		
e Autres détails			*pas sportif*

2 Décidez: John va choisir qui? Donnez des raisons.

2 Enregistrez une présentation personnelle à envoyer à votre correspondant(e). Voici des débuts de phrases à utiliser:

> Je m'appelle...   J'ai... (ans)   Mon père s'appelle...   Ma mère est...   J'habite...
> J'aime...   Je suis/Je ne suis pas sportif/sportive   Mes hobbys sont...
> Comme plats, j'aime/je n'aime pas...   Je fais une allergie à...

rhume (f) des foins *hay fever*
pâtes (fpl) *pasta*

3 🎧 Arrivé à Saint-Malo, John va chez son correspondant. On fait le tour de la maison ensemble. Quelles sont les pièces marquées X, Y et Z?

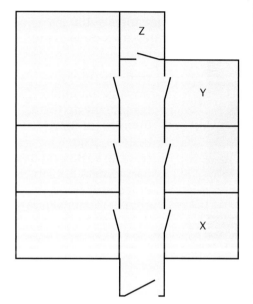

point grammaire

Possessive pronouns (see page 145)
Pronouns are always words that stand in 'for' nouns. 'Possessive pronouns' are ones that are used instead of longer phrases with 'my', 'his', 'your', etc. For example, 'mine' and 'yours' are English possessive pronouns. In the following examples, the possessive pronoun replaces 'my bedroom' and 'your bedroom':
Whose bedroom is larger? **Mine.** Whose bedroom is nicer? **Yours.**

In French, possessive pronouns vary in form because they have to agree with the noun they stand for. Here is how it works with the pronoun for 'mine'.

	One possession	Several possessions
Masculine	le mien	les miens
Feminine	la mienne	les miennes

The pronoun for 'yours' (*tu* form) just starts with *t*, but otherwise is the same.

	One possession	Several possessions
Masculine	le tien	les tiens
Feminine	la tienne	les tiennes

J'aime bien ta **chambre**. *Elle est plus grande que* **la mienne**.
Mes **parents** *sont plus marrants que* **les tiens**.
For the other possessive pronouns ('his', 'hers', etc.) see page 145.

4 🎧 David et son correspondant discutent de leurs chambres. Quelles sont les différences? Faites une liste sous deux titres:

Chambre de John	Chambre du correspondant

5 Trouvez la bonne expression pour compléter chaque phrase.

Exemple: **1 d**

1 Ta chambre est très grande,
2 Tes CDs sont de musique classique,
3 Ton père est électricien,
4 Tes sœurs sont aimables,
5 Ta guitare est électrique,

a le mien est au chômage.
b les miennes sont pénibles!
c le mien est bleu.
d la mienne est plus petite.
e la mienne est acoustique.
f les miens sont de rock.
g la mienne est professeur.

6 Complétez les phrases suivantes.

1 Est-ce que tu as ta clé? J'ai oublié l___ m_____.
2 Où sont tes crayons de couleur? Je ne trouve pas l___ m_____.
3 Ta mère est cool! L___ m_____ n'aime pas la musique rock.
4 Si tu ne trouves pas tes lunettes de soleil, tu peux emprunter l___ m_____.

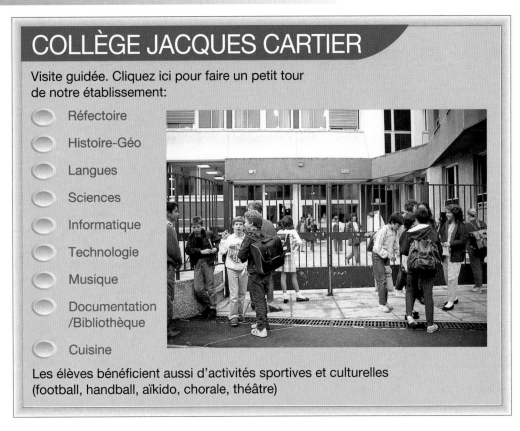

COLLÈGE JACQUES CARTIER

Visite guidée. Cliquez ici pour faire un petit tour
de notre établissement:

- Réfectoire
- Histoire-Géo
- Langues
- Sciences
- Informatique
- Technologie
- Musique
- Documentation
  /Bibliothèque
- Cuisine

Les élèves bénéficient aussi d'activités sportives et culturelles
(football, handball, aïkido, chorale, théâtre)

bibliothèque (f) *library*
documentation (f) *(here =)*
   Resources Centre
langue (f) *language*

7 Classez les matières
suivantes selon les
catégories de la visite
guidée:

1 français, biologie,
travaux manuels,
traitement de texte,
histoire du jazz
2 la Révolution
française, théorie des
harmonies, les forces
et les pressions,
courrier électronique.

8 🎧 Voici les deux bâtiments principaux du Collège Jacques Cartier.
Simon explique à John l'organisation de ces deux bâtiments. Copiez les dessins
et complétez-les.

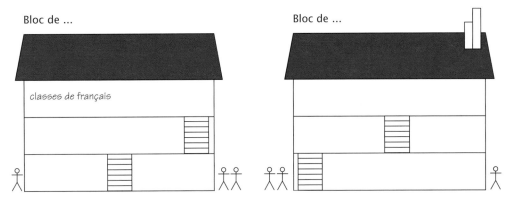

Bloc de ...

classes de français

Bloc de ...

9 Liez les deux parties des phrases suivantes.

1 C'est une matière
2 Ce sont des salles
3 Il y a des classes
4 Ça, c'est l'ordinateur

a dans lesquelles je ne travaille pas
beaucoup.
b à laquelle je m'intéresse beaucoup.
c pour lequel je fais des économies.
d auxquelles on n'a pas accès.

10 Vous faites une visite guidée de votre collège au Royaume-Uni. Faites
une courte description de chaque salle.

Exemple: Voici la grande salle dans laquelle nous étudions la musique.

point grammaire

auquel, etc.
You know that you can
use *lequel*, *laquelle*, etc.
after prepositions to
mean 'in which', 'on
which', 'with which', etc.:

*C'est la salle **dans
laquelle** on fait de
l'informatique.*
*Voici des billets **avec
lesquels** tu peux acheter
un repas.*

If the preposition you
want to use is *à*, then you
need to remember
à + **le** = **au**.

- *à* combines with *lequel*
so you get **auquel**:
*C'est un laboratoire
auquel les élèves n'ont
pas accès.*
- *à* combines with
lesquels/lesquelles so
you get **auxquels/
auxquelles**:
*Cécile et Lucille sont
deux filles **auxquelles**
je ne parle jamais.*

11 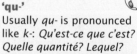 John passe la matinée avec Simon en classe.

1 Écoutez les professeurs. Pouvez-vous identifier les trois matières (**A**, **B**, **C**)?

2 Vous savez quelles sont les trois matières. Maintenant regardez l'emploi du temps pour lundi et mardi. C'est quel jour?

lundi	maths	anglais	informatique	histoire-géo
mardi	anglais	informatique	français	biologie

12 Expliquez ce que vous aimez au collège et ce que vous n'aimez pas. Votre partenaire est d'accord avec vous?

J'adore ☺ ☺	les maths		c'est vraiment intéressant.
J'aime bien ☺	la biologie		c'est vraiment passionnant.
J'aime assez bien ☺ ☺	l'informatique	parce que je trouve que	le professeur est très bien.
Je n'aime pas tellement ☺	le sport	parce que je pense que	c'est une matière essentielle aujourd'hui.
Je n'aime pas ☹	le français	parce que, pour moi,	c'est complètement nul.
Je déteste AW ☹ ☹	la musique		c'est vraiment barbant.
			c'est tout à fait inutile.

13 Au Collège Jacques Cartier, des élèves discutent de leurs professeurs. Écoutez la discussion. Copiez la grille et notez: ils l'aiment ☺/ne l'aiment pas ☹? Notez aussi les raisons.

Professeur	☺	☹	**Raisons**
1 Mlle Trélente			
2 M. Duroc			
3 Mme La Tène			
4 M. Legros, le directeur			

Ça se dit comment?
'qu-'
Usually *qu-* is pronounced like *k-*: *Qu'est-ce que c'est? Quelle quantité? Lequel?*
In a few words, however, *qu-* is pronounced *kw-*. The most important are *Quoi?* and *Pourquoi?*
Listen to this nonsense sentence and then try saying it: *Quoi? Pourquoi est-ce que Quasimodo a quitté son quartier pour aller au Québec?*

14 Qu'est-ce que c'est qu'un bon/un mauvais professeur? Utilisez les expressions suivantes.

- Pour moi,...
- À mon avis,...
- C'est quelqu'un qui...
- Il faut savoir...
- On doit...

intéresser	enthousiasmer
connaître	être... juste?
strict?	énergique?
intelligent?	jeune?
aimable?	en forme?

TIP In **state schools in France**, pupils don't wear a uniform. Teachers are responsible for subject classes but playground discipline and supervision outside classes is the responsibility of people known as *surveillants* or *pions*.

COLLÈGE JACQUES CARTIER

Chers parents

Le lundi 15 juin, nous allons faire une excursion scolaire avec nos amis irlandais.

L'itinéraire sera le suivant.

8h30 Départ du collège. On partira à l'heure et on n'attendra pas les retardataires!
Nous ferons un petit tour de la côte jusqu'à Cancale.
Nous descendrons ensuite vers Combourg, où nous visiterons le marché de cette jolie ville.

10h30 Visite guidée du château de Combourg. Nos visiteurs apprécieront sans doute cette superbe forteresse médiévale.

12h30 Déjeuner. Les élèves apporteront un pique-nique qu'on prendra dans le parc de la Higourdais. S'il fait mauvais, nous prendrons le déjeuner au Lycée Condorcet.

14h00 Arrivée au Mont Saint-Michel. Nous passerons l'après-midi à visiter le Mont. Nos visiteurs achèteront sans doute des souvenirs de leur journée en Bretagne.

17h00 Départ pour Saint-Malo. En route pour le collège nous déposerons les élèves qui habitent dans les villages près de la ville.

18h00 Arrivée au collège.

A. Legros
Directeur

---

15 C'est à quelle heure?

Exemple: **1** à 12h30

1 On mangera en plein air.
2 On passera au bord de la mer.
3 Les Irlandais visiteront des boutiques.
4 On partira pour Saint-Malo.
5 On retournera à l'école.

apprécier *to enjoy*
côte (f) *coast*
déposer *to drop off (from the bus)*
ensuite *next, after that*
forteresse (f) *fortress, castle*
retardataire (m/f) *latecomer*

point grammaire

The future tense (see page 146)
The future tense for regular verbs is formed by adding a set of endings onto the infinitive, so there is always an -*r* sound in the future tense.

arriver	*j'arrive***rai**	I'll arrive
passer	*je passe***rai**	I'll pass/spend (time)
partir	*je parti***rai**	I'll leave

■ all -*re* infinitives drop the -*e* off the end before adding the endings:

| *attendre* | *j'attend***rai** | I'll wait (for) |

■ the future tense of *acheter* needs a grave accent throughout: *j'achèterai des souvenirs.*

16 🎧 Mlle Trélente doit accompagner le groupe mais elle n'a pas lu son itinéraire!

- Lisez les questions (**1–6**) de Mlle Trélente.
- Écoutez les réponses (**a–f**) de M. Legros.
- Mariez les questions de Mlle Trélente avec les réponses de M. Legros.

1 S'il vous plaît, M. Legros, on partira à 8h?
2 Pardon, M. Legros, est-ce que les élèves pourront acheter des souvenirs à Cancale?
3 Excusez-moi, M. Legros, est-ce qu'on visitera le supermarché à Combourg?
4 S'il vous plaît, M. Legros, on mangera dans un petit restaurant, j'espère?
5 Pardon, M. Legros, quand est-ce que nous visiterons le château – l'après-midi?
6 S'il vous plaît, M. Legros, on prendra le pique-nique au Mont Saint-Michel?

La météo

point grammaire

Future tense of irregular verbs (see page 146)
Irregular verbs generally have an **irregular future tense**. This is formed from a stem (which always ends in *-r*) + the regular endings for the future (see page 88).

Infinitive	Stem	Future
aller	*ir*	*j'irai*
avoir	*aur*	*j'aurai*
être	*ser*	*je serai*
faire	*fer*	*je ferai*
pouvoir	*pourr*	*je pourrai*

Note: The future of *il y a* is *il y aura*.

18 Écoutez les 10 phrases. Est-ce qu'il y a un verbe au futur? Pour chaque phrase, répondez *oui* ou *non*.

19 Examinez cette carte. Vrai ou faux? Corrigez les phrases fausses.

1 Dans le nord-ouest le temps sera orageux.
2 Dans l'ouest il pleuvra.
3 Dans le sud-ouest il fera beau.
4 Dans les Alpes il y aura de la neige.
5 Dans le centre le temps sera nuageux.

17 Regardez les phrases sur le temps qu'il va faire en France aujourd'hui et demain. Copiez et complétez les détails comme dans l'exemple.

Exemple: (Aujourd'hui) dans le sud: il **fait** beau. Demain il **fera** beau.

Aujourd'hui
1 en Normandie: il y _____ de la pluie. Demain il y _____ de la pluie.
2 dans les Vosges: le temps _____ orageux. Demain le temps _____ orageux.
3 en Bretagne: il y a du brouillard. Demain il y _____ du brouillard.
4 dans les Alpes: il _____ mauvais. Demain il _____ mauvais.

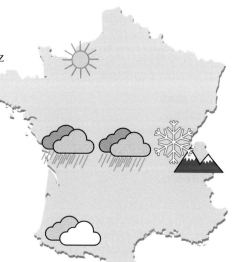

20 John parle avec trois camarades, Philippe, Joélie, et Claudette, au sujet de leurs prochaines vacances. Qui parle de quoi?

a
b
c
d
e

f
g
h
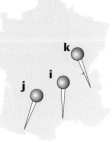

21 Écrivez la météo pour demain. Utilisez les expressions suivantes:

il y aura
il fera   le temps sera

TIP To say how many people there are in a group, you say *Nous sommes trois/ quatre*, etc.

To say how many there **will** be, you say *Nous serons trois/quatre*, etc.

Règles pour l'excursion, lundi 15 juin

Vous devez
- arriver avant 8h30
- apporter un pique-nique
- rester assis dans le car

Vous ne devez pas
- quitter votre place dans le car
- crier, chahuter ou attirer l'attention du chauffeur

---

22 Lisez les règles ci-dessus. Continuez les deux listes (Vous devez, Vous ne devez pas) avec les instructions suivantes:

1 manger dans le car
2 écouter toutes les instructions des professeurs
3 fumer
4 arriver aux rendez-vous à l'heure donnée
5 boire dans le car
6 mettre les pieds sur les sièges
7 rester en groupe au château
8 consommer de boissons alcoolisées

23 🎧 Arrivé au Mont Saint-Michel, Andrew, un des élèves, a un problème. Écoutez la conversation et **corrigez** les phrases suivantes.

Exemple: **1** Andrew ne se sent pas **bien**.

1 Andrew ne se sent pas **mal**.
2 Andrew a mal **aux jambes**.
3 Il **n'a pas** mangé son pique-nique.
4 Il a bu **quatre** bouteilles de bière.
5 Il est un petit **ange**.
6 On a besoin d'**un médecin**.

TIP To explain how things happen **in a sequence**, start with *Tout d'abord* and end with *enfin*. In between, use the following expressions for 'then/after that/next' (you can use them in any order):

puis   *ensuite*   *après cela*   *alors*

---

24 Imaginez que vous êtes Andrew Smethurst. Complétez la description de l'excursion.

Tout d'abord nous sommes partis...
Puis nous sommes arrivés au...
Ensuite...
Puis j'ai acheté... etc.

25 Mariez les parties du corps (**a–e**) avec les phrases **1–5**. ▶

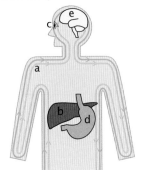

---

point grammaire

The pronoun *en* (see page 145)
The pronoun *en* is often used to refer to numbers, quantities and amounts:

*J'**en** ai trois.*
*Tu as un chien? Nous **en** avons deux!*
*John a bu combien de bière? Il **en** a bu trois bouteilles!*

26 Trouvez les réponses appropriées.

1 Tu as des sœurs?
2 Tu as des CDs?
3 Vous avez un ordinateur chez vous?
4 Tu as mangé des gâteaux français?
5 Tu as acheté des souvenirs?

a Oui, j'en ai beaucoup – de la danse, du rock...
b Oui, j'en ai mangé plusieurs fois – des éclairs et des tartes aux fruits.
c Oui, j'en ai une qui est plus jeune que moi.
d Non, je n'en ai jamais bu.
e Non, j'en ai cherché, mais je n'en ai pas trouvé.
f Oui, nous en avons deux – le mien et celui de mon père.

DANGER DE MORT!

L'abus d'alcool

Attention! L'alcool peut tuer!

Tu bois de la bière, du vin ou un spiritueux comme le whisky.

1. D'abord l'alcool arrive dans l'estomac....
2. ...et puis dans le foie.
3. Ensuite l'alcool se diffuse dans tout le corps, dans le sang.
4. Après cela il attaque le cerveau.
5. Il attaque alors la vision.

Ensuite les réflexes deviennent lents. Enfin, un excès d'alcool peut entraîner une perte de connaissance... et même la mort!

À la pharmacie

27  Andrew ne se sent pas bien. Il va à la pharmacie mais il y a beaucoup de clients! Écoutez les dialogues **1–7**. Quel produit (**a–g**) va avec quel problème?

Exemple: **1 d**

a Paracétamol
b OXYBOLDINE COMPRIMÉ EFFERVESCENT
c Sparadrap
d gripponyl Sachets Fièvre État grippal AROME ORANGE
e voxyl Pastilles à sucer Maux de gorge Enrouements passagers AROME MIEL
f MÉDICAMENT DE PHYTOTHÉRAPIE Lénicalm COMPRIMES
g Gel Arnica

28 Savez-vous lire les instructions? Liez les images aux instructions.

a À dissoudre dans de l'eau
b Une cuillerée à café deux fois par jour
c À prendre trois fois par jour avant les repas
d Bien agiter
e Si les symptômes persistent, consultez votre médecin

1  ×3
2 (image)
3  ×2
4 (image)
5

TIP

- On product labels, in recipes, on notices, etc., instructions are often given in the infinitive.
- Several very useful constructions in French are based on verbs followed by *de*. For example:
avoir besoin de to need
souffrir de to suffer (from)
se souvenir de to remember (about)
parler de to talk about
oublier de to forget to

Tous les lundis matin je **souffre d'**une maladie mystérieuse.
*J'***ai besoin de** *paracétamol.*

29 Mariez les problèmes aux causes.

Problèmes
1 Pierre a besoin d'un gros sparadrap.
2 Marie a très mal à la tête.
3 Je ne me souviens pas de son nom.
4 Soussi a besoin d'un Lénicalm.
5 J'ai besoin de quelque chose à manger.

Causes
a J'ai oublié de le noter.
b Il est énormément stressé.
c Elle souffre des migraines.
d Il s'est coupé le doigt.
e J'ai oublié de prendre le petit-déjeuner.

30 Liez les débuts et les fins pour formuler quatre phrases complètes.

1 J'ai la mémoire affreuse; il y a beaucoup de choses
2 C'est une maladie grave
3 Nous allons visiter le château
4 Je ne peux pas trouver le produit

a dont mon père souffre; il va peut-être mourir.
b dont j'ai besoin.
c dont je ne me souviens pas.
d dont je t'ai parlé.

point grammaire

dont (see page 145)
With phrases ending in *de* (*j'ai besoin de*, etc.), you can't use *que* to mean 'which/that'. Instead you need the relative pronoun **dont**:

Le produit **dont** *j'ai besoin s'appelle Voxyl.* The product **that** I need is called Voxyl.
La maladie **dont** *elle souffre, c'est la grippe.* The illness **from which** she's suffering is flu.
C'est un nom **dont** *je ne me souviens pas.* It's a name **that** I can't remember.
C'est le produit **dont** *le pharmacien a parlé.* It's the product **that** the chemist spoke about.

Les élèves de la classe de 3ᵉ fêtent le succès de l'échange.

INVITATION

Élèves de la classe de troisième!
Nous avons le plaisir de vous inviter à venir à

UNE BOUM

pour nos chers correspondants
dans le réfectoire
samedi 19h30–22h00
Apportez quelque chose à manger
N'oubliez pas d'apporter vos CDs
Daniel Martin (Délégué de classe)
PS N'hésitez pas à me contacter en cas de problèmes de transport

RSVP

apporter *to bring*
délégué(e) (m/f) de
      classe *class representative*

point grammaire

Verbs + *de* or *à*

- Here are more verbs which – like *oublier* – need ***de*** when you use them with an infinitive:

*Ils ont **essayé de** comprendre.*
*Certains élèves ont déjà **décidé de** revenir l'année prochaine.*

- Some verbs need ***à*** when you use them with an infinitive:
*Les élèves irlandais ont **réussi à communiquer** avec leurs correspondants.*
*Ils ont **hésité à parler** français.*

- Some verbs need *à* or *de* when you use them with a direct object and an infinitive:
*J'ai **invité Louise à** danser. Je **l'ai persuadée de** danser.*
*Martine m'a **aidé à** écrire les invitations.*

31 Choisissez la bonne réponse.

1 La boum sera: **a** chez Daniel **b** au collège.
2 La boum sera pour: **a** les Irlandais **b** les Français **c** les Irlandais et les Français.
3 Elle finira: **a** avant minuit **b** après minuit.
4 Il faudra apporter: **a** des plats **b** des boissons.
5 **a** Il y aura de la musique. **b** Il n'y aura pas de musique.

32 Pour chaque 'début', choisissez une 'fin' appropriée.

1 N'oubliez pas
2 N'hésitez pas
3 J'ai essayé
4 Nous avons réussi
5 J'ai invité
6 J'ai persuadé
7 Ils nous ont aidés
8 J'ai essayé de persuader Francine

a à me téléphoner.
b de communiquer avec Christelle, mais sans succès.
c d'apporter quelque chose à manger.
d à faire nos devoirs.
e de faire un tour en car.
f Laure à danser et elle a accepté.
g mes parents de vous inviter à venir chez nous.
h à prendre le bus à temps.

33 Composez des phrases avec les éléments suivants. Il faut mettre un mot dans chaque blanc.

1 N'oublie pas _____ informer _____ parents.
2 N'hésitez pas _____ prendre contact en cas _____ problèmes.
3 Essayez _____ arriver _____ l'heure.
4 Nous avons décidé _____ inviter quelques élèves _____ autres classes.
5 Nous _____ invité tous nos amis _____ participer.

34 🎧 Des représentants de Radio Corsaire et du *Quotidien* ont assisté à la boum. Écoutez l'interview. Pour chaque élève (John, Adèle, Andrew, Céline), **notez** et **expliquez** son opinion.

Exemple: John: échange réussi – bonne entente avec correspondant – on s'est amusé – retour l'année prochaine

TIP The following words are examples of **argot** – French slang. You may well hear them but don't use them except with people your own age or ones you know very well!

chouette (= super) *great, excellent*
fringues (fpl) (= les vêtements) *clothes*
mec (m) (= homme, garçon) *bloke, chap*
terrible (= excellent) *great, excellent*
vachement (= vraiment) *extremely*

brisé *broken*
commerçant (m) *shopkeeper*
environs (mpl) *surrounding area*
échec (m) *failure*

LE QUOTIDIEN

Parlez-vous franglais?

L'échange scolaire entre Belfast College et le Collège Jacques Cartier a été un vrai succès. Nos amis irlandais sont venus visiter notre ville et ses environs. Les élèves ont réussi à communiquer avec leurs correspondants et leurs parents et les commerçants de la ville. Ils ont hésité au début à parler français, mais ils ont essayé de comprendre les conversations autour d'eux. Ils ont eu l'occasion de visiter le Mont Saint-Michel et d'acheter des souvenirs de leur visite. À la boum du samedi soir, des Irlandaises ont invité des Français à danser et vice versa. Demain, c'est le départ, et il y aura certainement des cœurs brisés! Certains élèves ont déjà décidé de revenir l'année prochaine.

TIP Nationality words like *Irlandais* and *Français* need a **capital letter** when they are used as a noun: les **I**rlandais, les **F**rançais.

They have a small letter when they are used as adjectives: un collège **i**rlandais, une correspondante **f**rançaise.
Note also that languages have a **small** letter: on parle **f**rançais.

35 Toutes les phrases suivantes sont fausses. Trouvez la bonne version dans le texte.

Exemple: L'échange scolaire a été un échec.
   L'échange scolaire a été **un vrai succès**.

1 Nos amis espagnols sont venus visiter notre ville.
2 Les Irlandais n'ont pas pu communiquer avec leurs correspondants.
3 Ils ont immédiatement parlé français.
4 Des Français ont invité des Portugaises à danser.
5 La semaine prochaine, c'est le départ.

checkpoints

T E S T

Use the TEST to check your language skills in . . .
- using possessive pronouns to say 'mine', 'his', etc.
- using the future tense
- using the pronoun *en*
- using verbs followed by *à* or *de*

1 Débrouillez les réponses aux questions:
- **a** – Tu as des sœurs?
  - – en Oui, deux j'ai   [1]
- **b** – On mange souvent des escargots en Irlande?
  - – rarement en Non, mange on très   [1]
- **c** – Vous voulez du vin?
  - – je en merci veux n' pas Non   [1]

2 Vous êtes très généreux/généreuse et Françoise a des problèmes.

Exemple: Françoise ne trouve pas sa serviette.
Elle peut **emprunter la mienne.**

- **a** Elle ne trouve pas sa veste.
  Elle peut . . .   [2]
- **b** Elle ne trouve pas son parapluie.   [2]
- **c** Elle ne trouve pas son anorak.   [2]
- **d** Elle ne trouve pas ses notes.   [2]

3 Le futur. Choisissez un verbe approprié et complétez les phrases.

arriver	attendre	avoir	entendre	faire
manger	partir	passer		

- **a** Nous [?] à 9h demain.   [1]
- **b** J'espère qu'il [?] beau pour l'excursion. [1]
- **c** Les élèves [?] l'occasion d'acheter des souvenirs.   [1]
- **d** Le car [?] au Mont Saint-Michel vers 13h00. [1]
- **e** On [?] le temps de visiter les boutiques. [1]
- **f** Nous n'[?] pas les retardataires.   [1]

4 Complétez les phrases suivantes avec *à* ou *de* (*d'*)
- **a** Nous avons invité nos correspondants _____ venir à la boum.   [1]
- **b** Pierre a décidé _____ rester à la maison. [1]
- **c** Aline a réussi _____ persuader Philippe _____ danser.   [1]
- **d** John a hésité _____ demander à Céline de sortir avec lui.   [1]
- **e** Daniel a oublié _____ apporter la liste des invités.   [1]

5 Qui habite les pays suivants?   [8]

Exemple: La France = les Français

- **a** L'Italie
- **b** L'Angleterre
- **c** L'Espagne
- **d** Les Pays-Bas

Et où est-ce que ces gens habitent?
- **e** Les Portugais
- **f** Les Irlandais
- **g** Les Allemands
- **h** Les Belges

Total   [30]

QUIZ

Use the QUIZ to check your knowledge of...

- French school exchanges
- education in France
- alcohol
- dealing with ailments in France

1 Vrai ou faux?

  a On doit réserver une chambre d'hôtel quand on fait un échange. [1]

  b Le choix de correspondant(e) n'est pas important. [1]

  c Quelquefois on passe du temps dans une école. [1]

2 Nommez cinq matières scolaires qu'on étudie dans un collège. [5]

3 Donnez trois exemples d'activités sportives ou culturelles offertes par un collège. [3]

4 Les phrases suivantes sont fausses. Corrigez-les.

  a En France, les élèves portent un uniforme scolaire noir. [2]

  b En France, les professeurs sont responsables de la discipline dans la cour. [2]

5 Mettez dans le bon ordre: [5]

L'alcool attaque:
le foie   le cerveau
la vision   la circulation   l'estomac

6 Liez les produits et les problèmes: [5]

Lénicalm	Mal de tête
Paracétamol	Mal de gorge
Oxyboldine	Troubles nerveux
Voxyl	Symptômes de grippe
Gripponyl	Troubles digestifs

Total [25]

PROJETS

A Préparez une brochure sur votre école pour les visiteurs français et les correspondants qui participent à l'échange. Notez:

- les matières qu'on peut étudier
- les noms des professeurs et leurs matières
- les facilités sportives
- les salles

Incorporez des photos et un plan de l'école.
  Ajoutez les opinions personnelles de vos copains, par exemple:

David:

> Je trouve que le collège est vraiment super. Je pense que le français est très passionnant. J'ai adoré l'échange scolaire.

B Écrivez une description des différences entre les écoles françaises et les écoles en Royaume-Uni. Vous pouvez considérer les aspects suivants:

- la semaine scolaire
- la journée scolaire
- l'uniforme scolaire
- les vacances
- les matières qu'on étudie
- la discipline
- les professeurs

Utilisez les expressions suivantes:

- ce n'est pas pareil
- c'est tout à fait différent
- chez nous
- chez eux

C Vous avez participé à un échange? Décrivez vos expériences. Mentionnez, comme vous voulez:

- votre correspondant
- sa maison
- votre chambre
- la famille de votre correspondant
- les repas
- le collège
- les professeurs
- les classes
- une visite/une excursion
- le temps qu'il a fait
- la ville
- les activités
- des problèmes

unité 9
Le musée virtuel

UNIT GOALS

To improve your language skills in . . .
- using the future tense
- saying what will be possible, necessary, etc.
- using the imperfect tense
- using negatives *ne . . . plus, ne . . . jamais*
- using *ne . . . que* (= only)

To find out about . . .
- communications, past and future
- solar cars
- airships
- Internet shopping
- future foods
- climate
- home life, past and future
- education, past and future

Revision in the unit includes:
- dates, high numbers
- using adverbs

Bienvenue au musée virtuel!

Dans le musée virtuel vous allez faire un voyage dans le temps. Vous aurez la possibilité de visiter l'an 2050 et de retourner à l'an 1950. Comment sera la vie dans 50 ans? Comment était la vie de vos grands-parents il y a plus de 50 ans? Entrez ici – vous découvrirez le passé . . . et l'avenir!

Pour chaque catégorie vous avez deux possibilités:

▶▶ **Avance: Vous voyagerez dans l'avenir** 2010 2020 2030 2040 2050

◀◀ **Retour: Vous retournerez au passé** 1950

◀◀ Introduction ▶▶

◀◀Voyages et transports▶▶   ◀◀ Communications ▶▶

◀◀ À table ▶▶   ◀◀À la maison, au collège▶▶

ENTRÉE   **Cliquez ici** ⬭

TIP To say how long ago, use: ***il y a***:

*Ma grand-mère est née **il y a** 70 ans. Elle s'est mariée **il y a** 45 ans.*
My grandmother was born 70 years **ago**. She got married 45 years **ago**.

To say 'more/less than' **with a number**, use *de*, not *que*:
*Ils ont acheté cette maison **il y a moins d'un mois**.*
*Ils habitent cette maison depuis **plus de vingt** ans.*

1 Liez les expressions suivantes.

Exemple: **1 c**

1	voyager dans le temps	**a** back
2	vous aurez la possibilité de...	**b** what will life be like...?
3	retourner	**c** to travel in time
4	comment sera la vie...?	**d** the past
5	comment était la vie...?	**e** the future
6	avance	**f** what was life like...?
7	l'avenir	**g** you'll discover
8	le passé	**h** forward
9	retour	**i** to return
10	vous découvrirez	**j** you'll have a chance to...

 Introduction ▶▶ ▶▶ Avance **Cliquez ici**

Comment sera la vie en 2050?

1. La population du monde sera de 12 000 000 000 000 de personnes.

2. Les villes seront énormes.

3. Beaucoup de gens travailleront à la maison et non pas dans un bureau.

4. Il y aura des robots partout.

5. Vous aurez la possibilité de choisir le sexe de votre bébé.

6. On vivra dans des maisons 'intelligentes' et robotisées.

7. Il n'y aura plus de voitures à essence . . . parce qu'il n'y aura plus d'essence!

8. Il n'y aura plus d'autoroutes.

9. Des astronautes visiteront régulièrement la planète Mars.

10. Il sera possible d'aller de France en Australie en six heures.

---

2 Discutez avec un(e) partenaire – donnez votre opinion sur les 10 prédictions. Il faut choisir: c'est fantastique, bon, tolérable, pas important, mauvais, ou catastrophique? Faites une liste.

Exemple: **1** Chris dit 'pas important'. Moi, je dis 'catastrophique'.

3 🎧 La guide du musée virtuel vous parle d'autres possibilités. Est-ce qu'elle **mentionne** les suivantes? Répondez *oui* ou *non*.

1 Il y aura des voitures intelligentes.
2 Vous aurez la possibilité de vivre 120 ans.
3 On ne travaillera que deux heures par semaine.
4 Il n'y aura plus d'écoles.
5 La pollution n'existera plus.
6 Les autoroutes n'existeront plus.
7 On pourra choisir le sexe de ses enfants.
8 On ne verra plus d'usines sales.

TIP

- High numbers can be confusing. Remember:
  mille = 1 000
  un million = 1 000 000
  un billion = 1 000 000 000 000
  Note that in Britain and the United States a billion nowadays means one thousand million: 1 000 000 000.
- Remember that hearing the **-r** sound is a good way to spot **future**-tense verbs:
  La population du monde sera . . . The world population will be . . .
  Beaucoup de gens travailleront . . . Many people will work . . .

TIP The expression *ne . . . que* works like *ne . . . pas* and *ne . . . jamais* but it means 'only'. You can use it instead of *seulement* – varying your writing/speaking like this will raise your grade.

On ne travaillera que deux heures par semaine. People will **only** work two hours per week.

◀◀ Retour **Cliquez ici**

Et c'était comment la vie en France en 1950?

● Il y avait des tourne-disques.

● En général, on avait une radio, mais pas de télévision.

● On ne mangeait du bœuf que le dimanche!

● L'école n'était obligatoire que jusqu'à 14 ans.

essence (f) *petrol*
partout *everywhere*
robotisé *automated*
vivre *to live*

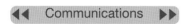 Communications

▶▶ Avance: 2010   **Cliquez ici** ⬭

Téléphone? Télévision? Ordinateur?

Dans moins de dix ans vous aurez dans la poche un appareil fantastique – le vidéophone! Avec cette petite machine vous pourrez téléphoner à vos amis, et vous les verrez en même temps. Oui, le vidéophone aura un écran de télévision en couleurs. Il sera aussi possible de capter vos émissions de télévision favorites. De plus, vous pourrez vous brancher sur Internet.

Et si vous voulez vous relaxer, le vidéophone se transformera en console de jeux. Vous voulez prendre des photos? Pas de problème! Le vidéophone sera aussi un appareil-photo. De plus, vous aurez la possibilité d'envoyer immédiatement ces photos à votre copain ou votre copine.

Oui, avec le vidéophone, on ne devra plus avoir cinq ou six appareils différents – un seul suffira!

appareil (m) *machine*
appareil-photo (m) *camera*
capter *to receive (TV)*
écran (m) *screen*
émission (f) *TV programme*
en même temps *at the same time*
se transformer *to convert*
suffire *to be sufficient*

TIP To add an **extra comment** to what you've said, you can use:

- *aussi* = also
- *de plus* or *en plus* = what's more

4 Selon l'article, le vidéophone remplacera quels appareils?

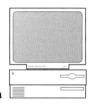
a

b

c

d

e

f

g

h

point grammaire

Future tense of irregular verbs (see page 146)
As you saw in Unit 8, irregular verbs have an irregular future tense. Fuller details are on pages 149–50 but here are the most important ones:

avoir	*j'aurai*, etc.	*On aura un seul appareil.* You'll have just one machine.
être	*je serai*, etc.	*Les vidéophones seront très petits.* Videophones will be very small.
pouvoir	*je pourrai*, etc.	*Vous pourrez m'envoyer des photos.* You'll be able to send me photos.
devoir	*je devrai*, etc.	*Les étudiants ne devront plus aller au collège.* Students will no longer have to go to school.
voir	*je verrai*, etc.	*Nous les verrons partout.* We'll see them everywhere.

TIP Remember that when you are using the future tense, one word in French is worth two in English – there's no word for 'will' or 'won't' in French:

*Je ne t'***oublierai** *pas!*
Nous nous **verrons** *au vidéophone et je* *t'***enverrai** *des méls tous les jours.*
I **won't forget** you! We **will see** each other on the videophone and I **will send** you e-mails every day.

5 Complétez les phrases suivantes, comme dans l'exemple.

Exemple: _____ pourra envoyer des photos à ses amis.
    Marc pourra envoyer des photos à ses amis.

1 _____ aura la possibilité d'envoyer des images.
2 _____ aurez la possibilité de capter des émissions en couleurs.
3 _____ verras tes amis à l'écran.
4 _____ pourront se brancher sur Internet.
5 _____ devrai acheter un appareil comme ça!
6 _____ serons capables d'envoyer des données par vidéomail.

Marc	Nous	Vous	Tu	Il	Philippe et Simone	Je

6 On pose trois questions à la guide. Écoutez. Où sont les expressions suivantes – dialogue **1**, **2** ou **3**?

Exemple: **a 1**

a On pourra...
b Il n'y aura plus de...
c On aura peut-être la possibilité de...
d On ne devra plus...
e Il ne sera pas possible de...

7 Comment sera la vie pour Caroline en 2010? Faites-en une description.

Elle pourra...
Elle aura la possibilité de...
Elle devra...
Elle ne devra pas...

TIP The verbs in the text below are telling you what things used to be like. List them (there are seven) and notice the endings.

◀◀ Retour 1950   **Cliquez ici** ⬭

Et c'était comment, les communications en France en 1950?

Seulement une personne sur 100 avait la télévision.

Il n'y avait que des émissions de TV en noir et blanc.

On attendait un an pour avoir une ligne de téléphone!

En général, on voyageait en autobus ou en train.

Personne n'avait d'ordinateur individuel et les ordinateurs qui existaient étaient énormes!

8 Et en 2020, qu'est-ce qu'on pourra faire de plus avec le vidéophone? Travaillez avec un(e) partenaire pour formuler des idées. Utilisez le vocabulaire suivant:

des hologrammes	des images	des photos
des messages	de la musique	

A *À mon avis, on pourra envoyer des hologrammes.*
B *Je pense qu'il sera possible de recevoir des images en 3-D.*

		envoyer...
À mon avis,	il sera possible de/d'	capter...
Je pense qu'	on pourra	échanger...
Il me semble qu'	on aura la possibilité de/d'	se connecter...
		voir...

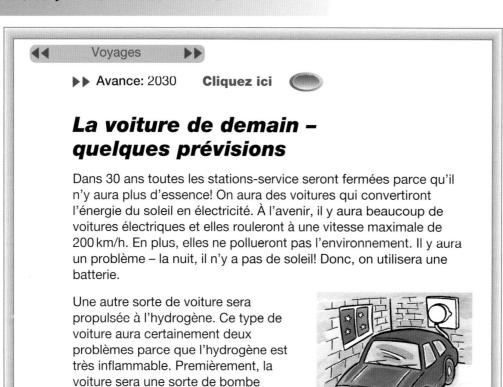

▶▶ **Avance: 2030** **Cliquez ici** ⬭

La voiture de demain – quelques prévisions

Dans 30 ans toutes les stations-service seront fermées parce qu'il n'y aura plus d'essence! On aura des voitures qui convertiront l'énergie du soleil en électricité. À l'avenir, il y aura beaucoup de voitures électriques et elles rouleront à une vitesse maximale de 200 km/h. En plus, elles ne pollueront pas l'environnement. Il y aura un problème – la nuit, il n'y a pas de soleil! Donc, on utilisera une batterie.

Une autre sorte de voiture sera propulsée à l'hydrogène. Ce type de voiture aura certainement deux problèmes parce que l'hydrogène est très inflammable. Premièrement, la voiture sera une sorte de bombe roulante! Deuxièmement, il sera difficile de stocker l'hydrogène dans les stations-service, à cause du danger.

◀◀ Voyages ▶▶

donc *therefore, so*
polluer *to pollute*
prévision (f) *prediction*
produire *to produce*
propulser *to power*
rouler *to travel*

9 🎧 Comment dit-on...?

1 tomorrow
2 in thirty years' time
3 in the future
4 at night
5 because of the danger

Écrivez en français:
6 in fifty years' time
7 because of the sun
8 in two days' time the shops will be closed

10 Prévisions désastreuses!

1 Travaillez avec un(e) partenaire. Comment sera le monde à l'avenir?

Exemple: **1** 20 – ne ... plus d'essence [40]

A *Moi, je pense que dans* **vingt** *ans il n'y aura plus d'essence.*
B *À mon avis, il n'y aura plus d'essence dans* **quarante** *ans.*

a 20 – ne ... plus d'essence [40]
b 30 – ne ... plus de plastiques [100]
c 5 – ne ... plus de professeurs humains [20]
d 10 – ne ... plus de voitures à essence [50]
e 20 – ne ... plus de camions diesel [10]

2 **Continuez!** Inventez des exemples.

11 Complétez les phrases suivantes. Choisissez un adjectif dans la case pour remplir chaque blanc.

1 Il sera _____ de stocker de l'hydrogène parce que c'est très _____.
2 Il sera _____ d'acheter une voiture _____ – tout le monde en aura une.
3 Il sera _____ de faire un voyage _____ à la lune – si vous êtes _____!
4 Il sera _____ de faire les courses sur Internet; il ne sera pas _____ d'être très _____ pour faire ça!

difficile	électrique	facile	inflammable	intelligent	nécessaire	normal
	possible	riche	spatial			

TIP Check page 119 for ways of expressing your opinion.

point grammaire

'It will be...'

- To say 'it will be (adjective) to...', use *Il sera* + adjective + *de* + infinitive:
  Il sera normal de...
  It will be normal to...
  Il sera facile de voyager. It will be easy to travel.
- You can also use it in the present tense: *Il est facile de...*

'L'avion' de l'avenir?

charge (f) *load*
dirigeable (m) *airship*
traverser *to cross*

12 Écoutez la description du Cargolifter. Notez les détails techniques.

- Longueur:
- Charge:
- Gaz:
- Vitesse maximale:
- Hauteur du vol:

Ça se dit comment?
'-y'
The letter *-y* is always pronounced like a short '-ee': *il y a, il y aura, l'hydrogène, l'oxygène*
   Try this: *Le scientifique myope combine l'oxygène et l'hydrogène.*

13 Lisez le texte sur les zeppelins.

◀◀ Retour 1900/1937   **Cliquez ici** ●

En 1900, le comte Zeppelin, ingénieur allemand, a inventé une nouvelle sorte d'«avion» – c'était un énorme ballon propulsé. Le saviez-vous?

● Les zeppelins flottaient dans l'air parce qu'ils étaient remplis d'hydrogène.

● Les plus grands zeppelins pouvaient porter jusqu'à 100 passagers.

● Pendant la première guerre mondiale (1914–18) les Allemands utilisaient des zeppelins pour bombarder l'Angleterre.

● En 1937 le plus grand zeppelin de tous, le «Hindenburg», a pris feu et 36 personnes sont mortes.

---

14 C'est en 1950 ou en 2050? Classez les phrases suivantes, selon le temps du verbe.

Exemple: **1** 2050

1 Tu habiteras en France et en Australie.
2 J'habitais dans un petit appartement.
3 Il y aura d'énormes dirigeables.
4 Il y avait moins de voitures.
5 Les villes étaient moins polluées.
6 On n'avait pas de calculatrices à l'école.
7 Vous ne verrez plus de trains diesel.

15 **Retour: 1950 ◀◀**

Écoutez le reportage. Que dit grand-père? Choisissez **a** ou **b**.

1 Il avait: **a** une Renault; **b** une Citroën.
2 Il roulait: **a** pas très vite; **b** assez vite.
3 Il faisait: **a** du 60 kilomètres à l'heure; **b** du 70 kilomètres à l'heure.
4 Il allait au travail: **a** à moto; **b** en autobus.
5 Il sortait: **a** le dimanche après-midi; **b** le dimanche soir.

point
grammaire

The imperfect tense
(see page 146)
The imperfect tense is used to say what 'used to happen' or how things 'used to be'.
   The endings for *je, tu, il/elle/on* and *ils/elles* all sound the same – they are:
*j'all**ais***
*tu all**ais***
*il all**ait***
*ils all**aient***
(For *nous* and *vous*, see page 93.)

The only verb which has an **irregular** imperfect is *être*:
j'étais
tu étais
il/elle/on était
ils/elles étaient

◀◀ L'alimentation ▶▶

▶▶ Avance: 2050   **Cliquez ici** ⬤

Qu'est-ce qu'on mangera en l'an 2050?

On mangera certainement des fruits, des légumes et de la viande génétiquement modifiés. Imaginez des pommes bleues, des carottes vertes ou un poulet à quatre pattes! On continuera à manger du pain, de la viande et du fromage comme aujourd'hui mais ces produits ne contiendront pas de bactéries – est-ce qu'on sera plus sain?

Et où est-ce qu'on fera les courses?

Vous irez dans un supermarché? Non, parce qu'ils n'existeront pas. Vous utiliserez certainement Internet III, la nouvelle génération d'Internet. Vous commanderez tous vos achats par ordinateur et vous les paierez automatiquement avec une sorte de code électronique. Vos achats arriveront chez vous dans un caddy robotisé.

achats (mpl) *purchases, shopping*
alimentation (f) *food*
contenir *to contain*
génétiquement modifié *genetically modified (GM)*
légumes (mpl) *vegetables*
patte (f) *leg (of an animal)*
sain *healthy*

point grammaire

Rappel
The future of *aller* is: *j'irai, tu iras, il ira, nous irons, vous irez, ils iront.* The future of *faire* is: *je ferai, tu feras, il fera, nous ferons, vous ferez, ils feront.*

TIP Remember that in French, **adverbs** ending in *-ment* are usually placed just **after** the verb. Don't be misled by where we put them in the future tense in English:

*On **utilisera certainement** Internet III.*
People **will certainly use** Internet III.

16 Vrai ou faux? Écrivez **V** ou **F**.

1 En 2050, les légumes seront génétiquement modifiés.
2 Il y aura des microbes dans le pain et le fromage.
3 Il y aura toujours des supermarchés.
4 Tout le monde aura Internet III.
5 Vous devrez aller chercher vos achats.

17 Organisez un pique-nique futuriste!

Partenaire A: Vous expliquez ce qu'on mangera et ce qu'on boira. Utilisez:

on mangera   on boira certainement probablement possiblement

Partenaire B: Vous faites un petit commentaire. Choisissez une expression appropriée:

Ça sera	délicieux/curieux/très bon/savoureux
	intéressant
	dégoûtant/dégueulasse
J'aimerai/Je n'aimerai pas ça, parce que...	
Moi, je ne mangerai/boirai pas ça, parce que...	

TIP *Ça* is a very useful informal word, used all the time in spoken French to mean 'it' or 'that'. It's a shortened form of *cela*, which is the version used in written French.

Le climat

18 🎧 L'effet de serre

1 Regardez les noms et les adjectifs. Faites une liste de paires logiques, par exemple **dômes énormes**.

Noms	Adjectifs
dômes	humains
êtres	tropicales
réservoirs	sauvages
plantes	énormes
animaux	souterrains
organismes	génétiquement modifiés

2 Maintenant, écoutez l'explication de l'effet de serre. Combien de vos paires 'nom/adjectif' est-ce que vous entendez?

19 Travaillez avec un(e) partenaire. Ici vous avez trois dômes: un dôme tropical, un dôme antarctique et un dôme désertique.

Regardez la liste d'animaux. Quels animaux vivent dans quel dôme? Il y a plusieurs possibilités. Utilisez un dictionnaire.

20 🎧 Retour: 1950 ◀◀

Écoutez cette interview. Alain Chasseur parle avec Marie-Claude Joseph, âgée de 72 ans, au sujet de l'alimentation et du shopping en 1950.

1 Décidez – *oui* ou *non*?
  a Il y avait des supermarchés à cette époque-là.
  b Sa mère préparait le pain chez elle.
  c Toute la famille déjeunait ensemble le dimanche.
  d On buvait du vin blanc.
  e La famille était riche.
2 Corrigez les phrases auxquelles vous avez répondu 'Non'.

21 L'interview avec Mme Joseph continue ci-dessous. Liez les questions aux réponses.

1 Qu'est-ce que vous buviez à Noël?
2 Qu'est-ce que vous faisiez le samedi?
3 Qu'est-ce que vous faisiez le dimanche?
4 Est-ce que vous aviez des animaux domestiques?
5 Est-ce que vous sortiez le soir?

a Nous allions toujours regarder un match de foot avec mon père.
b Non, mais nous élevions des cochons et des poulets.
c Nous ouvrions toujours une bouteille de vin.
d Non, nous jouions souvent aux cartes et nous nous couchions de bonne heure.
e Nous allions d'habitude à l'église.

effet (m) de serre *the greenhouse effect*
élever *to raise, breed*
être (m) *being, creature*
recouvert *covered*
sauvage *wild*

un python
un chameau
un tigre　un morse
un pélican　un âne
une baleine
des fourmis
un pingouin
un éléphant
un scorpion　un piranha

22 Complétez cette interview. Utilisez l'imparfait des verbes suivants: boire, aller, manger.

Exemple: Vous = Vous alliez au cinéma?

Alain: Vous ?

Marie-Claude: Non, nous .

Alain: Vous ?

Marie-Claude: Non, nous .

Alain: Vous ?

Marie-Claude: Non, nous .

◀◀　　　À la maison　　　▶▶

◀◀ **Retour** 1950　　　**Cliquez ici** ⬭

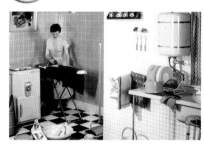

Comment est-ce qu'on vivait en France en 1950? En général les maisons étaient froides – il n'y avait pas de chauffage central. Donc, il fallait acheter du charbon pour le feu, devant lequel on prenait un bain – il y avait peu de baignoires ou de douches. Le téléphone était assez rare, et il n'y avait que 1% des Français qui possédaient la télévision. Elle était en noir et blanc, bien sûr! Dans la cuisine, 8 Français sur 100 avaient un lave-linge, et 7 sur 100 avaient un réfrigérateur. Oui, on avait des radios et des fers à repasser électriques, mais on devait travailler 45 heures par semaine pour acheter de tels produits. On n'avait que deux semaines de vacances et 75% des Français ne partaient jamais en vacances. Ah, le bon vieux temps!

baignoire (f) *bath*
le bon vieux temps *the good old days*
chauffage (m) central *central heating*
charbon (m) *coal*
fer (m) à repasser *iron*
feu (m) *fire*
lave-linge (m) *washing machine*

23 Comment dit-on . . . ?

1 in general
2 it was necessary to buy coal
3 there were few baths
4 fairly rare
5 8% of French people
6 the good old days

Écrivez en français:
7 you had to work 10 hours a day
8 few French people had a phone

24 Imaginez que vous avez 80 ans. Un enfant vous pose la question, *Comment était la vie dans les années 50?* Répondez, en complétant les phrases.

Exemple: **1** Nous **avions** un **téléphone** mais nous **n'avions** pas de **portable**.

1 Nous _____ un _____, mais nous n'a_____ pas de _____.

2 Je pr_____ un _____; je ne pr_____ pas de _____.

3 Ma mère n'a_____ pas de _____.

4 On éc_____ la _____, mais on ne re_____ pas la _____.

5 Nous n'_____ jamais en _____.

6 Mon père n'a_____ qu'_____ _____; il n'a_____ pas de _____.

TIP **Negatives** such as *ne . . . pas* (= not) and *ne . . . jamais* (= never) go round the verb when it's in the imperfect just as they do when it's in the present tense:

*Il **n'**y avait **pas** de chauffage central.* There was no central heating.
*75% des Français **ne** partaient **jamais** en vacances.* 75% of French people never went on holiday.

Remember *ne . . . que*? It means 'only':
*On **n'**avait **que** deux semaines de vacances.* We **only** had two weeks' holiday.

25 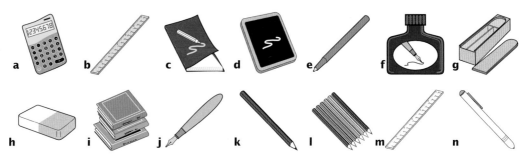 Écoutez
Gérard qui parle de son
enfance. Qu'est-ce qu'il
mettait dans son
cartable quand il allait
au collège? Notez les
lettres des articles qu'il
avait.

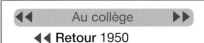

◀◀ Retour 1950

Il y a 50 ans, l'école était obligatoire jusqu'à 14 ans. À cet âge-là on
passait un examen qui s'appelait le certificat d'études. La majorité des
enfants quittaient alors l'école. Il était difficile de continuer sa scolarité:
seulement 20% des jeunes entraient au lycée à l'âge de 15 ans. Dans les
classes, on ne parlait pas. Les professeurs étaient très stricts et ils
punissaient les élèves qui ne travaillaient pas. Les journées étaient très
longues – on finissait à 17h30 – et il y avait toujours beaucoup de devoirs.
Heureusement les vacances aussi étaient longues – 185 jours au total!

---

ardoise (f) *slate*
en bois *wooden*
cartable (m) *satchel*
encre (f) *ink*
journée (f) *day*
jusqu'à *until, up to*
lycée (m) *college for Years
 11–13*
obligatoire *compulsory*
passer (un examen) *to take
 (an exam)*
porte-plumes (m)
 pencil-case
punir *to punish*

26 Qu'est-ce que les chiffres suivants représentent? Liez les chiffres aux
faits.

15	Pourcentage des élèves qui entraient au lycée
14	À cet âge on entrait au lycée
20	Jours de vacances
185	Heure à laquelle les cours finissaient
17h30	À cet âge on quittait l'école

TIP To say what
things are made of you
need *en*:

en bois = made of wood,
 wooden
en plastique = (made of)
 plastic

point
grammaire

finir/punir
Verbs such as *finir* and
punir form their
imperfect tense from the
nous form of the present,
like all verbs except *être*
(see page 91). Watch out
for the *-iss-* in the middle!

finir → nous fin**iss**ons →
*je fin**iss**ais, tu fin**iss**ais,*
etc.

27 Contrastez le passé et le futur. Copiez la grille et remplissez les blancs.

Exemple: **1** En 2050 ils ne pourront pas punir les élèves.

Au passé	En 1950	Retour <<<	À l'avenir	En 2050	>>> Avance
1 En 1950 les professeurs pouvaient punir les élèves.					
2			En 2050, on ne lira plus de livres.		
3			En 2050, les vacances seront très courtes.		
4			En 2050, les professeurs seront des robots!		
5 En 1950, la journée scolaire finissait à 17h30.					
6 En 1950, on devait porter beaucoup de livres dans son cartable.					
7 En 1950, les élèves écrivaient tout à la main.					
8 En 1950, nous ne choisissions pas les matières à étudier.					

checkpoints

TEST

Use the TEST to check your language skills in . . .
- using the future tense
- saying what will be possible, necessary, etc.
- using the imperfect tense
- using negatives: *ne . . . plus*, *ne . . . jamais*
- using *ne . . . que*

1 Choisissez la bonne forme du futur (verbes **réguliers**):
a Beaucoup de gens **travailleras/travailleront** à la maison en 2010. [1]
b On **parlera/parleront** avec ses copains sur vidéophone. [1]
c Nous **regarderai/regarderons** des images en 3-D. [1]
d Des astronautes **partirons/partiront** pour Mars. [1]
e Moi, je **vivras/vivrai** dans une maison «intelligente». [1]

2 Complétez les phrases suivantes avec la forme correcte du futur (verbes **irréguliers**):
a Dans 50 ans, le monde (**être**) complètement différent. [1]
b Nous (**pouvoir**) choisir le sexe de nos bébés. [1]
c Il y (**avoir**) certainement moins de voitures à essence. [1]
d Moi, j'(**acheter**) un vidéophone le plus tôt possible. [1]
e Mes enfants (**aller**) peut-être sur la Lune. [1]

3 Dans la liste suivante, on parle du passé ou de l'avenir? Écrivez **P** ou **A**.
a Nous aurons la possibilité de visiter d'autres planètes. [1]
b Nous n'avions pas la télévision à cette époque-là. [1]
c Mon père travaillait 12 heures par jour. [1]
d Les enfants pourront étudier chez eux. [1]
e On voyageait rarement en dirigeable. [1]
f Mon frère ira certainement en Australie. [1]
g Moi, je n'allais jamais en vacances. [1]

4 Complétez les phrases suivantes comme dans l'exemple. Utilisez l'imparfait.

Exemple: On/regarder/télévision/noir et blanc.
On **regardait la** télévision **en** noir et blanc.

a Nous/habiter/à Lille/à cette époque-là. [1]
b Mon père/savoir/conduire. [1]
c Moi, je/vouloir/visiter/Angleterre. [1]
d Au collège/on/faire/beaucoup/de devoirs. [1]
e Mes parents/être/assez pauvres. [1]

5 Composez cinq phrases en utilisant le tableau suivant: [10]

En 1950, il était	possible	voyager dans le temps
	impossible	acheter une voiture
En 2050, il sera	utile	de/d' avoir un ordinateur
	nécessaire	visiter d'autres planètes
	difficile	employer des robots

6 Changez les phrases suivantes pour vous référer à 1950, comme dans l'exemple. Utilisez *ne . . . jamais*.

Exemple: En 2050, on ira souvent sur la Lune.
En 1950 on **n'allait jamais** sur la Lune.

a En 2020, on verra souvent des films en 3-D. [2]
b En 2030, on aura la possibilité de manger des légumes artificiels. [2]
c En 2040, on pourra faire ses cours à la maison. [2]

7 Changez les phrases suivantes pour vous référer à 2050, comme dans l'exemple. Utilisez *ne . . . plus*.

Exemple: En 1950, nous mangions beaucoup de bactéries.
En 2050, **nous ne mangerons plus** de bactéries.

a En 1950, nous avions des voitures à essence. [2]
b En 1950, on restait chez soi pendant les vacances. [2]
c En 1950, nous faisions nos achats dans un magasin. [2]

8 Répondez aux questions suivantes comme dans l'exemple.

Exemple: Vous **aurez deux** voitures en 2010? (1)
Non, je **n'aurai qu'une** voiture en 2010.

a Vous achèterez trois livres ce week-end? (2) [2]
b Vous prendrez deux gâteaux? (1) [2]
c Vous regarderez trois films samedi? (1) [2]

Total [50]

QUIZ

Use the QUIZ to check your knowledge about...

- communications, past and future
- solar cars
- airships
- Internet shopping
- future foods
- home life, past and future
- education, past and future

1 Trouvez l'intrus (*odd one out*): vidéophone, ordinateur, walkman, dirigeable, radio [1]

2 Quels appareils le vidéophone remplacera-t-il? Identifiez deux appareils. [2]

3 a Certaines voitures convertiront l'énergie solaire en _____. [1]
b Quelle sera la vitesse maximale de ces voitures? [1]

4 a Qu'est-ce qui propulsera l'autre sorte de voiture à l'avenir? [1]
b Quels en seront les problèmes? [2]

5 Le Cargolifter est une sorte de:
a voiture; **b** avion; **c** dirigeable. [1]

6 Sa charge maximale sera de _____ tonnes. [1]

7 C'est le comte _____ qui a inventé le dirigeable. [1]

8 Comment dit-on *genetically modified* en français? [1]

9 Comment est-ce qu'on commandera tous ses achats à l'avenir? [2]

10 Donnez le pourcentage des Français qui, en 1950:

- avaient la télévision [1]
- avaient un réfrigérateur [1]
- avaient un lave-linge [1]

11 En 1950, combien de semaines de vacances avait-on? [1]

12 En 1950, à quel âge est-ce qu'on quittait le collège? [1]

13 Quel était le pourcentage des élèves qui entraient au lycée? [1]

Total   [20]

PROJETS

A Interviewez votre grand-père, votre grand-mère ou votre professeur. Comment était la vie quand ils étaient jeunes? Parlez-leur de la vie à la maison et au collège. Qu'est-ce qu'ils faisaient pour s'amuser? Écrivez environ 150 mots.

B Imaginez la vie de vos petits-enfants. Qu'est-ce qu'ils mangeront? Qu'est-ce qu'ils boiront? Comment sera le climat? Comment est-ce qu'ils s'amuseront? Écrivez environ 150 mots.

C Recherchez des détails sur un avion ou une voiture historique, et écrivez une description de cette machine. Par exemple: *Elle avait une vitesse maximale de...*

D Lequel est-ce que vous préférez, le passé ou l'avenir? Pourquoi? Par exemple, comment étaient/seront:

- les repas au passé/à l'avenir?
- l'école?
- les médias?

unité 10
Allons-y! L'île Maurice

point d'info

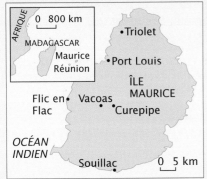

Vous allez visiter la belle île Maurice – un paradis tropical avec ses plages, ses forêts et ses montagnes. Elle est située dans l'Océan Indien, au sud de l'équateur et au nord du Tropique du Capricorne. Ancienne colonie française, l'île Maurice est devenue une République en 1992. On y parle anglais, français, hindi, tamil et chinois, mais la langue principale c'est le créole, une sorte de dialecte du français. La population est un peu plus d'un million d'habitants. La monnaie à l'île Maurice, c'est la roupie (R).

ancien *former*
principal *main*

1 Anagrammes

Regardez la carte de l'île Maurice. Quelles sont ces villes?

1 TROP-OLISU
2 CLIF NE CALF
3 CLIAOLSU
4 PUERPICE
5 SAOVCA
6 RITTEOL

LOCATION DE MOTOS
Grand Baie
Rs250 par jour

Air Mauritius
Location d'hélicoptère
Rs7500 par jour

Carte verte
Valide dans tous les autobus
Rs150 la semaine

Location de voitures
Europcar
Tél: 208 9258
Fax: 208 4705
Rs500 par jour

BUS EXPRESS
De Port Louis à Mahébourg
Rs20

2 Le budget

Vous venez d'arriver à l'île Maurice. Vous allez y passer sept jours. Vous avez un budget de Rs8000 pour les transports. Travaillez avec un(e) partenaire: il faut choisir une combinaison de transports que vous pouvez payer.

Location de vélos
Rs50 la journée
Hôtel St. Georges
Port Louis

point d'info: le climat

En été, il fait très chaud – la température moyenne est de 30°C. En hiver il fait moins chaud (24°C). En janvier et en février il y a quelquefois des cyclones.

Qu'est-ce qu'on peut faire à l'île Maurice?

corail (m) *coral*
hippique (adj) *horse*

 a

 b

 c

 d

 e

 f

 g

3 Trouvez la bonne image

Liez les titres **1–6** aux images.

1 Le parachute ascensionnel vous permet de survoler la barrière de corail. Quelle vue magnifique!
2 Dans l'est de l'île vous avez la possibilité de faire de la planche à voile.
3 À Grand Baie on peut faire de la plongée. Explorez la mer, le corail et la vie marine. Admirez les poissons tropicaux multicolores!
4 Les passions locales? Le football et les courses hippiques.
5 On peut faire du golf à Trou aux Biches et à Belle Mare.
6 Louez un vélo ou un scooter. Explorez l'île et découvrez des plages secrètes.

4 Prévisions

L'Office de Tourisme vous recommande ▶ les sites suivants. Qu'est-ce que vous allez voir chaque jour?

Exemple: lundi – **3**

1 des fleurs exotiques, des fruits
2 des images de Maurice, de vieux appareils
3 des singes, des oiseaux exotiques
4 de hautes cascades
5 des timbres, des boîtes aux lettres

lundi:
Réserve de la Rivière Noire

mardi:
Musée de la Poste, Port Louis

mercredi:
Jardin Royal Botanique, Pamplemousses

jeudi:
Musée de la Photographie, Port Louis

vendredi:
Chutes d'eau de Rochester, Souillac

5 Planifiez votre semaine

Et vous, qu'est-ce que vous allez faire? Choisissez une activité par jour. N'oubliez pas les activités sportives ci-dessus. Peut-être que vous voulez visiter une des grandes villes. Écrivez une liste de vos activités.

Exemple: Lundi, on va faire du vélo le matin, puis on va aller à la plage…

Activité informatique

Imaginez que vous avez passé une semaine de vacances à l'île Maurice. Vous allez écrire un article pour une revue scolaire (*school magazine*): Utilisez un système de traitement de texte pour écrire une description factuelle de votre semaine. Illustrez votre article de quelques photos prises sur un site Internet, par exemple *http://www.mauritius-island.net* ou dans des brochures.

L'histoire de l'île Maurice

À l'Office de Tourisme, on vous a donné ce dépliant sur l'histoire de l'île Maurice.

Petite histoire de l'île Maurice

L'île Maurice a été découverte en 975 par Hasan ibn Ali, explorateur iranien. Il est probable que les Portugais ont visité l'île Maurice pendant le 15ᵉ siècle. Pendant le 16ᵉ siècle, des pirates utilisaient les ports naturels de l'île. Après, ce sont les Hollandais qui l'ont occupée pendant le 17ᵉ siècle. Le nom Maurice, c'est celui du Prince Maurice de Nassau, le gouverneur des Pays-Bas. C'est en septembre 1715 que les Français sont arrivés. Ils sont restés jusqu'en 1810. C'est en septembre de cette année-là que les Britanniques ont envahi l'île Maurice. La république est devenue indépendante en 1968.

6 *Liez les dates aux drapeaux.*

1 10ᵉ siècle
2 15ᵉ siècle
3 16ᵉ siècle
4 17ᵉ siècle
5 18ᵉ siècle
6 19ᵉ siècle
7 20ᵉ siècle

 a

 b

 c

 d

 e

 f

 g

Légende

le drapeau hollandais

le drapeau iranien (moderne)

le drapeau portugais

Le dodo

L'île Maurice est connue pour le dodo, mais, malheureusement, vous ne pourrez plus en voir aujourd'hui, car le dodo a disparu. Quand les Portugais sont arrivés à l'île Maurice, il n'y avait pas d'habitants sur l'île. Ils ont trouvé ce gros oiseau qui était incapable de voler. Le pauvre oiseau n'avait pas peur des hommes. Les Portugais en ont mangé beaucoup. Ils l'ont appelé dodo, c'est-à-dire, «stupide».

7 *Oui ou non?*

1 Le dodo était un animal dangereux.
2 Il était très petit.
3 Il mangeait des hommes.
4 Il ne pouvait pas voler.
5 Il était timide.
6 Les Portugais pensaient que c'était une bête intelligente.

8 *1, 2, ou 3?*

Regardez les trois images. Quel article est le plus cher? (Solution: page 101.)

On va manger à la mauricienne!

9 *Décodez les ingrédients*

Vous allez lire une recette traditionnelle de Maurice. Mais d'abord, il faut comprendre les ingrédients!

Décodez les épices.

Exemple: **1** gousse d'ail

Le code

a	♋	j	*℮ℐ*	s	♦
b	♌	k	&	t	◆
c	♍	l	●	u	◆
d	♎	m	○	v	❖
e	♏	n	■	w	◆
f	♐	o	□	x	⊠
g	♑	p	▣	y	⊠
h	♒	q	▢	z	⌘
i	♓	r	▯	'	⊠

10 Maintenant, pouvez-vous lier les dessins 1–6 (exercice 9) à leur nom anglais?

Exemple: **1** *clove of garlic*

chili powder   clove of garlic   ginger
massala   turmeric   coriander

11 *Et maintenant, la recette!*

cuillerée (f) à café *teaspoonful*
cuillerée (f) à soupe *tablespoonful*
cuisson (f) *cooking*
épice (f) *spice*
faire revenir *to fry lightly*
poivron (m) vert *green pepper*

Poulet mauricien

Pour 4 personnes

Ingrédients
400g de morceaux de poulet
2 tomates
1 poivron vert
1 oignon
1 gousse d'ail
1 cuillerée à café de massala
1 cuillerée à café de gingembre en poudre
1 cuillerée à café de curcuma en poudre
1 cuillerée à café de poudre de piment rouge
1 cuillerée à café de coriandre
1 cuillerée à café de sel
125 ml yaourt
30 g de beurre
2 cuillerée à soupe d'huile

Instructions
1 Faire mariner le poulet dans le yaourt (2 heures).
2 Faire revenir le poulet.
3 Couper en morceaux le poivron, l'oignon et les tomates.
4 Hacher l'ail.
5 Faire revenir les légumes avec les épices et le sel dans le beurre.
6 Ajouter le poulet.
7 Terminer la cuisson après 30 minutes. Servez!

Servez avec du riz. Mmm! C'est délicieux! Bon appétit!

Les instructions **1–7** sont dans le bon ordre. Pour chaque instruction, identifiez le bon dessin **a–g**.

a   b   c   d   e   f   g

unité 11
Un week-end à Paris

UNIT GOALS

To improve your language skills in...

- using the conditional tense in phrases to say what you 'would like'
- using adverbs in comparisons
- using the imperfect tense to say what you 'were doing'
- using contrasting past tenses
- using adverbs to say 'enough', 'too'
- recognising the pluperfect tense

To find out about...

- shopping in Paris's famous department stores
- fashion
- finding your way around
- major places to visit
- historical events in Paris
- eating out

Revision in the unit includes:

- using irregular adjectives: *beau, nouveau, vieux*
- using the perfect tense
- using the present of irregular verbs
- describing a sequence of events
- superlatives and agreement

---

boîte (f) de nuit *night club*
cadeau (m) *gift*
exposition (f) *exhibition*
vertige (m) *vertigo, fear of heights*

Paris! La capitale de la France

Paris – ville moderne, ville historique. Avec ses monuments, ses parcs, son architecture – historique et futuriste! – Paris est peut-être la plus belle ville d'Europe. Pour les touristes, c'est le paradis. On peut visiter les musées et les expositions, se promener dans les parcs, acheter des cadeaux dans les plus beaux magasins du monde, manger dans un restaurant de luxe, danser dans une boîte de nuit.

1 La famille Férien passe le week-end à Paris. C'est vendredi soir. On prend des décisions. Qu'est-ce qu'on va faire samedi et dimanche? Dites qui veut faire les visites suivantes: Papa, Maman ou Rachel?

1 Le Château de Versailles
2 La Cité des Sciences
3 Les Galeries Lafayette
4 La Tour Eiffel
5 L'Arc de Triomphe
6 Notre-Dame de Paris

2 Qu'est-on qu'on va voir à Paris? Discutez-en avec votre partenaire.

Partenaire A s'intéresse à l'histoire et aime les musées.
Partenaire B souffre du vertige, mais s'intéresse aux monuments et aux magasins.

Exemple:
A *Moi, je voudrais visiter la Tour Eiffel.*
B *Moi, je préférerais aller à Versailles.*

TIP When you are **saying what you would like to do**, the following expressions are very useful:

Moi, je voudrais	I'd like to
Moi, j'aimerais	I'd like to
Moi, je préférerais	I'd prefer to
J'aimerais mieux	I'd prefer to
On pourrait	We could

They all need to be followed by an infinitive:
*J'aimerais **voir/manger/visiter**...*

Ça se dit comment?
'-w'
The letter *-w* has two pronunciations. It is like English 'w' in *le week-end, le Walkman* and *le Web*. It is pronounced like the English 'v' in *le wagon, le wagon-restaurant* and *le WC*.

Try this: *William a passé le week-end dans le WC du wagon-restaurant à écouter son Walkman.*

La Cité des Sciences

C'est samedi matin et la famille Férien va à la Cité des Sciences. Située au Parc de la Villette, la Cité vous offre la possibilité d'explorer la science. Ici vous avez des expositions permanentes – du vieux sous-marin *Argonaute* aux nouvelles découvertes de l'exploration spatiale. Dans la Géode, immense boule de verre, vous pouvez regarder de très beaux films sur la nature et l'univers. Dans la section Explora, vous pouvez explorer les technologies actuelles et l'environnement.

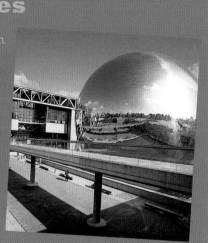

actuel *current*
sous-marin (m) *submarine*
verre (m) *glass*

point grammaire

Remember that some particularly useful adjectives – ***beau***, ***nouveau*** and ***vieux*** – have irregular forms.

Masculine singular	Masculine singular before a vowel or a silent 'h'	Feminine singular	Masculine plural	Feminine plural
beau (le beau temps)	*bel (un bel animal/ hôtel)*	*belle (une belle journée)*	*beaux (de beaux bâtiments)*	*belles (de belles expositions)*
nouveau	*nouvel*	*nouvelle*	*nouveaux*	*nouvelles*
vieux	*vieil*	*vieille*	*vieux*	*vieilles*

3 Choisissez la bonne forme de l'adjectif.

1 Au Niveau 0, il y a une **nouveau/ nouvelle** exposition.
2 Dans la Géode, vous n'avez pas de **vieilles/vieux** films.
3 La section Explora est très **beau/belle**.
4 Tu as vu le **nouvel/nouveau** film sur l'exploration spatiale?
5 Les Férien ont choisi un **vieil/vieux** hôtel.
6 Les **vieilles/vieux** dames ont beaucoup aimé la Cité des Sciences. «Elle est très **bel/belle**», ont-elles dit.

4 Pour chaque image, il faut décider: C'est au Niveau 1 ou au Niveau 2?

Exemple: **a** Les ordinateurs, c'est au Niveau 1.

Niveau 1
Environnement
Informatique
Aéronautique
Sons
Automobiles
Images

Niveau 2
Roches et volcans
Étoiles et galaxies
Santé et médecine

a

b   c   d   e

f   g   h   i

5 🎧 Écoutez Rachel et Papa qui parlent de leur visite. Quelles sont leurs opinions sur:

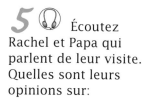

• La Géode?
• Explora?
• La Cité des Enfants?

Exemple: Papa – La Géode, c'est super!

6 Imaginez que vous avez visité la Cité des Sciences.

• Dites ce que vous avez vu, par exemple: Nous avons vu un vieux sous-marin.
• Donnez votre opinion, par exemple: C'était moche!

Hé! Vous ne devez pas toujours être négatif.

TIP You **didn't like** something? Here's how to say so:

C'était nul! It was rubbish!
C'était moche! It was awful!
Ce n'était pas le pied! It was no fun!

Les Galeries Lafayette

C'est samedi après-midi. La famille Férien visite les Galeries Lafayette, un des magasins les plus célèbres de Paris qui se trouve au Boulevard Haussmann.

7 Écoutez la conversation et regardez le diagramme. Quels étages des Galeries Lafayette veut-on visiter? Copiez et complétez la grille.

	Étage(s)
Papa	
Maman	
Rachel	

7	La Terrasse – Restaurant
6	Souvenirs de Paris – Papeterie
5	Informatique – Vidéo – TV
4	Jeux et jouets – Restaurant McDonald's
3	Maillots de bain – Imperméables – Salon de thé
2	Salon de coiffure
1	Chaussures – Mode – Blue jean
Rez de chaussée	Beauté – Parfums – Montres

8 Où est-ce qu'on va demain?

Liez chaque record au bon chiffre. Il faut être logique!

1 Le monument le plus élevé de Paris: la Tour Eiffel
2 Le bâtiment le plus haut: la Tour Montparnasse
3 Le plus grand stade de Paris: le Stade de France
4 La plus ancienne maison de Paris: 3, rue Volta

100 000 places	210 m	17e siècle	1960	320 m	14e siècle

9 Complétez les phrases suivantes.

- Choisissez dans la case – c'est qui?
- Adaptez l'adjectif **en gras** pour faire une phrase au superlatif.

Exemple: **1 Rachel** espère voir les **plus grands** magasins de la capitale.

Nous	M. et Mme Férien	je	Vous	Rachel	tu

1 _____ espère voir les (**grand**) magasins de la capitale.
2 _____ espérons visiter le (**vieux**) château de France.
3 _____ se promènent dans les (**beau**) jardins de la capitale.
4 Moi, _____ préférerais monter à la tour (**élevé**) d'Europe.
5 _____ achetez la (**beau**) montre des Galeries Lafayette!
6 Paul, _____ espères voir visiter les bâtiments (**historique**) de Paris?

TIP Remember that *espérer*, *acheter* and *se promener* have a sound change and a spelling change in the present tense. This doesn't apply to the *nous* and *vous* forms.

Espérer (to hope): *j'espère, tu espères, il espère, nous espérons, vous espérez, ils espèrent*
Acheter (to buy): *j'achète, tu achètes, il achète, nous achetons, vous achetez, ils achètent*
Se promener (to go for a walk) follows the same pattern as *acheter*.

point grammaire

Superlatives
(see page 144)
With superlatives (*le/la/les plus* + adjective) the adjective must agree with its noun:
*La tour **la plus élevée** de Paris* – The highest tower in Paris

If the adjective normally goes before the noun, the superlative will do the same:
***La plus ancienne** maison de Paris* – The oldest house in Paris

La mode

Paris est très connu pour la mode – les parfums, les produits de beauté et «la haute couture», c'est-à-dire les robes les plus chics et les plus chères! Peut-être que vous avez entendu parler de «Chanel no. 5» mais connaissez-vous le nom de Coco Chanel? Voici l'histoire de sa vie.

Gabrielle Chanel est née en France en 1883. À l'âge de 20 ans, elle a commencé à travailler dans une bonneterie, où elle fabriquait des chapeaux. Gabrielle, qu'on surnommait «Coco», était très créative, et en 1910 elle a ouvert sa première boutique à Paris. Pour elle et pour ses amies sportives elle a inventé la mode sport. Coco ne dessinait pas ses modèles – elle les assemblait sur la cliente. En 1926, Coco a inventé «la petite robe noire», la robe la plus célèbre du monde.

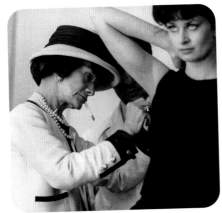

Juste avant la deuxième guerre mondiale, la maison Chanel a fermé ses portes, mais en 1954, âgée de 71 ans, Coco a présenté une nouvelle collection. Elle est morte en 1971, mais la maison Chanel continue son travail. Les robes Chanel sont peut-être les plus connues du monde.

bonneterie (f) *milliner's, hat shop*
dessiner *to design*
entendre parler de *to hear of*
guerre (f) *war*

10 Trouvez dans le texte l'expression qui signifie…

1 les vêtements très exclusifs
2 établissement où l'on fait des chapeaux
3 magasin où l'on achète des vêtements assez chers
4 une personne qui achète quelque chose

11

1 On parle d'une action répétée/continue ou d'une action unique?

Exemple: **a** action répétée

a On la surnommait Coco.
b En 1910 elle a ouvert sa première boutique.
c Coco assemblait ses vêtements sur les clientes.
d Elle a inventé la petite robe noire.
e La maison Chanel a fermé ses portes.

2 À gauche: **lisez** la description d'une action répétée.

À droite: **complétez** la phrase pour décrire une action unique – utilisez le même verbe.

Exemple: Elle **fabriquait** des bonnets.	Elle **a fabriqué** un bonnet spécial.
a Elle **dessinait** des robes fantastiques.	Elle _____ la petite robe noire.
b Elle **inventait** de nouveaux styles.	Elle _____ le style «mode sportive».
c Elle **assemblait** ses vêtements sur les clientes.	Elle _____ une robe merveilleuse sur sa nouvelle cliente.
d Elle **présentait** ses collections à Paris.	Après la deuxième guerre mondiale, elle _____ une nouvelle collection.

point grammaire

Perfect or imperfect?
For actions which happened once, use the **perfect tense**:
• *Gabrielle Chanel **est née** en 1883.*
Gabrielle Chanel **was born** in 1883.

For actions which were repeated or continued for some time, use the **imperfect tense**:
• *Elle **fabriquait** des chapeaux.*
She **used to make** hats/she **made** hats.

12 Rachel a décidé d'acheter une robe. Écoutez la conversation. Complétez les détails:

• Couleur:
• Taille:
• Prix:
• Couturier:
• Style:

cent cinq **105**

Paris historique

13 Copiez et complétez la fiche technique de la Tour Eiffel. Cherchez les détails dans la case. Il faut être logique!

Hauteur (mètres):	
Poids (tonnes):	
Rivets:	
Couleur:	
Exemple Première plate-forme (mètres):	*57*
Deuxième plate-forme (mètres):	
Troisième plate-forme (mètres):	
Date de commencement:	
Date de terminaison:	

57	1887	320	brun	115	2 500 000
		7 000	1889	274	

Gustave Eiffel

L'ingénieur Gustave Eiffel était un génie. En 1884 il a eu l'idée de construire une tour à Paris. La tour a été ouverte pour l'Exposition Universelle, mais elle n'était pas populaire. Plusieurs personnes célèbres, comme les écrivains Alexandre Dumas (fils) et Guy de Maupassant, n'aimaient pas «cette monstruosité», et ils ont protesté contre la création de Gustave Eiffel.

   Pendant la première guerre mondiale on utilisait la Tour pour faire des appels téléphoniques vers les USA. C'était le triomphe de la technologie à cette époque-là! Aujourd'hui la tour Eiffel est le symbole de Paris. C'est l'attraction touristique la plus visitée de la capitale.

point grammaire

The imperfect tense
(see page 146)
As you have seen, the imperfect tense can be used to say what used to happen. It can also be used to describe **how things were** in the past. The imperfect of *être* is particularly useful:

*Gustave Eiffel **était** un génie.* Gustave Eiffel **was** a genius.
*Les idées de Gustave Eiffel n'**étaient** pas populaires.* Gustave Eiffel's ideas **weren't** popular.

Remember, though – for single actions in the past, use the perfect tense:
*Eiffel **a eu** l'idée de construire une tour.* Eiffel **had** the idea of building a tower.

14 C'est une **action** ou une **description**?

1 300 constructeurs ont travaillé sur la Tour Eiffel.
2 C'était le triomphe de la technologie.
3 La tour était visible d'une distance de 42 kilomètres.
4 On a fini la tour en 1889.

15 Rachel est montée au sommet de la Tour. Elle en parle à sa mère. Notez sa description des points suivants:

• Vertige:
• Vue:
• Température:
• Restaurant:

16 Imaginez que vous avez visité plusieurs monuments historiques à Paris (voir page 102). Dites à votre partenaire où vous êtes allé(e). C'était comment? Donnez votre opinion.

Exemple:

A *Moi, je suis allé(e) à Notre-Dame de Paris. C'était vraiment beau!*
B *Ah, bon? Moi, j'ai visité l'Arc de Triomphe. C'était moche!*

17 Complétez cette carte postale. Utilisez les verbes dans la case – au passé composé (rouge) ou à l'imparfait (bleu).

Exemple: **1** sommes allés

| **le passé composé** |
| (perfect tense) |
| acheter |
| aller |
| décider |
| visiter |
| **l'imparfait** |
| (imperfect tense) |
| être (×3) |
| avoir |

Chère Aline

Nous voici à Paris! Ce matin nous (1) à la Cité des Sciences. C'(2) vraiment super. Puis nous (3) les Galeries Lafayette, où j'(4) une très belle robe. Cet après-midi, nous (5) de monter à la Tour Eiffel. La vue (6) magnifique. Il y (7) un restaurant, mais les prix (8) exorbitants.

Bons baisers
Rachel

Louis XIV et le château de Versailles

On appelait Louis XIV (1638–1715) «le Roi Soleil». C'était un roi très riche et très puissant qui habitait le plus beau palais d'Europe, le château de Versailles, près de Paris. Une journée à Versailles était bien ordonnée.

ordonné *ordered*
puissant *powerful*

Ça se dit comment? 🎧
'-ail'
The letter combination *-ail* is usually pronounced like 'eye':
Versailles, l'ail (garlic)
l'aillade (garlic dressing)
 Try this: *À Versailles, Louis mangeait de l'ail avec de l'aillade.*

18 Liez les images aux phrases.

1 Les valets aidaient le roi à se lever.
2 Le roi allait à l'église.
3 Il travaillait avec ses ministres.
4 Après avoir déjeuné . . .
5 . . . il allait se promener dans les jardins de Versailles.
6 Après avoir dansé le soir . . .
7 . . . Louis aimait jouer au billard.

TIP To say 'after doing' something, use ***après avoir*** + past participle:

Après avoir dansé, *le roi aimait jouer au billard.*
After dancing, the king liked to play billiards.

With verbs which take *être* in the perfect tense, use *après être* + past participle:
Après être arrivé *à Versailles, le roi allait se coucher.*
After arriving at Versailles, the king used to go to bed.

19 🎧 Mme Férien a fait le tour du château de Versailles. Les phrases suivantes sont-elles vraies ou fausses?

1 Après avoir visité les jardins, elle a fait le tour du château.
2 Après avoir visité la chambre du roi, elle a visité la chambre de la reine.
3 Après avoir acheté un guide, elle a pris des photos.
4 Après être allée visiter la chapelle, elle a fait le tour des jardins.
5 Après être sortie du château, elle a acheté des souvenirs.

Dans la rue

C'est dimanche après-midi. Rachel et son père se promènent dans le centre de Paris. Ils ont déjà visité la Place de la Concorde, où il y a des statues qui représentent les grandes villes de France et un grand obélisque égyptien. Pendant la Révolution Française (1789–1793) la guillotine se trouvait ici, et beaucoup de nobles français sont morts sur la Place, y compris Marie-Antoinette, la femme du roi Louis XVI. À cette époque-là, la place s'appelait la Place de la Révolution. Actuellement c'est le centre même de Paris.

Il fait très beau aujourd'hui. Rachel et M. Férien montent l'Avenue des Champs-Élysées. Cette avenue élégante est très large et elle est bordée d'arbres. Ici vous avez des cafés, des cinémas, des restaurants et des magasins de luxe.

Attention! Tout est très cher ici!

En haut des Champs-Élysées vous avez la Place Charles de Gaulle. Ici vous voyez l'Arc de Triomphe, haut de 50 mètres et large de 45 mètres. Un soldat inconnu de la première guerre mondiale y est enterré.

TIP Some French words look like English but have a completely different meaning. Beware!

French	English
large	wide
actuel	modern, present-day, current
actuellement	nowadays, at the moment

Now look up these expressions in a French–English dictionary:
passer un examen, *éventuel*, *sensible*.

en haut de *at the top of*
enterrer *to bury*
inconnu *unknown*
mourir *to die*

20 M. Férien et Rachel veulent aller à la station de métro Pont de l'Alma. Ils demandent des directions et on leur donne deux instructions.

Pour chaque instruction, identifiez – **a**, **b** ou **c**?

← = À gauche   ↑ = Tout droit   → = À droite

1 Première instruction	2 Deuxième instruction
a 1 × →	**a** →
b 2 × ←	**b** ↑
c 3 × →	**c** ←

On prend un taxi

La station de métro Pont de l'Alma est assez loin de la Place Charles de Gaulle. M. Férien et Rachel décident de prendre un taxi.

21 **Avant d'écouter** la conversation, trouvez la définition anglaise pour chaque expression française.

1	Vous êtes libre?	**a**	You idiot!
2	Montez!	**b**	You've gone pale.
3	Ici on tourne à droite.	**c**	Here we turn left.
4	Attention!	**d**	It was my right of way.
5	Espèce d'idiot!	**e**	It's one way.
6	Qu'est-ce que vous faisiez, alors?	**f**	Watch out!
7	Vous ne regardiez pas.	**g**	We turn right here.
8	J'avais la priorité.	**h**	Are you free?
9	C'est un sens unique.	**i**	You weren't looking.
10	Tu es tout blanc.	**j**	Get in!
		k	What on earth were you doing?

22 Choisissez le diagramme qui représente l'accident.

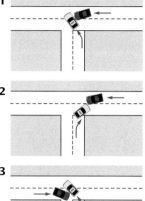

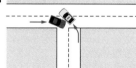

23 Identifiez la **deuxième** action.

Exemple: Rachel est arrivée.

1 Papa attendait le taxi quand Rachel est arrivée.
2 Le camion s'est arrêté quand le taxi sortait de la petite rue.
3 La voiture verte tournait à droite quand une femme a commencé à traverser la rue.
4 Nous avons vu le taxi quand nous descendions les Champs-Élysées.
5 J'ai heurté la vieille dame quand je sortais des Galeries Lafayette.

point grammaire

Perfect and imperfect tense
Je tournais à gauche quand *vous êtes sorti*.
I was turning left when **you came out**.
One action was already happening (*je tournais à gauche* – imperfect tense) when the second action interrupted it (*vous êtes sorti* – perfect tense).
Le camion tournait quand, soudain, la voiture s'est arrêtée.
The lorry **was turning** when, quite suddenly, the car **stopped**.

24 **Travail à deux**
Composez des phrases. Votre partenaire vous contredira!

Exemple:
A *Je sortais de la rue Royale quand le taxi a tourné à gauche.*
B *Ce n'est pas vrai! Vous tourniez à droite quand le taxi a tourné à gauche.*

	(rouler) lentement		vous êtes sorti!
Je	(tourner) à gauche		le camion a tourné à droite.
Nous	(tourner) à droite	QUAND SOUDAIN	le taxi a tourné à gauche.
Vous	(sortir)		un piéton a traversé la rue.
	(rouler) vite		la voiture verte a tourné.

25 Complétez les phrases. Utilisez l'imparfait et le passé composé.

Exemple: **1** Michel **traversait la** rue **quand la** voiture rouge **a tourné à** gauche.

1 Michel/traverser/rue/voiture rouge/tourner/gauche
2 Je/suivre/un bus/une moto/tourner/devant moi
3 Nous/traverser/le Pont de l'Alma/un car/heurter/une voiture
4 Papa et Rachel/descendre/la rue/un taxi/s'arrêter/devant eux

Dimanche soir

C'est presque la fin du séjour à Paris. Qu'est-ce qu'on va faire ce soir? La famille regarde *Pariscope*.

Alors, qu'est-ce que tu veux faire ce soir, chérie?

Ben, je ne sais pas. Je suis assez fatiguée, tu sais.

Moi, je voudrais aller à la Boule Noire. C'est une boîte de nuit vraiment super! Il y un concert de rock ce soir – ah ouais, super! C'est les Guano Apes et Girls Against Boys!

Ah! Non Rachel, tu sais, un club comme ça, c'est très cher et . . . en plus, la musique est trop forte!

Et moi, je suis trop fatiguée pour aller dans un club.

Oh, non! C'est pas juste!

Tu veux aller au cinéma, chérie?

Ça dépend, qu'est-ce qu'on passe?

Dans le cinéma du coin il y a le nouveau film de Juliette Binoche . . .

Moi, je l'ai vu. C'est moche!

Bonne idée.

D'accord. Mais je préférerais aller voir les Guano Apes à la Boule Noire!

Moi, j'ai une bonne idée . . . si on allait manger dans un restaurant? Il y a un tout petit restaurant juste à côté qui n'est pas très cher. Qu'en pensez-vous?

26 🎧 Répondez aux questions, avec *oui* ou *non*.

1 Est-ce que Mme Férien a trop d'énergie?
2 Est-ce que Rachel est très fatiguée?
3 Est-ce que Rachel veut aller dans une boîte assez chère?
4 Est-ce que M. Férien aime assez bien les clubs?
5 Est-ce que Mme Férien refuse d'aller au cinéma?
6 Est-ce que le restaurant est assez petit?

27 C'est trop cher? Que pensez-vous? Utilisez *assez*, *très*, *trop* ou *pas trop*.

Exemple:
À mon avis, un CD à 30€, c'est trop cher.

point grammaire

Adverbs

The adverbs **très** (very), **trop** (too) and **assez** (quite, fairly) are often used with adjectives. They are always placed **before** the adjective:

*C'est **très** cher.* It's **very** expensive.
*Les groupes sont **trop** forts.* The bands are **too** loud.
*Je pense que ce club est **assez** bon.*
I think this club is **quite** good.

You can use *très* or *trop* in a negative expression by putting *ne ... pas* in front of them:
*Ce n'est **pas trop** cher.* It's **not too** expensive.

1

2

3

4

5

Au restaurant

Au «Petit Chat Blanc», on a le choix – un menu à prix fixe, ou un repas à la carte. En général, si vous choisissez un repas à la carte, c'est plus cher qu'un menu à prix fixe.

Au Petit Chat Blanc

Menu à 15 €

Pâté maison
Œuf dur à la mayonnaise
Crudités

Steack Diane
Jambon à la paysanne
Côtes de porc

Légumes

Fromage ou dessert (glaces, tarte normande, fruits)

Au Petit Chat Blanc

'À la carte'

Pâté maison	4.5€
Œuf dur à la mayonnaise	4€
Crudités	4€
Charcuteries assorties	4.5€
* * *	
Fruits de mer	14€
Saumon	12€
Steack Diane	13€
Jambon à la paysanne	11.50€
Côtes de porc	12€
* * *	
Légumes	5.30€
* * *	
Plateau de fromages	7.60€
Desserts (glaces, tarte normande, mousse au chocolat, fruits)	7€
Café	3€

28

1 C'est le repas de papa, de maman ou de Rachel?

a

b

c

2 Écoutez encore une fois et regardez les menus. Calculez le total pour la famille.

29 Travail à deux

1 Partenaire A joue le rôle du serveur/de la serveuse.
Partenaire B joue le rôle du client/de la cliente.
Voici quelques expressions à utiliser.

Serveur/serveuse
Qu'est-ce que vous prenez comme entrée?
Et comme plat principal?
Vous voulez des légumes?
Vous prenez un dessert?
Je vous recommande...
Vous préférez...ou...
Bon appétit!

Client/cliente
Je prends...
J'aimerais...
Oui, je veux bien/Merci, non
Oui, je prends.../Non, je prends le fromage
Je préfère...
Merci bien

2 Vous êtes devant le Petit Chat Blanc et vous regardez les menus ci-dessus.

- Partenaire A décide d'un budget (par exemple 20€).
- Partenaire B recommande des plats.
- Partenaire A accepte ou refuse.

Exemple: **A** *J'ai 20€ sur moi.*
B *Je vous recommande le pâté, le saumon et la tarte normande.*
(A fait des calculs)
A *Oui, ça va./Non, c'est trop cher.*

Changez de rôle, changez le budget, et continuez!

30 Rachel raconte l'accident en ville à sa mère. Mais il y a des erreurs. Qu'est-ce qu'elle dit sur...

1	la voiture
2	le taxi
3	le chauffeur de taxi
4	papa

Corrigez ses erreurs.

Exemple: Elle dit que la voiture était bleue, mais c'est faux. La voiture était rouge.

TIP In Rachel's account you heard:

Le chauffeur n'avait pas vu la voiture. The driver hadn't seen the car.

This is an example of a tense called the **pluperfect**. It is used to put actions in the past into a sequence. There's more on this tense in Unit 13.

checkpoints

TEST

Use the TEST to check your skills in . . .

- using the conditional tense in phrases to say what you 'would like'
- using irregular adjectives
- using superlatives
- using the imperfect tense to say what you 'were doing'
- using contrasting past tenses
- describing a sequence of events
- using adverbs to say 'enough', 'too'

1 Vous voudriez visiter Paris. Complétez les phrases suivantes – il faut une lettre pour chaque blanc.

  a Moi je voud_ _ _ _ aller à Versailles. [1]

  b Moi, je préfér_ _ _ _ _ aller à la Cité des Sciences. [1]

  c Tu aimer_ _ _ aller à la tour Eiffel? [1]

  d On pou_ _ _ _ _ peut-être aller dans un restaurant. [1]

2 À la Cité des Sciences on peut voir . . . quoi? Adaptez les adjectifs.

  a de très (**beau**) films [1]

  b un (**vieux**) sous-marin [1]

  c de (**nouveau**) technologies [1]

  d de (**beau**) expositions permanentes [1]

3 Les opinions suivantes sont-elles positives ou négatives?

  a C'était moche! [1]

  b C'est vraiment nul! [1]

  c C'était super-génial! [1]

  d C'était extra! [1]

  e Ce n'était pas le pied! [1]

4 Complétez les phrases, comme dans l'exemple. Attention aux adjectifs!

  Exemple: Notre Dame – (**beau**) – église – de Paris. Notre Dame **est la plus belle** église de Paris.

  a Tour Eiffel – monument – (**élevé**) – de Paris [1]

  b Stade de France – (**grand**) – stade – du pays [1]

  c 3, rue Volta – (**ancien**) – maison – de Paris [1]

  d Palais omnisports de Bercy – (**grand**) – salle – de Paris [1]

5 Pour chaque phrase écrivez A (= Action) ou C (= Commentaire).

  a Les idées de Gustave Eiffel n'étaient pas très populaires. [1]

  b Les constructeurs ont mis deux ans à compléter la Tour Eiffel. [1]

  c Une fois finie, la tour était magnifique! [1]

  d C'était le triomphe de la technologie. [1]

  e On a fait des appels téléphoniques vers les USA. [1]

6 Quelle était la **deuxième** action?

  a Le bus suivait une voiture quand il a heurté un motard. [1]

  b J'ai vu le car comme il sortait de la place. [1]

  c Mon ami est arrivé comme je prenais le petit-déjeuner. [1]

  d J'ai trouvé l'article quand je lisais un magazine. [1]

7 Traduisez en anglais:

  a C'est très cher. [1]

  b C'est trop cher. [1]

  c Ce n'est pas trop cher. [1]

  d C'est assez cher. [1]

Total [30]

QUIZ

Use the QUIZ to check your ability to talk in French about...

- finding your way around
- major places to visit in Paris
- historical Parisians
- eating out

1 C'est quel monument ou site touristique à Paris?
  a C'est le plus grand palais d'Europe. [1]
  b Ici vous pouvez voir les merveilles de la technologie moderne. [1]
  c Vous avez le vertige? Ne montez pas ici – vous serez à 320 mètres du sol! [1]
  d Une cathédrale connue par tout le monde. [1]
  e Un des plus beaux magasins d'Europe. [1]
  f La guillotine n'est plus ici – heureusement! [1]

2 Où se trouve la Cité des Sciences? [1]

3 Quel était le vrai prénom de Coco Chanel? [1]

4 Coco Chanel a inventé «la petite robe noire» ou «la petite robe blanche»? [1]

5 Quelle était la profession de Gustave Eiffel? [1]

6 En général, lequel est le plus cher, le menu «Prix fixe» ou «À la carte»? [1]

7 Quel roi de France était surnommé «Le Roi Soleil»? [1]

Total [12]

PROJETS

A Imaginez que vous avez passé une semaine à Paris avec vos copains de classe. Complétez votre journal. Dites où vous êtes allé(e)s et mentionnez les monuments que vous avez visités. Donnez votre opinion sur chaque visite. Utilisez les expressions suivantes.

Aujourd'hui	Nous avons visité	Nous sommes allés à
J'ai vu	J'ai acheté	À mon avis, c'était
	Je pense que c'était	

lundi	
mardi	
mercredi	
jeudi	
vendredi	
samedi	
dimanche	

B Vous avez eu un accident de voiture. Expliquez les circonstances à un agent de police. Vous pouvez dessiner un diagramme si vous voulez.

C Écrivez une petite biographie d'une personne – célèbre ou non, comme vous préférez. Vous pouvez utiliser les idées suivantes, si vous voulez.

X est né(e) en (date)	Son père travaillait comme
Sa mère était	X voulait Un jour
X est mort(e) en (date)	

D Vous avez visité un monument historique (par exemple, le château de Versailles). Faites des recherches sur ce monument et écrivez environ 150 mots sur son histoire. Utilisez les expressions suivantes.

X a été construit(e) en (date)	À cette époque-là	C'était

unité 12
L'Europe

UNIT GOALS

To improve your language skills in . . .
- using *si* + present + future
- using the verb *croire*
- recognising the past historic tense
- using *en* and the present participle

To find out about . . .
- the geography of Europe
- food in Europe
- the languages of Europe
- the European Union
- the euro
- multicultural Europe

Revision in the unit includes:
- using adjectives
- using negatives
- using pairs of verbs
- agreeing and disagreeing
- question words

chômage (m) *unemployment*
faire partie de *to belong to*

La France au cœur de l'Europe

L'Europe est un continent qui est assez petit (sur les sept continents elle arrive en sixième place) mais elle est très importante. Dans le nord, le climat est froid, mais dans le sud il y a un climat méditerranéen, qui est assez chaud. Quinze pays font partie de l'Union européenne. Les pays industriels comme la France, l'Allemagne et le Royaume-Uni se trouvent dans le nord. Dans le sud se trouvent les pays plutôt agricoles comme l'Es–pagne, le Portugal, l'Italie et la Grèce. Ces pays sont plus pauvres que les grands pays dont l'économie est plutôt industrielle. L'Europe est un continent très varié (industries, cuisine, culture) et assez riche mais, malheureusement, la pauvreté et le chômage existent encore dans tous les pays du continent.

1 Toutes les phrases suivantes sont fausses. Corrigez-les.

Exemple: **1** Non, **elle** est assez **petite**.

1 L'Europe est le plus grand des sept continents.
2 Dans le nord vous avez un climat méditerranéen.
3 Les pays industrialisés sont situés dans le sud.
4 La Grèce et le Portugal sont des pays industriels.
5 La pauvreté et le chômage n'existent plus dans certains pays européens.

2 Choisissez un adjectif approprié pour compléter chaque phrase. Attention à la forme de l'adjectif!

essentiel	industriel	personnel	professionnel	sensationnel	traditionnel

TIP Adjectives ending in *-el* have the ending *-elle* in the feminine:

industriel → industrielle
professionnel →
professionnelle

1 L'agent de voyage va nous donner une opinion _____.
2 L'Europe est un continent plutôt _____ qu'agricole.
3 Écoutez! J'ai des nouvelles _____.
4 Occupez-vous de vos affaires _____!
5 Le Var est une destination très _____ pour les vacanciers français.
6 Pour les vacances, je ne mets dans ma valise que les choses absolument _____.

L'Eurobistro

Qu'est-ce qu'on mange en Europe? Et qu'est-ce qu'on boit? Entrez dans l'Eurobistro pour voir.

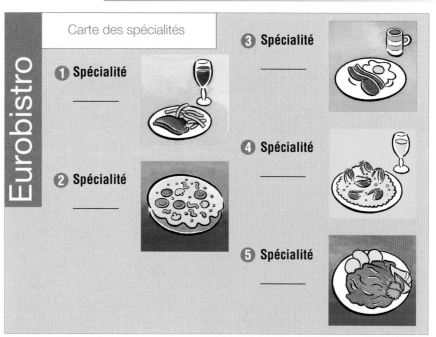

Carte des spécialités

Eurobistro

1 **Spécialité**
_____

2 **Spécialité**
_____

3 **Spécialité**
_____

4 **Spécialité**
_____

5 **Spécialité**
_____

3 Est-ce que vous connaissez un peu la cuisine européenne? Regardez la carte et identifiez les spécialités. Utilisez les adjectifs dans la case.

Exemple: **1** Spécialité française

autrichienne	française	anglaise
espagnole	italienne	hollandaise
portugaise	belge	

4 Copiez la grille et complétez-la.

Masculin	Féminin
autrichien	
	belge
	grecque
allemand	
	norvégienne

point grammaire

Adjectives

The **feminine form of adjectives** usually adds an *-e* to the masculine (unless the masculine already ends in *-e*), but sometimes other changes are needed. Some common ones are given here:

The masculine adjective...	The feminine adjective...
ends in *-en* (alsaci**en**)	has a double *-nn* (alsaci**enne**)
ends in *-el* (virtu**el**)	has a double *-ll* (virtu**elle**)
ends in *-c* (publi**c**)	ends in *-que* (publi**que**) but NB grec→gre**cque**
ends in *-f* (neu**f**)	ends in *-ve* (neu**ve**)
ends in *-eux* (heur**eux**)	ends in *-euse* (heur**euse**)

5 🎧 Écoutez l'émission de radio.

1 Pour chaque phrase, écrivez l'adjectif approprié.

Exemple: **a** italien**ne**

a Simon trouve que la cuisine ▮▮/▬▬ est très bonne.

b Il y a des plats ▮▮/▬▬ que Magali déteste!

c Aline préfère les fromages ▬▬/▮▮.

d Spirou aime bien les vins blancs ▬▬/▬▬.

e Mlle Trélente ne connaît pas très bien les spécialités ▬▬/▮▮▮.

2 Vous connaissez un peu la cuisine européene? Patrick, Élise, Marco et Ahmed parlent de leurs plats favoris. Pour chaque personne, notez les plats et identifiez la nationalité des cuisines.

Exemple: Patrick – spaghettis, pizza – cuisine italien**ne**

6 Identifiez les plats dans les dessins (exercice 3). Maintenant, jouez les rôles du serveur/de la serveuse et du client/de la cliente. À vous de choisir les éléments de votre repas! Par exemple:

A *Qu'est-ce que vous prenez?*

B *Moi, je vais prendre un steak, avec des pommes de terre.*

A *Et comme boisson?*

B *Du vin rouge, s'il vous plaît.*

Ici on parle français

La Suisse romande

La Suisse est située au centre de l'Europe. Elle ne fait pas partie de l'UE, mais elle est vraiment internationale. Dans la région qui est près de la frontière française (la Suisse romande) on parle français mais beaucoup de Suisses savent aussi parler italien et allemand. Cette région est certainement connue pour la chocolaterie.

SUISSE

> *TIP* When saying which languages you speak you don't need to say *le*:
>
> *le français* = French
> **BUT**
> *Je parle français* = I speak French

Grand Concours – L'arbre à chocolat

Les chocolatiers de la Suisse romande vous offrent l'occasion de gagner un prix incroyable:

– une visite à la chocolaterie Jacques Koenig

– une superbe sélection de chocolats

– des bons à dépenser dans les pâtisseries de la région.

Il faut tout simplement deviner les bonnes réponses.

7 Vrai ou faux? Corrigez les phrases qui sont fausses.

1 En Suisse, on parle une seule langue.
2 La langue principale de la Suisse romande est l'italien.
3 La chocolaterie est une industrie importante pour la Suisse.
4 La Suisse se trouve à l'est de l'Europe.
5 La Suisse romande est située près de la France.

bon (m) *(here=) voucher*
chocolaterie (f) *chocolate-making, chocolate factory/shop*
chocolatier (m) *chocolate maker, chocolate chef*
concours (m) *competition*
deviner *to guess*
fève (m) *bean*

8 Participez au concours! Voici les questions.

1 Le cacaoyer est l'arbre qui nous donne le chocolat. Il est originaire: **a** de la France; **b** du Vénézuéla; **c** de la Suisse.
2 Cet arbre préfère un climat: **a** froid; **b** chaud et humide; **c** méditerranéen.
3 Chaque arbre produit: **a** 2 à 4 kilos de fèves par an; **b** 3 à 5 kilos de fèves par an; **c** 1 à 2 kilos de fèves par an.

9 Qu'est-ce qu'ils disent?

Exemple: **1** Moi, je suis britannique. Je parle anglais.

1   **2**   **3**   **4**   **5**   **6**

La Belgique

La Belgique est un pays international situé entre la France, les Pays-Bas et l'Allemagne. C'est un tout petit pays (il ne mesure que 30 500 km²), mais Bruxelles, sa capitale, est aussi la cité principale de l'Europe.

En Belgique on parle deux langues – le français et le néerlandais. On parle néerlandais dans l'ouest, le nord et le nord-est du pays et français dans le sud et le sud-est, mais sur les routes et dans les villes, tout est marqué sur des panneaux bilingues.

10 Lisez/écoutez le texte sur la Belgique.

1 Complétez les phrases suivantes:
  a Dans les régions bleues on parle _____.
  b Dans les régions rouges on parle _____.
2 Les phrases suivantes sont fausses. Cherchez-en la preuve dans le texte et écrivez les bonnes phrases.

Exemple: **a** Elle est située entre la France, les Pays-Bas et l'Allemagne.

  a La Belgique n'a pas de frontière néerlandaise.
  b La Belgique est un pays énorme.
  c Londres est la cité principale de l'Europe.
  d On ne parle qu'une langue en Belgique.
  e Si vous conduisez en Belgique et vous parlez français, vous ne comprendrez pas les panneaux.

11 🎧 Jacques Vlaminck explique pourquoi il parle **quatre** langues! Notez les détails suivants:

1 Âge
2 Ville
3 Les quatre langues
4 Attitude des grands-parents
5 Attitude des jeunes

12

1 Mettez les mots dans le bon ordre pour formuler des phrases.
  a nord le parle on de Belgique **ne** français **pas** Dans la
  b Jacques **ne** avec français **jamais** parle copains ses
  c Belgique 30 000 couvre **ne** La km² **que**
  d La **n'** les affecte pauvreté nord **pas** pays du
2 Quelles phrases sont vraies?

point grammaire

Negatives
Negatives such as *ne . . . pas* and *ne . . . jamais* go **around** the verb:

*Je **ne** parle **pas** français chez moi.* I **don't** speak French at home.
*Mes grands-parents **n'**allaient **jamais** en France.* My grandparents **never used to go** to France.

The expression *ne . . . que* works in the same way but it means 'only':
*Elle **ne** mesure **que** 30 500 km².* It covers **only** 30 500 km².

13 Imaginez que vous avez gagné 1 000€ dans un concours européen. Quels pays de l'Europe voulez-vous visiter? Expliquez à votre copain/copine. Utilisez les expressions suivantes:

Je voudrais visiter . . . parce que	Je voudrais manger/boire	Je voudrais voir
On pourrait	Je pense que	C'est différent de

TIP More than one language is spoken in most countries in Europe. Twelve regional languages are spoken in France, but French is the only official language.

Les capitales de l'Europe

14 Liez les pays aux capitales.

Exemple: L'Allemagne → Berlin

Les pays	Les capitales
l'Allemagne	Berne
l'Italie	Athènes
la Grèce	Vienne
l'Autriche	Lisbonne
l'Espagne	Rome
le Portugal	Berlin
la Suisse	Madrid

> *TIP* There are several ways to say what you
> **hope/plan/want** to do. All of these are verbs which
> pair up with the infinitive of another verb, e.g. *J'espère
> visiter Madrid.*
>
> *je voudrais* + infinitive   *je compte* + infinitive
> *j'espère* + infinitive   *je préférerais* + infinitive
> *on pourrait* + infinitive   *j'aimerais plutôt* + infinitive
> *on doit* + infinitive

15 Nicole et André comptent faire le tour de l'Europe. Ils veulent visiter les capitales de cinq pays. Regardez les itinéraires sur la carte.

Quel est l'itinéraire préféré de Nicole? Quel est l'itinéraire suggéré par André?

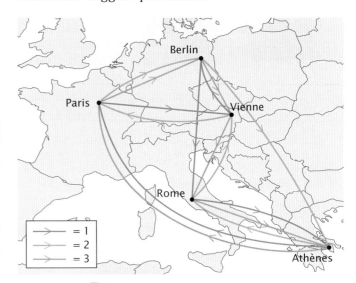

16 **Travail à deux**

Partenaire A voudrait aller à une de ces villes européennes.
Partenaire B préfère visiter une autre ville, parce qu'il/elle
n'a jamais visité le pays en question.

Exemple: **A** *Moi, je voudrais aller à* **Athènes**.
   B *Ah, non. Moi, je préférerais aller à* **Vienne** *parce
   que je ne suis jamais allé(e)* **en Autriche**.

Continuez! Il faut changer les mots **en gras**.

Et Paris?

Qu'est-ce qu'il faut voir? Donnez trois exemples!

Vienne

Il faut voir...
• La cathédrale, qui s'appelle le Stefansdom
• Le 'Prater', un beau parc avec une grande roue énorme!

Venise

Il faut voir...
• Le grand Canal
• Le Palais des Doges; ici habitaient les anciens ducs de Venise – les Doges

Athènes

Il faut voir...
• Le Parthénon
• Le Plaka – un vieux quartier très pittoresque avec des petites rues

ÉDIMBOURG

Il faut voir...
• Le château
• Les magasins de Princes Street

Nicole et André continuent de planifier leur voyage. Écoutez leur conversation.

17 Qu'est-ce qu'on dit? Choisissez **a** ou **b** pour finir les phrases.

1 Si on prend le train, on aura plus de temps: **a** à Vienne; **b** à Rome.
2 Si on prend le train de Rome à Vienne, ce sera: **a** très pittoresque; **b** très cher.
3 Avec une carte jeunesse, les billets de train seront: **a** moins chers; **b** plus chers.
4 On fera des économies si on va dans: **a** un hôtel; **b** une auberge de jeunesse.
5 Si on dépense moins d'argent, on pourra passer la dernière nuit dans: **a** un hôtel; **b** une auberge de jeunesse.

18 Liez les infinitifs aux verbes au futur.

Infinitif	Futur
devoir	je viendrai (*I will come*)
être	j'irai (*I will go*)
savoir	je devrai (*I will have to*)
aller	je saurai (*I will know/find out*)
venir	je serai (*I will be*)

19 Composez des phrases avec les éléments suivants. Il y a plusieurs possibilités.

| Si | nous faisons des économies, nous voyageons par le train, vous avez assez d'argent, André est malade, vous n'avez pas votre passeport, Nicole veut dépenser moins d'argent, | vous elle nous il | pourrez rester dans un hôtel. restera à l'auberge de jeunesse. pourrons rester plus longtemps. achèterons une carte jeunesse. ne pourrez pas nous accompagner. devra trouver un médecin. devra se séparer du groupe. ne pourra pas continuer le voyage. |

20

1 Regardez les dessins et composez des mini-dialogues à deux.

Exemple: **a** voyager:

A *Si on voyage en voiture, ce sera trop cher.*
B *Mais si on voyage à vélo, ce sera moins cher.*
A *Oui, tu as raison.*

Continuez!

a voyager:    **b** acheter:

c rester dans: **d** prendre:

2 Inventez d'autres mini-dialogues. Voici des verbes et des adjectifs utiles: ▶

auberge (f) de jeunesse *youth hostel*
carte (f) jeunesse *young person's railcard*
planifier *to plan*

point grammaire

Using *si*
To say what will happen if something else happens, use:
si + the present tense + the future tense (see page 146).
Si nous prenons le train ce ***sera*** très cher.
If we **take** the train it **will be** very expensive.

Irregular verbs
Irregular verbs often have irregular future tenses:
avoir = j'aurai
pouvoir = je pourrai

TIP Here are some useful phrases for agreeing/disagreeing in a conversation.

*bonne idée
je suppose que
tu as raison
à mon avis
tu vois
je pense que
en plus*

Can you find the phrases for: 'in my opinion'; 'besides'; 'you're right' and 'I think that...'?

manger	préparer
choisir	visiter
amusant	délicieux
intéressant	facile
difficile	

21 🎧 Alain Chasseur a interviewé Michèle Lafontaine, députée du Parlement. Est-ce qu'elle mentionne les sujets suivants? Répondez *oui* ou *non*.

1 le logement
2 la santé
3 le racisme
4 l'environnement
5 l'emploi
6 l'éducation

TIP The **European Parliament**, based in Strasbourg, passes laws governing the European Union.

député (m) *Member of Parliament*
éradiquer *to eradicate, wipe out*
logement (m) *housing*
loi (f) *law*
santé (f) *health*
unifier *to unite*
voter *to vote (for)*

point grammaire

The verb *croire*

The verb *croire* means 'to believe' or 'to think'. It is irregular so you need to learn it by heart.

je crois	nous croyons
tu crois	vous croyez
il/elle/on croit	ils/elles croient

Perfect tense: *J'ai cru*, etc.
Moi, je crois que l'Europe, c'est l'avenir. I believe/think that Europe is the future.
Vous croyez cela? Do you believe that?

TIP Before you listen to the recording for exercise 22, revise your knowledge of comparatives and superlatives (see Unité 2 or page 144). For example, what do the following expressions mean?

- *une question plus urgente*
- *le problème le moins sérieux*
- *cette question est moins urgente*
- *pour moi, le problème le plus intéressant c'est l'emploi*

Ça se dit comment? 🎧
'-oi'
The sound that is spelt as *-oi* is pronounced *-wa*. Some common words that contain this sound are:
moi, toi
la boîte, l'histoire, le roi, le poisson
froid
croire, devoir (je dois, etc.), pouvoir, savoir, vouloir
quoi?
   Try this nonsense sentence:
Quoi? Même le roi des poissons doit faire son devoir d'histoire?

22 🎧 Alain continue son interview. Deux des phrases suivantes sont vraies. Lesquelles?

1 Mme Lafontaine croit que l'immigration est la question la plus urgente aujourd'hui.
2 Les députés européens croient que l'éducation est moins importante que la pollution.
3 Mme Lafontaine a dit: «Je crois en l'unification de l'Europe».
4 Mme Lafontaine pense qu'il est essentiel d'unifier l'Europe.

Ça se dit comment?
'-eu'
The sound written as *-eu* is usually pronounced like 'er' in English when you're hesitating:
l'Europe, l'euro, européen, heureux, malheureux, malheureusement.
   The **exception** to this pronunciation is the past participle of the verb *avoir: eu*. This is pronounced just like the letter *-u* (see *Ça se dit comment?* on page 14).

Pourquoi l'Union européenne?

créer *to create*
paix (f) *peace*
empêcher *to prevent*
unique *single*

En 1939, Adolf Hitler attaqua la Pologne, et la Grande-Bretagne déclara la guerre aux Nazis. En 1940, l'armée allemande commença à occuper la majorité des pays de l'ouest de l'Europe. La seconde guerre mondiale dura six ans, mais en 1945, la paix revint en Europe quand Hitler se tua.

Après la guerre, on décida de créer une Europe unie pour empêcher la guerre. Jean Monnet proposa la coopération européenne et en 1957 on créa le Marché Commun. Depuis ce temps-là, on a fait beaucoup de progrès.

point grammaire

More pairs of verbs

- Some verbs such as *commencer* (to start) can also be paired up with other infinitives but need *à* in between: *Hitler* **commença à** *envahir les pays de l'Europe.*

  Other verbs which need *à* are *réussir* (to succeed) and *hésiter* (to hesitate).
- Some verbs such as *décider* (to decide) can be paired up with other infinitives but need *de* in between: *On* **décida de** *créer une Europe unie.*

  Other verbs of this type are *essayer* (to try), *choisir* (to choose), *finir* (to finish, to stop).

23 Liez les phrases suivantes, selon le sens du texte ci-dessus.

En 1939, les Allemands ont commencé	de déclarer la guerre aux Allemands.
Les Anglais ont décidé	de se suicider.
En 1945, les forces alliées ont réussi	à occuper la Pologne.
Le leader allemand a choisi	d'unifier l'Europe.
Jean Monnet a essayé	à battre les Allemands.

TIP Can you spot all the verbs in the above text which end in *-a*? These are examples of the **past historic** tense. It is only used in writing to narrate events, and you only need to be able to recognise it – you do **not** need to be able to use it yourself. Unlike the future tense, there is no *-r* before the *-a*, so that's how you can tell the two tenses apart. Look at page 147 for further information.

24 Où sont les verbes? Identifiez-les dans les phrases suivantes.

1 Pendant la seconde guerre mondiale, l'armée allemande occupa la France.
2 Adolf Hitler essaya de conquérir l'Europe.
3 Le Général de Gaulle quitta la France.
4 Jean Monnet proposa un marché commun européen.
5 En 1973, le Royaume-Uni entra dans la Communauté Économique Européenne.

Pourquoi l'euro?

L'euro, c'est la monnaie unique de l'Europe. Voici des exemples des billets et des pièces.

- Si vous voyagez dans la zone de l'euro, vous ne devrez pas changer votre argent.
- Si vous voulez acheter un produit sur Internet, vous pourrez payer en euros.

LE QUOTIDIEN

Nous disons «Bonjour» à la nouvelle Europe

Au mois de mai, huit athlètes handicapés comptent faire le tour d'Europe en vélo-fauteuil roulant. Le tour va durer cinq semaines. L'organisateur, Antoine Aoun, nous a expliqué pourquoi les jeunes handicapés ont décidé de faire ce tour.

«Pour nous, la vieille Europe est finie – en faisant ce tour, nous disons «bonjour» à la nouvelle Europe. En visitant plusieurs pays européens, nous espérons porter ce message à nos amis d'autres nationalités.»

À la fin du tour, les athlètes vont visiter le Parlement européen. Le Président du Parlement a déjà encouragé les huit jeunes. «En faisant ce tour, vous montrez aux jeunes Européens qu'on doit travailler ensemble pour créer une Europe unie.»

déjà *already*
fin (f) *end*
vélo-fauteuil (m) roulant
  cycle-wheelchair

Ça se dit comment?
'-euil/-euille'
The *-l/-lle* at the end of this sound should not be pronounced: *Argenteuil, un fauteuil, le deuil, un écureuil, une feuille.*
   Try this: *À Argenteuil, un écureuil en deuil est assis dans son fauteuil parmi les feuilles.* (In Argenteuil, a squirrel in mourning sits in his armchair among the leaves.)

---

25 Répondez aux questions suivantes. Choisissez la bonne réponse.

Exemple: **1 b**

1 Quand est-ce que les jeunes vont faire le tour d'Europe? **a** en hiver; **b** en mai; **c** dans un mois.
2 Comment est-ce qu'ils vont faire ce tour? **a** en voitures adaptées; **b** par le train; **c** en vélo-fauteuil roulant.
3 Qu'est-ce que les jeunes désirent faire? **a** célébrer la nouvelle Europe; **b** voir toutes les capitales de l'Europe; **c** chercher un emploi.
4 Combien de pays vont-ils visiter? **a** une douzaine; **b** deux; **c** plusieurs.
5 Le voyage va durer combien de temps? **a** cinq mois; **b** cinq semaines; **c** une quinzaine.

26 🎧

1 Après le tour d'Europe, Alain Chasseur du *Quotidien* a interviewé une athlète handicapée. Écoutez les cinq questions et trouvez les bonnes réponses.

Exemple: **1 d**

  a Le départ a été le 8 mai.
  b En nous parlant, je crois que le Président a encouragé tous les jeunes handicapés d'Europe.
  c Bruxelles, Paris, Berlin, Vienne et Rome. En visitant ces villes-là, nous avons pu parler à beaucoup de jeunes Européens.
  d En faisant ce tour, je crois que nous avons pu porter notre message aux jeunes d'Europe.
  e En faisant un grand effort!
2 Maintenant écoutez l'interview complète. Vous avez choisi les bonnes réponses?

point grammaire

en (see page 146)
To say 'by doing something', use **en** + **present participle**.
Examples of present participles in English are writ**ing**, travell**ing**.
To get the present participle of a French verb:

- take *-ons* off the *nous* part of the present tense
- replace it with *-ant*
  (nous) fais**ons** → fais**ant**

*En fais**ant** ce tour, on dit «bonjour» à la nouvelle Europe.* By doing this tour, we're saying 'hello' to the new Europe.

TIP Here is a reminder of some **question words**.

Est-ce que...? on its own introduces a question with a 'yes/no' answer:
– *Est-ce que vous avez visité la France?* –
Oui/Non.
Other question phrases are:
Qu'est-ce que...? = *What...?*
Où (est-ce que)...? = *Where...?*
Quand (est-ce que)...? = *When...?*
Comment (est-ce que)...? = *How...?*
Pourquoi (est-ce que)...? = *Why...?*
Quel/quelle...? = *Which...?*

Learn these words by heart. They are **SO** useful!

LE QUOTIDIEN | Lettre de la semaine

Cela a été difficile aujourd'hui. Je suis allé au collège ce matin comme d'habitude. En arrivant, j'ai rencontré deux crânes-rasés qui ont essayé de bloquer mon passage. Ces idiots aiment faire cela. J'ai demandé à passer, mais ils ont ri. «T'es pas français, toi! La France, c'est pour les Français!» Enfin, j'ai réussi à entrer, mais ils m'ont insulté. C'est étrange, ça. Moi, je suis européen. Je suis né en Grèce et nous avons émigré en France.

On est tous des Européens, non?

Spirou

Oui, tu as raison, Spirou, on est tous des Européens, mais le racisme existe toujours. Les racistes ne comprennent pas les autres. Ils sont ignorants et lâches. Tu dois continuer à combattre le racisme. L'Europe, c'est la tolérance!

---

crâne-rasé (m) *skinhead*
enfin *finally*
lâche *cowardly*
rire *to laugh*

point grammaire

en + present participle (see page 146)
You have seen that *en* + present participle can mean 'by doing something'. It can also mean 'while/when/on doing something':

En arrivant, j'ai rencontré deux crânes-rasés.
On arriving, I met two skinheads.

TIP Remember that some very useful verbs like **aimer**, **devoir**, **pouvoir** and **vouloir** are followed immediately by an infinitive:

*Ces idiots **aiment faire** cela.* Those idiots like doing that.
*Tu **dois continuer**.* You must continue.

---

27 Choisissez la bonne alternative.

1 Spirou a rencontré les crânes-rasés **en entrant au collège/en sortant du collège**.
2 Les crânes-rasés ont **attaqué/insulté** Spirou.
3 Spirou est d'origine **française/grecque**.
4 Les racistes sont **courageux/lâches**.

28 Complétez le texte suivant. Pour chaque blanc, choisissez le bon participe présent dans la case.

Aujourd'hui, nous devons faire un effort pour être européens. En _____ de comprendre les autres nationalités, nous réussirons à créer une Europe unie. Bien sûr, il y a des gens qui, en _____ à prendre contact avec les autres, choisissent de rester isolés. Mais, aujourd'hui, en _____ les jeunes peuvent connaître les pays de l'UE. Si vous voulez avoir un emploi à l'étranger, il y a moins de restrictions aujourd'hui. En _____ dans un autre pays, vous en apprécierez mieux sa culture.

| voyant | essayant | comptant | travaillant | voyageant | parlant | écoutant |
| trouvant | hésitant |

29 🎧 Écoutez ce représentant de SOS-Racisme. Qu'est-ce qu'il dit? Choisissez les bonnes réponses.

1 Il y a moins de racisme aujourd'hui./Il y a plus de racisme aujourd'hui.
2 La majorité des Français sont racistes./La majorité des Français sont tolérants.
3 Un jour il n'y aura plus de racisme en Europe./Il y aura toujours du racisme en Europe.

checkpoints

TEST

Use the TEST to check your skills in...
- using adjectives
- using negatives
- talking about languages
- using *si* + present + future
- using pairs of verbs
- recognising the past historic tense
- using *en* and the present participle

1 Choisissez un adjectif dans la case, pour compléter les phrases suivantes. Attention! Il faut écrire la bonne forme de l'adjectif!

Exemple: **a** industriel**les**

| grec   heureux   industriel   neuf   professionnel |
| virtuel |

   a Il y a beaucoup de sociétés _____ en Europe. [2]
   b La réalité _____ joue un rôle important aujourd'hui. [2]
   c On peut faire un stage sur l'UE dans beaucoup d'institutions _____. [2]
   d Moi, j'aime la cuisine _____. [2]
   e Nous comptons acheter une voiture _____. [2]

2 Qui parle? Joignez les paires.

Exemple: **a** = Jules [6]

   a Je n'ai jamais mangé de viande.
   b Ma voiture préférée, c'est une Mercedes.
   c J'étudiais une langue étrangère il y a plusieurs années.
   d Je ne mange plus de viande.
   e Je ne me suis jamais intéressée aux langues étrangères.
   f Je n'ai jamais acheté une voiture allemande.

- Marc a toujours préféré les Citroën.
- Magali ne parle que le français.
- Jules a toujours été végétarien.
- Pauline n'achète que des voitures allemandes.
- Aline ne va plus acheter de voitures allemandes.
- Frédérique est devenue végétarienne.
- Isabelle n'étudie plus l'espagnol.

3 Complétez les phrases suivantes en utilisant l'infinitif du verbe, comme dans l'exemple.

Exemple: On va en Belgique. On pourrait...
          On pourrait **visiter** Bruxelles.

   a Je ne connais pas très bien la géographie de l'Europe. Je dois... [1]
   b J'espère travailler à Bruxelles. Je voudrais... [1]
   c Je compte aller en Italie. J'espère... [1]

| parler plusieurs langues européennes   visiter Rome |
| aller en Finlande   examiner la carte du continent |
| visiter Berlin |

4 Liez les phrases suivantes. Il faut être logique. [4]
   a Si vous avez un passeport européen
   b Si vous parlez français en Suisse
   c Si Nicole n'a pas beaucoup d'argent
   d Nous pourrons faire des achats aux Galeries Lafayette

- elle devra passer la nuit dans une auberge de jeunesse.
- si nous allons à Paris.
- vous pourrez visiter bien des pays.
- on vous comprendra.

5 Choisissez les bonnes réponses, dans la case. [4]
   a Où est-ce que vous allez passer les vacances?
   b Comment est-ce que vous allez apprendre l'italien?
   c Comment est-ce que vous allez trouver un logement?
   d Pourquoi est-ce que vous voulez y aller?

| En téléphonant à l'Office de Tourisme.   En Italie. |
| Pour me relaxer!   Par avion. |
| En achetant des CD et en les écoutant. |

6 Dites si, *oui* ou *non*, le verbe dans les phrases suivantes est au passé simple (*past historic*).
   a Le président décida d'aller au Parlement. [1]
   b Mon frère décidera ce qu'il faut faire. [1]
   c La France accepta la situation. [1]

                                Total [30]

QUIZ

Use the QUIZ to test your knowledge of . . .

- the geography of Europe
- food in Europe
- French-speaking countries in Europe
- the languages of Europe
- the European Union and the euro

1 Choisissez entre les deux alternatives.

a Sur les sept continents, l'Europe arrive en **cinquième/sixième** place. [1]

b Les pays industrialisés se trouvent dans **le nord/le sud** du continent. [1]

c L'Espagne et le Portugal sont des pays plutôt **agricoles/industriels**. [1]

d La deuxième guerre mondiale a commencé en **1957/1939**. [1]

2 Décrivez un plat typiquement:

a français [2]

b britannique [2]

c italien [2]

3 Copiez et complétez cette fiche sur la Suisse:

Région francophone:	[2]
Autres langues parlées:	[2]
Deux industries importantes:	[2]

4 La Belgique: vrai ou faux?

a La Belgique est plus grande que la France. [1]

b Tous les Belges parlent néerlandais. [1]

c Les panneaux routiers sont écrits en français et en anglais. [1]

5 Complétez les noms des pays de l'Union Européenne, dans cette liste:

a F _ _ _ _ _; AL _ _ _ _ _ _ _; I _ _ _ _; E _ _ _ _ _ _;
P _ _ _ _ _ _; R _ _ _ _ _ -U _ _; B _ _ _ _ _ _;
S _ _ _ _; P _ _ _-B _ _; L _ _ _ _ _ _ _ _;
F _ _ _ _ _ _; D _ _ _ _ _ _; I _ _ _ _ _ [13]

b Il y a deux membres de l'UE qui ne sont pas dans cette liste. Notez-les. [2]

6 Qu'est-ce que c'est? Répondez **en anglais**.

a L'Union Européenne [2]

b Le Parlement européen [2]

c l'euro [1]

d un député [1]

Total [40]

PROJETS

A1 Faites des recherches sur un des pays de l'UE. Composez une fiche technique. Utilisez les titres suivants:

Pays:	Monnaie:
Capitale:	Industries:
Superficie (km²):	Agriculture:
Population:	Plat typique:

A2 Écrivez une description d'un pays européen. Utilisez les expressions suivantes.

X se trouve dans le nord/le sud/l'est, etc.
La capitale du pays est . . .
X mesure . . .
La population est de . . .
La monnaie est . . .
Il y a plusieurs industries, y compris . . .
On cultive . . .

B Imaginez que vous avez passé vos vacances dans un pays européen. Dites où vous avez logé, ce que vous avez fait, où vous êtes allé(e). N'oubliez pas de donner vos opinions.

C Présentation
Recommandez un plat européen que vous aimez. Donnez vos raisons.

Moi, j'adore/Il faut essayer   C'est une spécialité C'est vraiment délicieux   C'est salé/sucré/épicé C'est fait avec . . .

épicé *hot, spicy*
salé *savoury*
sucré *sweet*

D Imaginez un pays européen idéal. Faites une description de ce pays.

Exemple: En Eurotopie il n'y a pas de pollution, parce que toutes les voitures sont électriques. On mange bien, parce que tous les chefs sont français! . . .

unité 13
La planète bleue

UNIT GOALS

To improve your language skills in...

- using *chaque* and *chacun*
- using *si* + imperfect + conditional
- recognising the passive
- recognising verbs in the subjunctive
- using the pluperfect

To find out about...

- pollution: problems and action
- natural disasters: earthquakes, floods
- global warming and climate change
- animals and plants: survival and protection
- action that can be taken to protect the environment

Revision in the unit includes:

- the imperfect tense
- past participles
- using pairs of verbs

Nous n'avons qu'une seule planète – la Terre

Ce beau globe bleu flotte dans l'espace, loin des autres planètes. Oui, c'est notre petit chez nous – nous vivons ici, mais nous maltraitons la Terre. Par exemple...

- **Eau:** Chaque habitant de la Terre consomme 120–150 litres d'eau par jour, mais ... on ne boit que deux litres d'eau!
- **Énergie:** Les habitants des pays du nord utilisent énormément d'énergie. Chacun consomme l'équivalent de 10 tonnes de charbon par an.

- **Forêt:** Au Brésil, on a brûlé plus de 85 500 km² en une année. Chaque année la situation se détériore.
- **CO₂:** Une ville de 24 000 habitants produit 705 tonnes de CO_2 par jour.

Comment tout cela finira-t-il?

1 Liez les images aux quantités.

1 **2** **3** **4** **5**

85 500 km²	10 t	1 l	705 t	150 l

2 Les Français consommateurs

Écrivez une phrase pour chaque image. Utilisez les expression suivantes:

chaque Français	chaque habitant de la France
chaque consommateur	chacun consomme mange
boit	en moyenne

Exemple: **a** Chaque Français consomme 60 litres de vin par an en moyenne.

a **b** **c**

d **e** **f**

point grammaire

chaque, chacun

- *Chaque* means 'each' or 'every'. It is always followed by a noun. *Chaque habitant* de la Terre *consomme...* Each inhabitant of the Earth consumes... *Chaque année* la situation *se détériore*. Each year, the situation gets worse.
- *Chacun* means 'each one'. It is a pronoun and so stands alone. The feminine is *chacun**e***. *Chacun consomme* énormément d'énergie. Each one uses a huge amount of energy.

brûler *to burn*
charbon (m) *coal*
se détériorer *to deteriorate, to get worse*
espace (m) *space*
loin *far*
maltraiter *to mistreat*

Et ton hamburger, tu l'aimes?

champ (m) *field*
chasser *to evict, chase out*
d'ailleurs *moreover, besides*
détruire *to destroy*
gagner sa vie *to earn a living*
société (f) *company, firm*

Côté négatif...

1 Pour avoir un hamburger il faut avoir
2 Pour avoir du bœuf il faut avoir
3 Pour avoir des vaches il faut avoir
4 Pour avoir des champs il faut brûler
5 Pour brûler des forêts il faut chasser
6 Pour gagner leur vie, les hommes doivent trouver
7 Pour trouver un emploi il faut aller
8 Pour vivre en ville il faut acheter

des champs.
en ville.
un emploi.
de la nourriture.
des forêts.
du bœuf.
les hommes.
des vaches.

Si on est pauvre on ne peut pas payer cher...

Qu'est-ce qu'on va manger...??

3 🎧 Trouvez dans la case à droite la bonne 'fin' pour chaque phrase.

Exemple: **1** du bœuf

Après, écoutez la cassette pour vérifier vos réponses.

Côté positif . . .

- Les grandes sociétés multinationales sont vraiment très riches. Donc, elles peuvent sponsoriser des événements sportifs comme les Jeux Olympiques.
- De plus, ces sociétés plantent des arbres pour remplacer les forêts brûlées.
- Aussi, elles produisent des produits qui sont populaires partout dans le monde.

- D'ailleurs, certaines sociétés s'occupent de l'éducation des jeunes.
- Qui plus est, les multinationales ont beaucoup d'employés y compris dans les pays en voie de développement.

Et ton hamburger, tu l'aimes, maintenant?

4 🎧 Vous allez entendre les questions d'un journaliste. Liez chaque question à la réponse appropriée.

Exemple: **A 4**

Les réponses:
1 Pour produire des hamburgers.
2 Pour chercher un emploi.
3 Pour brûler les forêts.
4 Pour gagner sa vie.
5 Pour vivre en ville.

5 Pourquoi est-ce qu'on veut faire ça? Choisissez dans la liste pour compléter ces phrases. Il y a plusieurs possibilités.

1 On utilise les transports en commun
2 On prend une douche, et non pas un bain
3 On prend son vélo
4 On recycle les cartons

pour sauvegarder les ressources de la Terre.
pour réduire la pollution.
pour réduire la consommation d'eau.
pour assurer la qualité de l'air.
pour réduire les émissions de CO_2.
pour réduire la consommation d'essence.

point grammaire

***pour* + infinitive**
You can use *pour* + infinitive to mean 'in order to' do something:
Pour avoir des hamburgers il faut avoir de la viande. In order to have burgers...
Pour avoir des champs il faut brûler des forêts. In order to have fields...

Note that *pour* is often used in answer to a question with ***pour**quoi*?
***Pour**quoi est-ce qu'on travaille? **Pour** gagner de l'argent.*

La voiture – amie ou ennemie?

Nous aimons nos voitures – la voiture représente la liberté. Mais les voitures représentent la pollution – elles produisent des gaz toxiques.

Si on n'utilisait pas la voiture:
- on consommerait moins d'essence
- on utiliserait moins d'huile
- on prendrait le bus ou le train
- on ne polluerait plus l'atmosphère
- on respirerait de l'air pur
- on pourrait prendre plus d'exercice
- on serait moins stressé
- on se sentirait mieux

6 Trouvez dans le texte les expressions suivantes:

1 poisonous gases
2 less petrol
3 the atmosphere
4 pure air
5 less stressed
6 you'd use
7 you'd breathe
8 you'd be able to

point grammaire

The conditional tense (page 147)
The conditional tense expresses what **would happen**.
On **utiliserait** *moins d'essence.* You **would use** less petrol.
On **serait** *moins stressé.* We **would be** less stressed.
The conditional of a verb is based on its future tense form, but the endings are different – they are the same as the ones you use for the imperfect tense. So...

Regular verb		Irregular verb	
starts off like the future tense	endings are like the imperfect tense	starts off like the future tense	endings are like the imperfect tense
*je manger**ais***		*je pourr**ais***	
*tu manger**ais***		*tu pourr**ais***	
*il/elle/on manger**ait***		*il/elle/on pourr**ait***	
*nous manger**ions***		*nous pourr**ions***	
*vous manger**iez***		*vous pourr**iez***	
*ils/elles manger**aient***		*ils/elles pourr**aient***	

7 **Si on n'utilisait pas la voiture en ville...**
Complétez la liste. Utilisez les verbes suivants au conditionnel.

aurait coûteraient prendrait écouteriez
seraient mangerait travaillerait

1 On _____ de temps en temps un taxi.
2 On _____ à la maison.
3 Les bus _____ moins chers.
4 Les trains _____ moins chers.
5 Il y _____ moins de voitures dans les rues.

8 Et si on n'avait pas de voiture? Alain Chasseur réfléchit sur le problème. Notez les avantages et les désavantages.

Avantages	Désavantages
1 *Exemple:* promenades	1
2	2
3	3

La marée noire

Le pétrole – c'est noir, et c'est dangereux. Le grand risque? Une «marée noire» sur la côte. En 1999 le pétrolier Erika a perdu sa charge de pétrole près de la côte bretonne. Une énorme marée noire en a été la conséquence. Après plus d'un an on trouvait toujours du pétrole sur les plages!

Des scientifiques britanniques ont trouvé une solution à ce problème. C'est une sorte de «gel». Voici leur théorie: si on étendait ce gel sur la surface de la marée noire, il «mangerait» le pétrole. Puis on roulerait le gel comme un «gâteau roulé». Qu'est-ce qu'on ferait après? On ne sait pas encore ... mais la théorie est bonne!

charge (f) *load, cargo*
étendre *to spread*
marée (f) noire *oil spill*
pétrole (m) *crude oil* (NB
  essence = *petrol*)
rouler *to roll*
scientifique (m) *scientist*

9 Vrai ou faux?

1 Erika était un camion énorme.
2 Une marée noire est une sorte de gâteau.
3 Le gel consomme le pétrole.
4 Il est facile de recycler le gel après.
5 Les scientifiques ont prouvé leur théorie.

10 Quelles en seraient les conséquences...

- si l'essence coûtait 100€ le litre?
- s'il n'y avait pas de pétrole?
- si on ne pouvait pas utiliser sa voiture en semaine?
- s'il y avait une marée noire sur toute la côte?
- si cette marée noire tuait tous les poissons?

Utilisez les expressions suivantes:

On ne pourrait pas	On devrait	Il faudrait	payer
utiliser	voyager	aller	prendre	acheter
		nettoyer		

point grammaire

'Si' sentences

One half of a sentence tells you the **circumstances**:
If we **used** the car less...
In French, you use *si* + the imperfect tense:
*Si on **utilisait** moins la voiture...*

The other half of the sentence says what **would happen**:
You **would breathe** pure air.
In French, you use the **conditional** tense:
*On **respirerait** de l'air pur.*

So the whole construction goes:
Si + imperfect + conditional:

*Si on **utilisait** moins la voiture, on **respirerait** de l'air pur.*
*Si vous **preniez** un taxi, vous **arriveriez** à temps.*

TIP Some useful phrases using the conditional are:

Qu'est-ce qui se passerait si...?
What would happen if...?
Quelles en seraient les conséquences si...?
What would be the consequences if...?
Qu'est ce que tu ferais/vous feriez si...?
What would you do if...?

Les inondations

Qu'est-ce qui cause les inondations?

Il y a plusieurs causes possibles...

La pluie tombe. La neige fond.

L'eau est emportée par les rivières.

Si elles sont bloquées, les rivières débordent.

Quelles en sont les conséquences?

Les champs sont inondés.

Dans les villes, les rues sont submergées.

Les gens sont forcés de quitter leurs maisons.

Les maisons sont abîmées.

Le paysage est dévasté.

> abîmer *to ruin, spoil*
> déborder *to overflow*
> emporter *to carry away*
> fondre *to melt*
> inondation (f) *flood*
> paysage (m) *countryside, landscape*

11 Mettez les images dans le bon ordre, selon le texte.

a
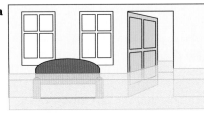

b

c

d

e

f

g

h

point grammaire

The passive

When the subject of a sentence is on the receiving end of an action (e.g. The water **is carried** away, People **are forced** to leave) we use a construction called the **passive**. This consists of the verb *être* and the **past participle**. In this text, *être* is in the present tense, to show that these things always happen:

*L'eau **est emportée.*** The water **is carried away**.
*Les rues **sont submergées***. The streets **are submerged**.

12 Trouvez un synonyme dans le texte.

1 ne peuvent pas couler (*to flow*)
2 sont couvertes d'eau
3 doivent
4 sont détruites
5 est ruiné

Villes dévastées, des milliers de morts

abri (m) *shelter*
blesser *to injure*
décennie (f) *decade*
échelle (f) *scale*
prendre feu *to catch fire*
secouer *to shake*
séisme (m) *earthquake*

Les séismes, ou tremblements de terre, sont terrifiants! Saviez-vous qu'en Chine, 650 000 personnes ont été tuées quand la ville de Tangshan a été secouée par un séisme en 1976? Deux décennies plus tard, au Japon, la ville de Kobe a été dévastée par un séisme mesurant 7,2 sur l'échelle de Richter. Plus de 5 000 personnes ont été tuées. Beaucoup de blessés ont été hospitalisés. Des milliers de maisons ont été détruites. Beaucoup de gens ont été brûlés quand des bâtiments ont pris feu.

Plus récemment en Turquie, deux séismes en 1999 ont tué plus de 18 000 personnes et ont blessé 49 000 personnes. Plusieurs milliers ont été laissés sans abri.

En 2001, au Gujerat (en Inde) un séisme a tué plus de 100 000 personnes.

13 🎧 Écoutez ce reportage. Copiez la grille et donnez les chiffres nécessaires.

Tués	
Blessés	
Hospitalisés	
Brûlés	
Sans domicile	

TIP When disasters occur, newspapers, TV and radio bulletins often use **verbs in the passive** to tell you what happened to people, vehicles and buildings: so many people **were killed**, so many **were injured**, etc.:

*La ville de Kobe **a été dévastée**.*
The city of Kobe **was devastated**.
*Beaucoup de victimes **ont été hospitalisées**.*
Many victims **were taken to hospital**.

TIP **Newspaper headlines** (*gros titres*) are often in the passive, and they are not usually complete sentences. Look at the headline for the text on this page: *Villes dévastées, des milliers de morts*. It's really a shortened version of a perfect tense sentence: *Des villes ont été dévastées et des milliers sont morts.*

14 Regardez ces gros titres. Pouvez-vous écrire une phrase complète pour expliquer chacun? Utilisez le passif.

Exemple: **VILLE DE SAN FRANCISCO DÉVASTÉE** La ville de San Francisco **a été** dévastée.

1 **RÉGION DÉVASTÉE**
2 **VICTIMES HOSPITALISÉES**
3 **HÔPITAL SAINT-JEAN DÉTRUIT**
4 **MILLIERS DE BLESSÉS**
5 **VILLE INONDÉE**
6 **GENS OBLIGÉS DE NETTOYER LEURS MAISONS**
7 **VIEILLES MAISONS DÉMOLIES**
8 **GOUVERNEMENT FORCÉ DE PAYER LES RÉPARATIONS**

L'effet de serre

C'est quoi, l'effet de serre? C'est simple.

- Des gaz toxiques comme les CFC et le CO_2 sont produits par les voitures, les bombes et la consommation des combustibles.

- Les gaz montent dans l'atmosphère.

- La terre est chauffée par le soleil. La chaleur monte dans l'atmosphère, mais elle est bloquée par les gaz.

- La terre devient de plus en plus chaude.

L'effet de serre, c'est un cercle vicieux!

chaleur (f) *heat*
combustible (m) *fuel*
devenir *to become*

L'effet de serre, c'est votre faute? Répondez oui ou non!

1 Vous utilisez un déodorant en bombe?

2 Vous utilisez régulièrement votre voiture?

3 Vous chauffez votre maison au fuel ou au charbon?

4 Vous n'avez pas isolé votre maison?

5 Vous utilisez beaucoup d'électricité?

Alors, vous contribuez sans doute à la création de l'effet de serre.

Mais que faire?

Si on changeait ses habitudes, on pourrait faire des progrès. Si tout le monde isolait la maison, on réduirait la consommation d'énergie. On pourrait utiliser des panneaux solaires pour chauffer sa maison et on pourrait installer un double-vitrage. Il est possible qu'on puisse réduire de 30% la consommation d'énergie de cette façon. Il faut qu'on trouve une solution. Il ne nous reste pas beaucoup de temps! Il est impossible qu'on puisse continuer à augmenter notre consommation de combustibles et d'énergie. Si on continue comme cela, dans cent ans, nous n'aurons plus de combustibles fossiles.

augmenter *to increase*
en bombe *spray*
déodorant à bille (m) *roll-on*
double-vitrage (m) *double glazing*
isoler *to insulate*

15 Trouvez dans le texte les expressions françaises pour...

1 greenhouse effect
2 toxic gases
3 aerosols
4 fuel consumption
5 heated by the sun
6 it's blocked off
7 hotter and hotter
8 a vicious circle

16 Lisez le deuxième texte. Voici des solutions. Identifiez la question qui correspond à chaque solution.

a On prend plus souvent son vélo.
b On éteint les lumières dans la maison.
c On achète du double-vitrage pour les fenêtres.
d On utilise un déodorant à bille.
e On utilise des panneaux solaires.

17 Quelles sont vos priorités?

1 Mettez ces solutions dans l'ordre.

- Isoler les maisons
- Installer du double-vitrage
- Employer des panneaux solaires
- Réduire la consommation d'énergie
- Changer d'habitudes

2 Travaillez avec trois camarades de classe. Comparez vos listes. Formulez une liste que vous acceptez tous.

Plan d'action – Sauver la planète!

'La responsabilité est aux autres'?

Rachel dit:

«En ce qui concerne l'environnement, le problème c'est les autres – les sociétés, les gouvernements, etc. Que font-ils? Ils exportent le pétrole dans des pétroliers énormes. Ils conduisent des voitures partout. Ils brûlent des forêts. Ils vendent tous les produits dans des sacs en plastique. Alors, la responsabilité est aux autres? Non! La responsabilité est à nous! Qu'est-ce que nous pouvons faire, nous les jeunes – les adultes de demain?»

18 Proposez des solutions. Composez cinq phrases. Il faut être logique!

	ne rien faire.
	écrire au Parlement européen.
Nous pourrions	continuer comme toujours.
On pourrait	protester dans les rues.
On devrait	fermer les yeux sur le problème.
Il faudrait	essayer de consommer moins de combustibles.
Nous devrions	refuser d'acheter des produits polluants.
	écrire à son journal régional.
	oublier le problème.

19 Êtes-vous «vert»?

1 Répondez à ce questionnaire. Écrivez **A**, **B**, ou **X** (X = ni A ni B).
2 Quand vous choisissez 'X', il faut dire ce que vous faites.

Exemple: Je viens en voiture.

	A	**B**
1 Transport au collège...	Je viens à pied	Je viens en voiture
2 Le papier recyclé...	Je l'utilise tout le temps	Je ne l'utilise jamais
3 Les boîtes de Coca, etc....	Je les recycle	Je les jette dans la rue
4 Les bouteilles en plastique...	Je les recycle	Je les mets dans la poubelle
5 Les journaux et les magazines...	Je les recycle	Je les jette à la poubelle
6 Dans la salle de bains...	Je prends des douches	Je prends des bains
7 Dans ma chambre...	Je n'ai qu'une seule lampe	J'ai plus d'une lampe et plusieurs appareils électroniques
8 S'il fait froid...	Je mets deux pulls	J'allume le chauffage central
9 Dans le salon...	Il faut demander la permission d'allumer la télé	Le téléviseur est allumé tout le temps
10 Au supermarché...	Je choisis des produits qui n'ont pas trop d'emballage	Je choisis l'emballage le plus joli

20 Qu'est-ce vous pourriez faire pour sauver la planète? Alain Chasseur a interviewé sept citoyens de Saint-Malo. Écoutez leurs réponses. Liez les réponses **1–7** aux images ci-dessus.

21 Regardez encore une fois vos réponses á ce questionnaire (exercice 19). Suggérez des possibilités pour un mode de vie plus «vert».

Exemple: Je pourrais venir au collège en autobus.

Utilisez les expressions suivantes:

Pour réduire ma consommation de ressources naturelles/Pour réduire l'effet de serre... à l'avenir je pourrais   je dois je vais   je compte

La nature en danger

Le tigre de Sibérie: Espèce menacée de disparition

Poids: 250–280 kg
Gestation: 95–111 jours: normalement trois à quatre petits
Mode de vie: Mâles – solitaires
Femelles – Forment des groupes familiaux
Alimentation: Mange 9 à 10 kg de viande par jour
Longévité: Environ 15 ans

Le plus grand et le plus beau des félins, cet animal superbe est en voie de disparition. Il est beaucoup plus grand que le tigre de Bengale, et en hiver sa pelure est presque blanche. Il vit en Sibérie et dans la Chine du nord. Il n'y a dans la nature que 200 individus. Il est donc essentiel qu'on conserve les tigres qui survivent. Heureusement, il y en a encore 200 dans les zoos. Il est très important que nous conservions cet animal magnifique!

22 Complétez les phrases suivantes pour donner une image du tigre. Choisissez les mots dans la case qui suit.

Ce tigre est le plus grand de tous les _____. Il _____ presque 280 kg. Normalement la femelle donne naissance à trois ou quatre _____. Son _____ est en Sibérie et en Chine. Normalement le mâle aime être _____, mais la femelle préfère se trouver dans un groupe _____. Le tigre est un carnivore, et il doit _____ entre 9 et 10 kg de viande par jour. Normalement le tigre _____ entre douze et quinze ans. Si nous ne faisons pas d'efforts pour le _____, il est possible qu'il puisse disparaître.

animaux	avoir	chats	conserver	consommer	habitat	jeunes	mesure
		pèse	pouvoir	seul social	vit		

alimentation (f) *diet*
espèce (f) *species*
mode (m) de vie *lifestyle*
naissance (f) *birth*
pelure (f) *fur*
survivre *to survive*
en voie (f) de disparition *endangered*

23 Notez: **a** l'expression de **nécessité** ou de **possibilité**; **b** le verbe au subjonctif.

Exemple: **1 a** = Il est essentiel que **b** = fasse

1 Il est essentiel qu'on fasse des efforts pour conserver la nature.
2 Il est possible que beaucoup d'espèces disparaissent.
3 Il est important qu'il y ait des zoos à l'avenir.
4 À mon avis, il faut que nous conservions les espèces rares.
5 Il n'est pas possible que vous continuiez à détruire les habitats!

24 Préparez une fiche technique sur un animal en voie de disparition.

- Il vit...   • La femelle donne naissance à...
- Le mâle...   • Cet animal consomme...

point grammaire

The subjunctive (see page 147)
*Il faut qu'on **trouve** une solution.* It's essential that we find a solution.
*Il est essentiel qu'on **conserve** les couples.* It's essential that we conserve the pairs.
*Il est possible qu'on **puisse** réduire notre consommation d'énergie.* It's possible that we can reduce our energy consumption.

These are forms of the verb known as the **subjunctive**. They appear after expressions which mention **possibility** or **necessity**. The form *puisse* comes from *pouvoir*. Other irregular subjunctives are:
être – soit
avoir – ait
faire – fasse
You need only **recognise** these forms. You don't have to produce them.

C'est l'année 3000 - L'homme a disparu de la Terre!

Disparition de l'Homme

Nous avons le vif regret de vous informer de la disparition de l'Homme, ou l'être humain.

Cette espèce était en voie d'extinction depuis longtemps.

Pourquoi cet animal intéressant a-t-il disparu? Les raisons en sont multiples:

- Il avait brûlé les forêts qui consommaient le CO_2.
- Il avait pollué l'air, et ne pouvait plus respirer.
- Il avait empoisonné les rivières et les mers. Par conséquent il n'avait rien à boire.
- Il avait traité la Terre comme une poubelle.
- Il avait trop modifié les plantes et les animaux. Ils ne pouvaient plus se reproduire.
- Il avait enterré des déchets nucléaires. Ces déchets ont empoisonné les champs.
- Il avait détruit toutes les ressources naturelles.
- Il était allé sur la Lune, mais il avait négligé la Terre.
- Il était allé au fond des mers, et il y avait laissé des déchets toxiques.
- Il avait pensé que l'argent était plus important que la Terre.

Aucune famille ne lui survit.

déchets (mpl) nucléaires *nuclear waste*
enterrer *to bury*
fond (m) *bottom, bed*

25 Trouvez dans le texte les phrases ayant le sens contraire.

1 Il avait assuré la qualité des eaux.
2 Il avait conservé la flore.
3 Il avait planté des arbres.
4 Il avait respecté la Terre.
5 Il était resté sur Terre et s'en était occupé.

26 Qu'est-ce que l'homme aurait dû faire (*ought to have done*) pour survivre? Copiez et complétez la grille.

	Oui	Non
1 Il aurait dû aller vivre sur la Lune.		
2 Il aurait dû augmenter sa consommation d'énergie.		
3 Il aurait dû changer ses habitudes.		
4 Il aurait dû consommer plus d'eau.		
5 Il aurait dû fabriquer plus de produits.		
6 Il aurait dû mettre tous les animaux dans des zoos.		
7 Il aurait dû respecter son environnement.		

point grammaire

The pluperfect tense (see page 147)

Il avait pollué l'air. He had polluted the air.
Il avait détruit toutes les ressources naturelles. He had destroyed all the natural resources.

These are examples of the **pluperfect** tense. This tense is used to say what **had** happened before another event occurred:

*L'homme a disparu parce qu'il **avait pollué** l'air.*
Man disappeared because he **had** (previously) **polluted** the air.

It is formed from the imperfect tense of *avoir* or *être*, with the past participle:

*Il **avait empoisonné** les rivières.*
He **had poisoned** the rivers.
*Il **était allé** sur la Lune.* He **had gone** to the Moon.

checkpoints

TEST

Use the TEST to check your language skills in...
- using *chaque* and *chacun*
- using *si* + imperfect + conditional
- recognising the passive
- recognising verbs in the subjunctive
- using the pluperfect

1 Liez les sections de phrases. Il faut être logique!

a Chaque automobiliste	• doit travailler dans un hôpital. [1]
b Chaque Français	
c Chaque élève	• veut sauver la planète.[1]
d Chaque médecin	• utilise 1500 litres d'essence par an. [1]
e Chaque écologiste	
	• doit lire ses manuels scolaires. [1]
	• mange plus de 20 kg de fromage par an. [1]

2 Répondez aux questions. Utilisez *chacun* ou *chacune* dans votre réponse.

Exemple: Toutes les Françaises ont le droit de travailler?
Oui, **chacune a** le droit de travailler.

a Tous les Français peuvent contribuer au recyclage? [1]
b Toutes les maisons consomment trop d'énergie? [1]
c Tous les gouvernements s'occupent des questions d'environnement? [1]
d Toutes les usines produisent des déchets? [1]
e Tous les pétroliers risquent d'échouer (= *run aground*)? [1]

3 Dites si, *oui* ou *non*, les verbes dans les phrases suivantes sont au **passif**.

a Plusieurs régions ont été dévastées. [1]
b Le cyclone a détruit un hôpital et le centre de la ville. [1]
c Des milliers de gens ont été tués. [1]
d Normalement, l'eau est emportée par les rivières et les canaux. [1]
e Les eaux ont submergé toute la région. [1]

4 Utilisez les phrases suivantes pour écrire des 'gros titres' de journal.

Exemple: Le président a été assassiné.
Président assassiné

a La région a été inondée. [1]
b Plusieurs villages ont été détruits. [1]
c Le gouvernement a été battu. [1]
d La planète a été secouée par un séisme. [1]
e Les villageois ont été attaqués par des rebelles. [1]

5 Trouvez une raison pour expliquer chaque situation.

a Michel n'a pas pu payer ses achats.	• Un pétrolier avait échoué. [1]
b Plusieurs espèces ont disparu au 20ᵉ siècle.	• Les automobilistes avaient tout consommé. [1]
c Il y avait une marée noire.	• Il avait perdu son argent. [1]
d Il n'y avait plus d'essence.	• On ne les avait pas inoculés. [1]
e Beaucoup d'enfants étaient malades.	• On avait détruit leur habitat. [1]

6 Dites si, *oui* ou *non*, les verbes suivants sont au **subjonctif**.

a Il faut que nous **fassions** des efforts pour conserver la planète. [1]
b On **doit** essayer de réduire sa consommation d'eau. [1]
c Il est important que nous **travaillions** ensemble. [1]
d Les villages **sont** maintenant en danger mortel. [1]
e Il est possible que nous **puissions** aider les victimes du désastre. [1]

7 Changez les phrases suivantes. Utilisez l'imparfait et le conditionnel.

Exemple: Si nous continuons à gaspiller l'énergie, nous n'aurons plus de ressources.
Si nous **continuions** à gaspiller l'énergie, nous n'**aurions** plus de ressources.

a Si nous consommons moins d'énergie, nous ferons des économies. [2]
b Si on trouve un autre moyen de propulsion, on pourra fabriquer moins de voitures. [2]
c Si les gouvernements font plus d'efforts, ils pourront résoudre ces problèmes. [2]
d Nous éviterons ces problèmes si nous nous occupons de la planète. [2]
e On fera des progrès si tout le monde se met d'accord. [2]

Total [40]

QUIZ

Use the QUIZ to check your ability to talk about...
- pollution: problems and action
- natural disasters: earthquakes, floods
- global warming and climate change
- animals and plants: survival and protection
- action that can be taken to protect the environment

1 Combien de litres d'eau est-ce que chaque habitant de la Terre consomme chaque jour? [1]

2 ...et combien est-ce qu'on en **boit** par jour? [1]

3 Chaque personne utilise l'équivalent de combien de tonnes de charbon par an? [1]

4 Chaque année on brûle plus de 85 500 km² de forêt par an. Où? [1]

5 Chaque jour, une ville de 24 000 habitants produit plus de 705 tonnes de ... quoi? [1]

6 Pourquoi les fabricants d'hamburgers brûlent-ils des forêts? [2]

7 Choisissez la bonne «fin» pour chaque phrase.
  a Les voitures produisent **de l'oxygène/des gaz toxiques**. [1]
  b Ces émissions **polluent l'air/nettoient l'air**. [1]
  c Les motos consomment **du pétrole/de l'essence**. [1]

8 Comment dit-on «marée noire» en anglais? [1]

9 Quel était le nom du pétrolier qui a échoué sur la côte bretonne en 1999? [1]

10 La solution proposée au problème des marées noires est une sorte de quoi? [1]

11 Donnez trois conséquences d'une inondation. [3]

12 Quelle échelle est-ce qu'on utilise pour mesurer la force d'un séisme? [1]

13 Quelle ville japonaise a été dévastée par un séisme mesurant 7,2 sur cette échelle? [1]

14 Combien de personnes sont mortes dans le séisme qui a dévasté le Gujerat en 2001? [1]

15 Les gaz montent dans le ciel, la chaleur ne peut pas s'échapper. Ce cycle s'appelle comment? [1]

16 Nommez trois moyens de conserver de l'énergie. [3]

17 Le tigre de Sibérie, est-il plus grand qu'un lion? [1]

18 Il y a environ combien de tigres de Sibérie aujourd'hui? [1]

Total [25]

PROJETS

A Dessinez une maison écologique. Écrivez un paragraphe pour la décrire. Pensez à:
- panneaux solaires?
- chauffage central?
- isolation?
- dans le jardin?
- recyclage?

B Préparez une petite présentation sur une espèce d'animal en voie de disparition. Utilisez les idées suivantes si vous voulez.
- Où il vit – quels pays?
- Son habitat?
- Pourquoi il est en voie de disparition.
- Que faire pour le sauver?

Utilisez les expressions suivantes:
- Le problème, c'est que...
- La solution, c'est de...
- Nous devons...

C Faites un sondage **en français** de dix personnes, sur leurs habitudes en ce qui concerne l'environnement. Inventez des questions sur:
- le transport au travail/au collège
- le recyclage (papier, bouteilles, boîtes)
- la consommation d'électricité
- les achats – produits écologiques?

Pour chaque question, il faut suggérer **trois** réponses possibles, par exemple:
– Vous recyclez le papier?
– Oui, toujours./Oui, quelquefois./Non, jamais.
Écrivez/présentez vos résultats en français.

unité 14
Allons-y! Haïti

point d'info

RÉPUBLIQUE
DOMINICAINE

CUBA

Le Far West

HAÏTI

Hispaniola

Port-au-Prince

Mer des Caraïbes   0   60 km

- Haïti est située aux Caraïbes, sur l'île d'Hispaniola, à l'ouest de la République Dominicaine. Haïti est le pays le plus pauvre de l'hémisphère occidental.
- Haïti est un petit pays avec une superficie de 27 500 km², comme celle du Pays de Galles, mais il a une population d'environ 7,5 millions! (Le Pays de Galles a une population de 2,8 millions.)
- Les langues officielles sont le français et le créole haïtien. Pourquoi le français? Parce que les Français ont occupé le pays pendant le 18ᵉ et le 19ᵉ siècles. Le créole est une combinaison de français et de langues africaines. Pourquoi africaines? Regardez le texte *Histoire d'Haïti* ci-dessous.

Haïti

1 Débrouillez les phrases

Les phrases ci-dessous font le résumé du texte «Histoire d'Haïti». Mais les mots ne sont pas dans le bon ordre. Débrouillez les mots et écrivez les phrases correctement.

1 Indiens l'île À les habitaient l'origine
2 attaqué ont Indiens les Espagnols Les
3 ont Espagnols Indiens Les tué les
4 esclaves importé Les ont africains Espagnols des
5 indépendant on Maintenant est

Histoire d'Haïti

Haïti a été dominée par les Espagnols et les Français. Voici, en bref, l'histoire du pays, écrite par un écolier âgé de six ans.

J'aime mon pays.
Haïti est le nom de mon pays.
Avant il était habité par les Indiens.
Les Espagnols sont venus, ils les ont tués.
Et les ont remplacés par les noirs d'Afrique.
Il y a un bateau dans la mer qui attaque Haïti.
Ce sont des Espagnols dans leur bateau.
Haïti a peur. Les Indiens se battent avec les Espagnols.
Aujourd'hui, c'est l'Indépendance.

Jonathan Olivier

C'est la Révolution!

En 1791 les esclaves se sont révoltés contre les Blancs. Après cette Révolution, Toussaint Louverture, ancien esclave, est devenu gouverneur d'Haïti. Mais Toussaint voulait l'indépendance. Napoléon Bonaparte, empereur de France, a envoyé une armée de 34 000 soldats. Toussaint a été capturé et exilé en France. Il est mort moins d'un an plus tard.

2 Combien de mots en deux minutes?

Un(e) partenaire prend le nom *Napoléon Bonaparte*, l'autre prend le nom *Toussaint Louverture*. Combien de mots pouvez-vous faire en deux minutes?

	Napoléon Bonaparte	Toussaint Louverture
Exemples:	bon, plan, trop, etc.	sous, sur, ouvert, etc.

occidental *Western*
superficie (f) *(land) area*

138 cent trente-huit

3 Une journée haïtienne

Les phrases **1**–**8** décrivent la journée de Riclaude, jeune Haïtien, mais ils ne sont pas dans le bon ordre. Regardez les dessins de la montre de Riclaude et liez les phrases aux dessins.

1 À une heure, après les devoirs, je travaille dans les jardins.
2 À dix heures je me couche. Je suis toujours très fatigué.
3 L'école finit à midi et je rentre à la maison pour faire mes devoirs.
4 Je quitte la maison vers sept heures et demie.
5 La récréation est à dix heures. On mange des fruits comme des mangues et des bananes.
6 Après avoir travaillé, à quatre heures je rends visite à un ami.
7 À huit heures la journée scolaire commence. On étudie beaucoup de matières.
8 À six heures du matin je me lève. Normalement je ne prends pas de petit-déjeuner.

a 20.00	b 10.00	c 06.00
d 12.00	e 22.00	f 13.00
g 08.00	h 16.00	i 07.30

4 Trouvez l'évidence

Lisez les phrases suivantes, qui sont toutes fausses. Dans la description de la journée de Riclaude vous en trouverez la preuve!

Exemple: **1** L'école finit à midi.

1 Les cours finissent à 14h00.
2 Il dit au revoir à sa famille à 8h15.
3 Avant de sortir le matin il mange des œufs et du pain.
4 Il n'a jamais le temps de voir ses amis.
5 Il fait ses devoirs au collège.

5 Parlons créole!

Riclaude parle créole – c'est un mélange de français et de langues africaines, par exemple le mandingo. Liez les mots créoles **a**–**j** aux mots français dans la case.

déchiré *torn*
état (m) *state*
filet (m) *net*

Les animaux d'Haïti

En Haïti vous verrez beaucoup d'animaux et d'oiseaux. Dans les villages vous trouverez des chèvres et des moutons qu'on vend sur les marchés. Un problème, c'est la santé des animaux, qui est souvent mauvaise.

Si vous visitez le Lac Saumâtre vous y verrez des crocodiles et des flamands roses, grands oiseaux qui ont de longues pattes.

Haïti fait partie d'une île et donc la pêche est une industrie importante. On pêche près de la côte, mais les bateaux sont en mauvais état et les filets sont souvent déchirés. On vend les poissons sur les marchés. On mange aussi des œufs, et c'est pour cela que beaucoup de familles ont des poulets.

 a Bèf

 b Diri

 c Diti

 d Djondon

 e Dlo

 f Lèt

 g Lwil

 h Ponmdeté

6 Quelle sorte d'animal?

Classez les animaux mentionnés en deux catégories:

- animaux sauvages (3)
- animaux domestiqués (3)

Mots français		
poulet	pomme de terre	
sucre	champignon	
thé	bœuf	huile
riz	lait	eau

 i Poul

 j Sik

Allons au marché haïtien!

7 🎧 *C'est tropical!*

D'abord, écoutez le reportage avec attention!
On mentionne des fruits et des
légumes tropicaux. Pour chacun(e):

- Complétez le nom
- Identifiez la bonne image

Exemple: **1 d** BANANES

1 _ _N_N_ _
2 C _C_H_ÈT_S
3 R_ _
4 M_Ï
5 P_ _IS _O_S
6 H_R_C_TS R_ _G_S

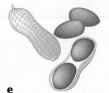

Les forêts en voie de disparition

Marye Charistile habite à
Port-au-Prince, la
capitale d'Haïti. Une ou
deux fois par mois, elle
rapporte 20 à 30 gros sacs
de charbon de l'ouest de
l'île, et elle les vend sur un
marché de la capitale.

En Haïti, le charbon est la
principale source d'énergie.
Le problème, c'est que,
pour obtenir ce charbon, il
faut couper 15 à 20 millions
d'arbres chaque année. L'île
n'a maintenant que 1,5% de
sa forêt originale. Le paradis

se transforme en désert.
Y a-t-il une solution? Oui,
il est maintenant illégal
d'utiliser du charbon pour
faire la cuisine. Les
autorités ont commencé à
distribuer du gaz en
bouteilles.

8 *Écrivez les légendes*

Lisez le texte *Les forêts en voie de disparition*.
Regardez les images et complétez les légendes.

1 Marye Charistile ...
2 Elle ... sur le marché.
3 On coupe ... chaque année.
4 Haïti a perdu ... de sa forêt originale.
5 On ... en bouteilles.

charbon (m) (*here =*) *charcoal*
légende (f) *caption*
vendre *to sell*

9 *Problème ou solution?*

1 Faites deux listes: **problèmes** et **solutions**.
 a Il faut créer des systèmes d'eau pour l'usage
  domestique.
 b On doit organiser la reforestation.
 c Les systèmes de crédit n'existent pas.
 d On devrait introduire des plantes qui n'ont pas
  besoin de beaucoup de pluie.
 e L'eau potable est difficile à obtenir.
 f Il faut créer des groupes de crédit.
 g Les forêts sont en voie de disparition.
 h L'agriculture est en mauvais état.
2 Liez chaque problème à une solution.

C'est un désastre!

Haïti est un pays tropical et le climat y est donc très chaud. En été il fait presque 30°C et en hiver il fait toujours chaud. Le paradis? Peut-être, mais en septembre, il y a souvent des ouragans qui déferlent sur l'île d'Hispaniola. En 1999, l'ouragan Georges a dévasté le pays. Beaucoup de villages ont été inondés et un grand nombre de Haïtiens sont morts.

Qu'est-ce qu'on doit faire si un ouragan approche? Il faut trouver un abri pour sa famille et ses animaux, et attendre la fin de la tempête.

abri (m) *shelter*
améliorer *to improve*
déferler sur *to hit*
ouragan (m) *hurricane*
s'occuper de *to look after*
tempête (f) *storm*

10 Choisissez a ou b

1 Haïti a un climat: **a** méditerranéen; **b** tropical.
2 En été il fait: **a** chaud; **b** froid.
3 Il y a souvent des ouragans: **a** au printemps; **b** en automne.
4 Beaucoup de villages ont été: **a** submergés; **b** brûlés.
5 **a** On peut / **b** On ne peut pas résister aux ouragans.

ActionAid en Haïti

ActionAid est une agence de développement qui travaille dans plus de 30 pays du monde, en Afrique, en Asie, en Amérique Latine et aux Caraïbes, pour aider les enfants, leurs familles et les communautés. On combat la pauvreté et on essaie d'améliorer la qualité de vie des habitants de ces pays pauvres.

ActionAid travaille en Haïti depuis 1996, surtout dans le Far West.

11 C'est quelle image?

1 L'agence ActionAid s'occupe de l'agriculture.
2 Elle s'occupe aussi de la reforestation.
3 On essaie de conserver l'eau.
4 On a organisé un système de crédit.
5 Les médecins s'occupent de la santé des Haïtiens.

activité informatique

Dessinez un poster pour illustrer la richesse du Royaume-Uni et la pauvreté d'Haïti. Utilisez un logiciel de traitement de texte et un logiciel graphique pour présenter les contrastes.

a

b

c

d

e

Section grammaire

DEFINITIONS

Adjective	A word which gives you information about a noun or pronoun.
Examples	Adjectives tell you something about *Alain/il*: ***Alain** est vraiment **intelligent**; **il** est **aimable** aussi!* **Alain** is really **intelligent**. He's **nice** too!
Adverb	A word which adds information to a verb.
Example	Verb and adverb: *Céline **travaille rapidement**.*
Agreement	The form words take because of their relationship to other words: ■ an adjective has to agree with its noun ■ a verb has to agree with its subject (the person or thing doing the action)
Examples	The noun is feminine plural, so the adjective ending is *-es*: *des **chaussettes** bleu**es*** The verb changes to go with different subjects – *nous* and *il*: ***Nous** aim**ons** la radio; **il** aim**e** la télévision.* **We like** the radio; **he likes** the TV.
Determiner	A determiner is a word like 'a', 'the', 'this' or 'that', which defines a noun.
Examples	In French, words like **un**, **une**, **le**, **la**, **les**, **ce**, **cette** and **ces** are determiners.
Gender	A category for nouns, i.e. masculine or feminine.
Examples	**un chat** is masculine, **une table** is feminine.
Noun	A noun is the name of a person, animal, place, thing or quality.
Examples	Nouns: *un **homme**, **Paul**, un **tigre**, une **maison**, la **ville**, **Paris**, un **CD**, la **beauté***
Plural	A noun or pronoun is plural if it refers to more than one person or thing.
Example	Plural pronoun refers to *mes amis*: *Mes amis habitent à Paris. **Ils** aiment la capitale.* My friends live in Paris. **They** love the capital.
Preposition	A word defining the position of something.
Examples	Three prepositions: *Futuroscope est **à** Poitiers; regardez, c'est **sur** la carte qui est **au** mur.* Futuroscope is **at/in** Poitiers; look, it's **on** the map that's **on** the wall. (As you can see here, French doesn't always use the preposition you might expect.)
Pronoun	A pronoun is a word which is used in place of a noun.
Examples	Pronouns used instead of repeating *Henri*, *à Henri*: *C'est l'anniversaire d'**Henri**. **Il** a 15 ans. Je **lui** envoie une carte.* It's **Henri**'s birthday. **He**'s 15. I'm sending **him** a card.
Singular	A noun or pronoun is singular if it refers to only one person or thing.
Example	Singular pronoun refers to *Louise*: *Louise adore les ordinateurs et **elle** veut être programmeuse.* Louise loves computers and **she** wants to be a programmer.
Verb	A word which describes an action or state.
Examples	Three verbs: *Philippe **est** étudiant. Il **fait** ses devoirs et après, il **sort** avec ses amis.* Philippe **is** a student. He **does** his homework and afterwards he **goes out** with his friends.

1 NOUNS

1.1 Masculine or feminine (see pages 13, 15, 66)
All nouns in French have a gender: either masculine or feminine.
- Most nouns ending in -e are feminine (except those ending in -age and -isme):
  une fille, une chaise
- Most nouns ending in a consonant, -i or -o, are masculine:
  un chat, le ski, le zéro

1.2 Singular or plural
- Most nouns add -s in the plural. This -s is not usually pronounced:
  Singular: un garçon   Plural: des garçons
  Singular: le garçon   Plural: les garçons
- Nouns ending in -s, -x or -z do not change:
  Singular: un fils, un gaz   Plural: des fils, des gaz
- Nouns ending in -al change to -aux:
  Singular: un animal, un cheval
  Plural: des animaux, des chevaux
- Nouns ending in -au add -x:
  Singular: un gâteau   Plural: des gâteaux

2 DETERMINERS

2.1 'a', 'an'
The word for 'a'/'an' in French is un for masculine words and une for feminine words:
un animal, **une** voiture
- The plural of un and une is des (some):
  des chaussettes
- Don't use un or une when defining someone's job:
  mon père **est programmeur**. J'espère **devenir journaliste**.

2.2 'the'
The word for 'the' is le or la in the singular. It shortens to l' before a vowel or h:
le professeur, **la** femme, **l'**animal, **l'**homme
- The plural form is les:
  les professeurs, **les** femmes, **les** animaux, **les** hommes

2.3 'this', 'that', 'these', 'those'
The word for 'this' or 'that' is ce (masculine) and cette (feminine):
ce livre, **cette** maison
- For masculine words beginning with a vowel or h, use cet:
  cet animal, **cet** hôpital
- The word for 'these' or 'those' is ces for both genders:
  ces disques, **ces** matières

2.4 'some', 'any'
Masculine: du, de l'
Je voudrais **du** pain. Avez-vous **de l'**argent?
Feminine: de la, de l'
Je vais acheter **de la** limonade. Tu veux **de l'**eau minérale?
- If you want to say 'not . . . any' then de is used on its own:
  Je n'ai pas **d'**argent, et je ne veux pas **de** limonade.
  I have**n't** got **any** money, and I do **not** want any **lemonade**.

3 ADJECTIVES

3.1 Agreement (see pages 7, 8, 103, 114, 115)
Adjectives agree with nouns and pronouns (masculine/feminine + singular/plural). Endings are added to the basic masculine form:

	Masculine	Feminine
Singular	–	-e
Plural	-s	-es

Example:

	Masculine	Feminine
Singular	un garçon intelligent	une fille intelligente
Plural	des garçons intelligents	des filles intelligentes

- Adjectives ending in -e do not add -e in the feminine:
  un pull jaune, une robe jaune
- Adjectives ending -eur and -eux change to -euse:
  un garçon travaill**eur**, une fille travaill**euse**
  un musicien affr**eux**, une mission danger**euse**
- Adjectives ending in -f change to -ve:
  un garçon sporti**f**, une fille sporti**ve**
  un véhicule neu**f**, une voiture neu**ve**
- Some adjectives are irregular. Some have a feminine form which adds more than -e:

Masculine	Feminine	Meaning
blanc	blanche	white
bon	bonne	good
gros	grosse	large, fat
naturel	naturelle	natural
pareil	pareille	similar, same

Section grammaire

The following have special forms:

Masculine singular	Masculine singular before a vowel or *h*	Feminine singular	Masculine plural	Feminine plural
beau	*bel*	*belle*	*beaux*	*belles*
nouveau	*nouvel*	*nouvelle*	*nouveaux*	*nouvelles*
vieux	*vieil*	*vieille*	*vieux*	*vieilles*

La **belle** star est arrivée au **nouvel** aéroport dans un **vieil** hélicoptère.

The **beautiful** star arrived at the **new** airport in an **old** helicopter.

- All adjectives must agree with their noun or pronoun even if they are separated from it.
Marie est très intelligente et elle est très travailleuse.
Marie is very intelligent and very hardworking.

3.2 Position of adjectives

Adjectives are normally placed **after** the noun in French:

*une voiture **rouge**, un site **important**, des livres **intéressants***

- The following are usually placed **before** the noun (this list can be learnt as a rhyme):
mauvais, méchant, vilain, beau
petit, vieux, haut, joli, gros
gentil, nouveau, jeune, bon
grand, meilleur, vaste, long
Le **nouveau stade** est situé sur un **vaste champ** près de la **vieille église.**
The new stadium is sited in a huge field near the old church.
- If you use two adjectives, put them in their usual places:
*Je vais acheter une **petite** voiture **verte**.*
I am going to buy a little green car.

3.3 Comparatives and superlatives

(see pages 13, 14, 104)

- To compare two things use *plus . . . que* (literally, 'more . . . than') and *moins . . . que* (literally, 'less . . . than'):
*Je pense que le français est **plus** intéressant **que** les maths.*
I think that French is **more** interesting **than** maths.
*L'Angleterre est **moins** montagneuse **que** la France.*
England is **less** mountainous **than** France.

- To say that something is the 'biggest', 'smallest', etc., use *le/la/les* + *plus/moins*:
***La plus haute** montagne d'Europe est le Mont Blanc.*
The highest mountain in Europe is Mont Blanc.
*Ce disque est **le moins cher**.*
This record is **the least expensive**.
- Use *de* not *dans* for 'in':
*La plus grande fille **de** la classe.*
The tallest girl in the class.
- To say 'better', 'the best', use *meilleur, le meilleur*:
Est-ce que Eastenders *est **meilleur que*** Coronation Street*? Non!* Coronation Street *est **le meilleur**.*
Is *Eastenders* better than *Coronation Street*? No! *Coronation Street* is the best.

3.4 Possessive adjectives (see page 29)

These adjectives correspond to 'my', 'your', 'his', 'her', 'our' and 'their' in English.

- The gender of the adjective depends on the noun that follows, not on the sex of the owner.

	Masculine singular	Feminine singular	Plural (masculine and feminine)
my	*mon*	*ma*	*mes*
your (for *tu*)	*ton*	*ta*	*tes*
his/her/its	*son*	*sa*	*ses*
our	*notre*	*notre*	*nos*
your (for *vous*)	*votre*	*votre*	*vos*
their	*leur*	*leur*	*leurs*

*Je suis allé à Paris avec **mes** parents. **Mon** frère est arrivé plus tard avec **sa** copine. Par hasard, nous avons rencontré **notre** oncle, **notre** tante et **leurs** enfants – **mes** cousins – à l'Arc de Triomphe.*
I went to Paris with my parents. My brother arrived later with his girlfriend. By chance, we met our uncle, our aunt and their children – my cousins – at the Arc de Triomphe.

- Use *mon, ton* and *son* before a feminine noun starting with a vowel: *mon amie*

4 PRONOUNS

4.1 Subject pronouns

These are used to indicate the person doing an action. They are:

je, tu, il, elle, on, nous, vous, ils and *elles*.

- The pronoun *on* means 'one', 'you', 'we', 'people' in general:
*Ici **on** achète **son** billet.*
You buy **your** ticket here.

Section grammaire

4.2 Direct and indirect object pronouns
(see pages 35, 37, 39)

Subject pronoun		Direct object pronoun		Indirect object pronoun	
je	I	*me*	me	*me*	to me
tu	you	*te*	you	*te*	to you
il	he, it	*le*	him, it	*lui*	to him, it
elle	she, it	*la*	her, it	*lui*	to her, it
nous	we	*nous*	us	*nous*	to us
vous	you	*vous*	you	*vous*	to you
ils/elles	they	*les*	them	*leur*	to them

The direct and indirect object pronouns are placed immediately before the verb:
– *Tu connais **M. Lefèvre**? – Oui, je **le** connais.*
– Do you know **M. Lefèvre**? – Yes, I know **him**.
– *Qu'est-ce que tu as offert **à Lianne**? – Je **lui** ai offert un CD.*
– What did you give **(to) Lianne**? – I gave a CD **to her**./I gave **her** a CD.
• In the perfect tense, the pronoun is placed **before** the **auxiliary** (*avoir/être*):
  – *Tu as vu **Simon**? – Oui, je **l'ai** vu, et je **lui ai** donné son livre.*
  – Did you see **Simon**? – Yes, I saw **him** and I gave **(to) him** his book.

4.3 Reflexive pronouns (see page 5)
These are used with reflexive verbs (e.g. *s'amuser*).

Subject pronoun		Reflexive pronoun	
je	I	*me*	me
tu	you	*te*	you
il/elle	he, she, it	*se*	him, her, it
nous	we	*nous*	us
vous	you	*vous*	you
ils/elles	they	*se*	them

*Le vendredi je vais au club, on **s'**amuse bien et je **me** couche assez tard.*
On Fridays I go to the club, we have a really good time and I go to bed rather late.

4.4 *y* and *en* (see pages 65, 80)
• *y* replaces an expression with *à* or *en*:
  – *Tu es allé en France? – Oui, j'**y** suis allé.*
  Have you been to France? Yes, I've been **there**.
• *en* replaces an expression involving *de*:
  – *Vous avez de l'argent? – Oui, j'**en** ai assez.*
  Have you got some money? Yes, I've got enough **(of it)**.

4.5 Order of pronouns
If you use more than one pronoun, they occur in the following order:

me				
te	*le*	*lui*		
se	*la*	*leur*	*y*	*en*
nous	*les*			
vous				

– *Tu as donné l'argent à Jo? – Oui, je **le lui** ai donné.*
Did you give Jo the money? Yes, I gave **it to her**.

4.5 Strong pronouns (see page 69)
These pronouns can stand on their own, or can appear after words such as *avec* (with), *pour* (for) and *chez* (at the house of):

moi	I, me	*nous*	we, us
toi	you	*vous*	you
lui	he, him	*eux*	they, them
elle	she, her	*elles*	they, them

***Moi**, je suis rentré chez **moi** avec **eux**.*
I came back to my place with them.

4.6 Possessive pronouns (see page 75)
These mean 'mine', 'yours', 'his', 'hers', 'its', 'ours', 'yours' and 'theirs'. The number and gender of the object(s) owned determines the form:

	One masculine object	Several masculine objects	One feminine object	Several feminine objects
mine	*le mien*	*les miens*	*la mienne*	*les miennes*
yours	*le tien*	*les tiens*	*la tienne*	*les tiennes*
his, hers	*le sien*	*les siens*	*la sienne*	*les siennes*
ours	*le nôtre*	*les nôtres*	*la nôtre*	*les nôtres*
yours	*le vôtre*	*les vôtres*	*la vôtre*	*les vôtres*
theirs	*le leur*	*les leurs*	*la leur*	*les leurs*

***Mes parents** sont stricts. **Les tiens** sont cool.*
My parents are strict. Yours are great.

4.7 *qui*, *que* and *dont* (relative pronouns)
(see pages 55, 81)
• *qui* is used to mean 'who' or 'which' when it is the **subject** of its clause:
  *C'est M. Lefèvre **qui** enseigne l'histoire.*
  It's M. Lefèvre **who** teaches history.
• *que* is used to mean 'who' or 'which' or 'that' when it is the **object** of its clause:
  *Voici le magazine **que** j'ai acheté.*
  Here's the magazine **(that)** I bought.
• *dont* replaces an expression using *de*:
  *Voici la carte **dont** vous avez besoin.*
  Here's the map you need.

cent quarante-cinq **145**

Section grammaire

5   VERBS

There are four main groups of regular verbs.

5.1 The present tense (see pages 36, 53)
Take off -er, -ir or -re from the infinitive. Add endings as follows:

-er	-ir (1)	-ir (2)	-re
Example: **regarder**	Example: **finir**	Example: **sortir**	Example: **attendre**
je regard**e**	je fin**is**	je sor**s**	j'attend**s**
tu regard**es**	tu fin**is**	tu sor**s**	tu attend**s**
il/elle/on regard**e**	il/elle/on fin**it**	il/elle/on sor**t**	il/elle/on attend
nous regard**ons**	nous fin**issons**	nous sor**tons**	nous attend**ons**
vous regard**ez**	vous fin**issez**	vous sor**tez**	vous attend**ez**
ils/elles regard**ent**	ils fin**issent**	ils/elles sor**tent**	ils/elles attend**ent**

Use the present tense:
*   to say what is happening now:
    *Philippe **joue** au billard en ce moment.*
    Philip's playing snooker just now.
*   to say what usually happens:
    *Je **sors** toujours le samedi soir.*
    I always go out on Saturday evening.

The present tense of irregular verbs is given in the table of irregular verbs on pages 149–50.

5.2 Imperatives: instructions and suggestions
(see page 9)
This is the form of the verb used to give instructions, make invitations or give advice.
*   For the *tu* form, drop *tu*, and (with -er verbs) drop the -s:
    *Tu regardes cette image → Regard**e** cette image!*   Look at this picture!
*   For the *vous* form, just drop the *vous*:
    Vous regardez ces gâteaux → Regardez ces gâteaux!   Look at those cakes!
*   For the suggestion 'Let's do something', use the *nous* form, dropping *nous*:
*   *Nous allons au cinéma → Allons au cinéma!*   Let's go to the cinema!

5.3 The present participle (see pages 122, 123)
This corresponds to words like 'coming' and 'going', 'watching' and 'listening'.
Take the *nous* form of the present, drop -ons and add -ant:
nous allons → allons → allant   going

En + present participle means 'by doing' or 'while doing' something:
***En travaillant** dur, j'espère gagner beaucoup d'argent.*
By working hard, I hope to earn lots of money.

5.4 The future tense (see pages 78, 79, 88, 92)
Take the infinitive of the verb (drop the -re of -re verbs). Add the following endings:

je	-ai	nous	-ons
tu	-as	vous	-ez
il/elle/on	-a	ils/elles	-ont

*L'année prochaine je vister**ai** le Japon et j'y passer**ai** un mois.*
Next year I shall visit Japan and I'll spend a month there.
*Mon frère sortir**a** avec sa copine ce week-end.*
My brother will go out with his girlfriend this weekend.
*   Many irregular verbs have an irregular future tense (see the table of irregular verbs, pages 149–50) but once you have learnt the *je* form, the rest follows, e.g. **aller**: *j'irai, tu iras*, etc.
*   To express the future, you can use *aller* + infinitive: *Je **vais regarder** la télé.*
*   When a sentence starts with *si* + present tense, you need to use the future tense for the next verb(s):
    ***Si nous gagnons** la loterie, **nous serons** riches et moi, **je ferai** un tour du monde!*

5.5 The imperfect tense (see pages 91, 93, 95, 106)
This tense tells us:
*   what **used to happen**
*   what **was happening** at a certain time.
Take the *nous* form of the present tense and drop -ons. Replace -ons with the following endings:

je	-ais	nous	-ions
tu	-ais	vous	-iez
il/elle/on	-ait	ils/elles	-aient

*Mon père m'**attendait** à la gare.*
My father **was waiting** for me at the station.
*   The only exception to the rule is *être*: *j'étais, tu étais, il était,* etc.
    *Quand j'**étais** petit, j'**allais** souvent chez ma grand-mère qui **habitait** en ville.*
    When I **was** little, I often **used to go** to see my granny who **lived** in town.

5.6 The conditional tense (see pages 128, 129)
This tense tells you what 'would' happen. Form it as
for the future, but using the same endings as for
the imperfect:
Si on allait à Paris, on **verrait** *la Tour Eiffel, on*
mangerait *dans un bon restaurant et on*
s'amuserait *bien. Ce* **serait** *fantastique!*
If we went to Paris we **would see** the Eiffel Tower,
we'd eat in a good restaurant and **we'd enjoy
ourselves**. It **would be** great!
Je **préférerais** *aller à Cardiff. Ce* **serait** *moins cher.*
I'd prefer to go to Cardiff. It **would be** cheaper.

5.7 The past historic tense (see page 121)
This tense is used only in the written language.
Third-person forms (*il, ils*) are the most common,
e.g. *il arriva* = he arrived; *ils arrivèrent* = they
arrived.

5.8 The perfect tense (see pages 16, 30, 31, 66)
This tense tells you what happened at a certain
moment. It is formed with the present tense of
either *avoir* or *être*, plus the **past participle** of the
verb. The past participle is formed as follows:
-er verbs → *-é* (*regardé*)
-ir verbs → *-i* (*fini, sorti*)
-re verbs → *-u* (*attendu*)
- Irregular verbs usually have irregular past
  participles. See the table of irregular verbs (pages
  149–50).
- Most verbs take *avoir*, e.g. *regarder*:

*j'***ai** *regardé*	I watched
tu **as** *regardé*	you watched
il/elle **a** *regardé*	he/she watched
nous **avons** *regardé*	we watched
vous **avez** *regardé*	you watched
ils/elles **ont** *regardé*	they watched

- Some verbs take *être*. These are usually verbs
  describing movement: *descendre, rester, aller,
  partir, entrer, rentrer, retourner, sortir, venir
  (venu), arriver, naître (né), monter, mourir (mort),
  tomber*. With these verbs the past participle must
  agree with the subject:
  *Anne est arrivé***e** *à deux heures et elle est monté***e**
  dans sa chambre.
  Anne arrived at 2 o'clock and she went up to her
  room.
  *Mes amis sont sorti***s**. *Ils sont parti***s** *pour la gare.*
  My friends have gone out. They've left for the
  station.
- All **reflexive** verbs take *être* in the perfect tense.
  The past participle must agree.

*Céline s'est couché***e** *tard et elle s'est levé***e** *à onze
heures.*
Céline went to bed late and she got up at 11
o'clock.
*Les filles se sont bien amusé***es** *à Londres.*
The girls really enjoyed themselves in London.

5.9 The pluperfect tense (see page 135)
This tense tells you what **had** happened before
another event took place. It consists of the
imperfect of either *avoir* or *être*, plus the past
participle:
Quand je suis arrivé chez moi, je n'ai pas pu entrer.
J'avais oublié *mes clefs!* **J'étais sortie** *sans mon
sac!*
When I got home, I couldn't get in. **I had forgotten**
my keys! **I'd gone out** without my bag!

5.10 The subjunctive (see page 134)
These are a special form of the verb which you may
come across, after expressions of possibility,
impossibility and necessity, among others. The
subjunctive usually looks like the present tense of
-er verbs, except that the *nous* and *vous* forms have
the endings *-ions* and *-iez*.
Il faut que nous **partions** *immédiatement.*
It's necessary that we **should leave** immediately./
We must leave immediately.

5.11 Verb + infinitive (see pages 82, 102, 118,
121, 123)
- The following verbs may be followed by a straight
  infinitive: *aimer, aller, compter, devoir, espérer,
  pouvoir, préférer, savoir, vouloir.*
  Mon frère **aime écouter** *de la musique, mais il*
  préfère jouer *de sa guitare.*
  My brother likes listening to music but he prefers
  playing his guitar.
- Some verbs need *à* before an infinitive. The most
  useful ones are: *apprendre, commencer, hésiter,
  passer du temps, réussir.*
  J'ai **hésité à apprendre à** *jouer de la guitare,
  mais finalement j'ai* **réussi à** *le faire.*
  I hesitated about learning to play the guitar, but
  finally I managed to do it.
- Some verbs need *de* before an infinitive. The most
  useful ones are: *choisir, essayer, finir, offrir,
  oublier, refuser, regretter.*
  Je **regrette de** *devoir vous le dire, mais nous
  avons* **fini d'***offrir ce prix.*
  I'm sorry to have to tell you, but we've stopped
  offering this prize.

Section grammaire

5.12 The passive (see pages 130, 131)

When the subject of a sentence is on the receiving end of an action, the passive is used. This consists of *être* + past participle:

Les champs **ont été inondés**. *Les habitants des maisons* **seront obligés** *de partir*.

The fields have been flooded. The occupants of the houses will be obliged to leave.

5.13 One word or two?

Many verbs in English need a preposition in order to have their full meaning, e.g. 'to go **out**', 'to go **up**', 'to put **on**', 'to look **at**'. The French equivalents are usually **one** word, so don't try to add a preposition. Here are some very common ones:

go **out**	*sortir*
go **up**	*monter*
put **on**	*mettre*
look **at**	*regarder*
listen **to**	*écouter*
wait **for**	*attendre*
ask **for**	*demander*

6 ADVERBS

6.1 Adverbs describing how (see page 27)

These tell us 'how' something was done. Take the feminine form of the adjective and add *-ment*:

lent → *lente* → **lentement**   slowly
soigneux → *soigneuse* → **soigneusement**   carefully
rapide → *rapide* → **rapidement**   quickly

* *vite* is another adverb which means 'quickly'
* the adverb for 'better' is *mieux*, e.g. *Elle joue* **mieux que** *moi*. She plays better than me.

6.2 Negatives (see pages 38, 41, 94, 117)

These are *ne . . . pas* (not), *ne . . . jamais* (never), *ne . . . plus* (no longer), *ne . . . rien* (nothing) and *ne . . . personne* (nobody).

* In simple tenses, where the verb is a single word, the negatives fit round the verb like brackets:
  Je **ne** <u>vais</u> **plus** *au cinéma, parce que je* **n'**<u>aime</u> **pas** *les films modernes. Je* **ne** <u>regarde</u> **jamais** *les films violents.*
  I **don't go** to the cinema **any more**, because I **don't like** modern films. I **never watch** violent films.
* In compound tenses, like the perfect and pluperfect, all except *ne . . . personne* go round the relevant part of *avoir* or *être*:
  Je **ne** <u>suis</u> **jamais** <u>allé</u> *en France. Je* **n'**<u>ai</u> **pas** <u>renouvelé</u> *mon passeport.*
  I've never been to France. I haven't renewed my passport.
  BUT *Ma sœur* **n'**<u>a parlé</u> *à* **personne** *à la boum.*
  My sister didn't talk to anyone at the party.
* Negatives will also go around any pronouns attached to the verb:

– *Tu as prêté de l'argent à Sylvie? – Non, je* **ne lui en ai pas** *prêté.*
Did you lend some money to Sophie? No, I **didn't** lend her **any**.

6.3 ne . . . que (see pages 87, 94, 117)

This means 'only'. It **always** goes round the verb.
Ma petite sœur **ne mange que** *des pizzas.*
My little sister **doesn't eat anything except/only eats** pizzas.

7 PREPOSITIONS

(see pages 51, 52, 63, 68)

These words describe the position of one thing in relation to another.

The most common are: *à, à côté de, avec, chez, dans, de, devant, derrière, en, entre, par, pendant, pour, sans, sous, sur.*

Note: *à + le* → *au: Nous allons au café.*
à + les → *aux: Mon père est aux États-Unis.*

Note also: *de + le* → *du: Mes copains sont revenus du Japon.*
de + les → *des: Je viens de revenir des Pays-Bas.*

8 QUESTIONS AND ANSWERS

8.1 Yes/no questions (see pages 29, 71)

These are asked by raising the tone at the end of the sentence, and/or by adding *Est-ce que* to the beginning:

(Est-ce que) tu vas au collège aujourd'hui?
Are you going to school today?

8.2 Question words (see pages 29, 57, 59, 122)

Questions which require specific information in the answers are introduced by the following expressions:

Qu'est-ce que . . . ?	What . . . ?
Qui . . . ?	Who . . . ?
Où (est-ce que) . . . ?	Where . . . ?
Quand (est-ce que) . . . ?	When . . . ?
Comment (est-ce que) . . . ?	How . . . ?
Pourquoi (est-ce que) . . . ?	Why . . . ?
Combien (de) . . . ?	How much/ how many . . . ?

* Questions beginning with *quel, quelle, quels, quelles* (which) may be answered with *ce, cette, cet, ces* (this, these/those) + noun, e.g. – **Quel** *disque?* – **Ce** *disque-ci.*
* Questions beginning with *lequel, laquelle, lesquels* or *lesquelles* (which one[s]) may be answered with *celui, celle, ceux* or *celles* (this one, these ones).
* The endings *-ci* or *-là* may be added to distinguish 'these' from 'those'.

Irregular verb table

Infinitive	Simple tenses			Compound tenses	
	Present	**Future/ Conditional**	**Imperfect**	**Perfect**	**Pluperfect**
aller *to go*	je vais, tu vas, il va, nous allons, vous allez, ils vont	j'irai/ j'irais	j'allais	je suis allé(e)	j'étais allé(e)
avoir *to have*	j'ai, tu as, il a, nous avons, vous avez, ils ont	j'aurai/ j'aurais	j'avais	j'ai eu	j'avais eu
boire *to drink*	je bois, tu bois, il boit, nous buvons, vous buvez, ils boivent	je boirai/ je boirais	je buvais	j'ai bu	j'avais bu
conduire *to drive*	je conduis, tu conduis, il conduit, nous conduisons, vous conduisez, ils conduisent	je conduirai/ je conduirais	je conduisais	j'ai conduit	j'avais conduit
connaître *to know* *(a person/place/ subject)*	je connais, tu connais, il connaît, nous connaissons, vous connaissez, ils connaissent	je connaîtrai/ je connaîtrais	je connaissais	j'ai connu	j'avais connu
croire *to believe*	je crois, tu crois, il croit, nous croyons, vous croyez, ils croient	je croirai/ je croirais	je croyais	j'ai cru	j'avais cru
devoir *to have to*	je dois, tu dois, il doit, nous devons, vous devez, ils doivent	je devrai/ je devrais	je devais	j'ai dû	j'avais dû
dire *to say, to tell*	je dis, tu dis, il dit, nous disons, vous dites, ils disent	je dirai/ je dirais	je disais	j'ai dit	j'avais dit
écrire *to write*	j'écris, tu écris, il écrit, nous écrivons, vous écrivez, ils écrivent	j'écrirai/ j'écrirais	j'écrivais	j'ai écrit	j'avais écrit
envoyer *to send*	j'envoie, tu envoies, il envoie, nous envoyons, vous envoyez, ils envoient	j'enverrai/ j'enverrais	j'envoyais	j'ai envoyé	j'avais envoyé
être *to be*	je suis, tu es, il est, nous sommes, vous êtes, ils sont	je serai/ je serais	j'étais	j'ai été	j'avais été
faire *to do, to make*	je fais, tu fais, il fait, nous faisons, vous faites, ils font	je ferai/ je ferais	je faisais	j'ai fait	j'avais fait

Section grammaire

Infinitive	Simple tenses			Compound tenses	
	Present	**Future/ Conditional**	**Imperfect**	**Perfect**	**Pluperfect**
falloir *to be necessary*	il faut	il faudra/ il faudrait	il fallait	il a fallu	il avait fallu
lire *to read*	je lis, tu lis, il lit, nous lisons, vous lisez, ils lisent	je lirai/ je lirais	je lisais	j'ai lu	j'avais lu
mettre *to put*	je mets, tu mets, il met, nous mettons, vous mettez, ils mettent	je mettrai/ je mettrais	je mettais	j'ai mis	j'avais mis
mourir *to die*	je meurs, tu meurs, il meurt, nous mourons, vous mourez, ils meurent	je mourrai/ je mourrais	je mourais	je suis mort(e)	j'étais mort(e)
pleuvoir *to rain*	il pleut	il pleuvra/ il pleuvrait	il pleuvait	il a plu	il avait plu
pouvoir *to be able to*	je peux, tu peux, il peut, nous pouvons, vous pouvez, ils peuvent	je pourrai/ je pourrais	je pouvais	j'ai pu	j'avais pu
prendre *to take*	je prends, tu prends, il prend, nous prenons, vous prenez, ils prennent	je prendrai/ je prendrais	je prenais	j'ai pris	j'avais pris
recevoir *to receive*	je reçois, tu reçois, il reçoit, nous recevons, vous recevez, ils reçoivent	je recevrai/ je recevrais	je recevais	j'ai reçu	j'avais reçu
savoir *to know (a fact, how to do something)*	je sais, tu sais, il sait, nous savons, vous savez, ils savent	je saurai/ je saurais	je savais	j'ai su	j'avais su
suivre *to follow*	je suis, tu suis, il suit, nous suivons, vous suivez, ils suivent	je suivrai/ je suivrais	je suivais	j'ai suivi	j'avais suivi
venir *to come*	je viens, tu viens, il vient, nous venons, vous venez, ils viennent	je viendrai/ je viendrais	je venais	je suis venu(e)	j'étais venu(e)
vivre *to live*	je vis, tu vis, il vit, nous vivons, vous vivez, ils vivent	je vivrai/ je vivrais	je vivais	j'ai vécu	j'avais vécu
voir *to see*	je vois, tu vois, il voit, nous voyons vous voyez, ils voient	je verrai/ je verrais	je voyais	j'ai vu	j'avais vu
vouloir *to want*	je veux, tu veux, il veut, nous voulons, vous voulez, ils veulent	je voudrai/ je voudrais	je voulais	j'ai voulu	j'avais voulu

Vocabulaire

French–English

a

d'abord *at first*
d'accord! *OK, I agree*
achats (mpl) *purchases, shopping*
acheter (v) *to buy*
actuel, -elle (adj) *current, up-to-date*
affirmation (f) *statement*
agricole (adj) *agricultural*
aigu, -uë (adj) *sharp*
aimable (adj) *nice*
alimentation (f) *food*
Allemagne (f) *Germany*
allemand, -e (adj) *German*
allumer (v) *to light (a fire, match); to switch on*
alors (adv) *so, well then*
amateur (m) *enthusiast*
améliorer (v) *to improve*
aménagé, -e *equipped*
s'amuser (vr) *to enjoy yourself*
ancien, -ienne (adj) *former*
appareil (m) *machine*
appareil-photo (m) *camera*
apporter (v) *to bring*
apprécier (v) *to enjoy*
apprendre (v) *to learn*
après-midi (m) *afternoon*
s'arrêter (vr) *to stop*
ascenseur (m) *lift*
assez (adv) *enough*
attendre (v) *to wait*
auberge (f) de jeunesse (f) *youth hostel*
au-dessus de *above*
augmenter (v) *to increase*
Autriche *Austria*
autrichien, -e (adj) *Austrian*
avenir (m) *future*
avion (m) *aeroplane*
avis (m) *opinion*

b

bac (m) *sink*
baccalauréat (le bac) *A Level (equivalent)*
baignoire (f) *bath*
baisers (mpl), bons *love and kisses (ending a letter)*
baisse (f) *decrease (level)*
baisser (v) le son *to turn down (the volume)*
ballon (m) *balloon, ball*
barbant, -e (adj) *boring*
basket (m) *basketball*
bâtiment (m) *building*
belge (adj) *Belgian*

Belgique (f) *Belgium*
besoin (m), avoir … de *need*
bibliothèque (f) *library*
bière (f) *beer*
billet (m) *ticket*
blesser (v) *injure*
boire (v) *to drink*
bois (m), en *made of wood*
boisson (f) *drink*
boîte (f) de nuit (f) *night club*
bombe (f) *aerosol*
bouchon (m) *traffic jam*
boulot (m) *work, a job*
brancher (v) *plug in*
bricoler (v) *do DIY*
se brosser les dents/les cheveux (vr) *to brush your teeth/your hair*
brûler (v) *to burn*

c

ça (= cela) (pron) *that, it*
cadeau (m) *gift, present*
caissier (m), -ière (f) *checkout assistant, cashier*
caméscope (m) *video camera*
camion (m) *lorry*
canot (m) *canoe, canoeing*
capter (v) *to receive (via TV)*
cartable (m) *school bag*
carte (f) jeunesse (f) *young person's railcard*
carte (f) *map*
casque (m) *helmet*
célèbre (adj) *famous*
cerveau (m) *brain*
chacun, -e (pron) *each one*
chaîne (f) hi-fi *hi-fi*
chaleur (f) *heat*
champ (m) *field*
chanteur (m), -euse (f) *singer*
chaque (adj) *every, each*
charbon (m) *charcoal, coal*
charcuteries (fpl) *(dish of) cold meats*
charge (f) *load, cargo*
chasser (v) *to evict, drive out*
châtain (adj) *brown (hair)*
chauffage (m) central *central heating*
chemin (m) *road, way*
chemise (f) *shirt*
cher, chère (adj) *expensive, dear*
cheveux (mpl) *hair*
chiffre (m) *figure, number*
chimique (adj) *chemical*
choisir (v) *to choose*
choix (m) *choice*

chômage (m) *unemployment*
chouette (adj) *great*
clé (f) *key*
cœur (m) *heart*
combustible (m) *fuel*
commencer (à) (v) *to start (to)*
(y) compris *including*
compter (v) *count on, intend to*
concours (m) *competition*
conduire (v) *to drive*
confiant, -e (adj) *confident*
connaître (v) *to know (person, subject, place)*
connu, -e (adj) *well-known*
conseil (m) *advice*
consommer (v) *to use up, consume*
construire (v) *to construct*
contenir (v) *to contain*
contenu (m) *content(s)*
correspondance (f) *change, junction (train, Métro)*
corvée (f) de ménage (m) *household chore*
costume (m) *suit*
côte (f) *coast*
côte (f) de porc (m) *pork chop*
se coucher (vr) *to go to bed*
courir (v) *to run*
courrier (m) électronique *e-mail*
coûter (v) *to cost*
coûteux, -euse (adj) *expensive*
crâne-rasé (m) *skinhead*
créer (v) *to create*
crevé, -e (adj) *burst, collapsed, punctured*
croisière (f) *boat trip; cruise*
crudités (fpl) *raw vegetables (a starter course)*
cuillerée (f) à café *teaspoonful*
cuillerée (f) à soupe *tablespoonful*
cuisine (f) *cookery; kitchen*

d

débile (adj) *pathetic, stupid*
décennie (f) *decade*
déchets (mpl) nucléaires *nuclear waste*
découverte (f) *discovery*
découvrir (v) *to discover*
déjà (adv) *already*
déjeuner (m, v) *lunch; to have lunch*

délégué(e) (m/f) *representative*
département (m) *county (French)*
déprimant, -e (adj) *depressing*
député (m) *member of parliament*
déranger (v) *to disturb*
dessin (m) animé *cartoon (film)*
dessiner (v) *to design, draw*
détruire (v) *to destroy*
deviner (v) *to guess*
devoir (v) *to have to*
dimanche *Sunday*
disparaître (v) *to disappear*
donc (conj) *therefore, so*
dont (pron) *whose*
dormir (v) *to sleep*
se doucher (vr) *to have a shower*
doué, -e (adj) *talented*
drapeau (m) *flag*
droite (f), à *to/on the right*
dur, -e (adj/adv) *hard*
durer (v) *to last*

e

échec (m) *failure*
échelle (f) de Richter *Richter scale (for earthquakes)*
éclairer (v) *to light (up), illuminate*
faire des économies *to save money*
écran (m) *screen*
effet (m) de serre (f) *greenhouse effect*
émission (f) *TV programme*
emplacement (m) *pitch, site (for tent at campsite)*
emporter (v) *to carry away*
endroit (m) *place*
enfin (adv) *finally*
ennuyeux, -euse (adj) *boring*
enseignant (m), -e (f) *teacher*
ensemble (m) *together, (the) whole*
ensoleillé, -e (adj) *sunny*
ensuite (adv) *next, after that*
entendre (v) *to hear*
enthousiasmer (v) *to inspire*
entier, -ière (adj) *entire, whole*
entrée (f) *first course, starter*
environ (adv) *about*
environs (mpl) *surrounding area*
envoyer (v) *to send*
épicé, -e (adj) *hot, spicy*

Vocabulaire

équipe (f)   team
équitation (f)   horse-riding
espace (m)   space
espèce (f)   species
espérer (v)   to hope
essayer (de) (v)   to try (to)
essence (f)   petrol
est (m)   east
étage (m)   floor, storey
étape (f)   stage
état (m)   state
été (m)   summer
éteint, -e   extinct
étoile (f)   star
étranger, -ère (adj)   foreign
être (m)   being, creature
étudier (v)   to study
événement (m)   event
éviter (v)   to avoid
expliquer (v)   to explain
exposition (f)   exhibition

f

fabriquer (v)   to make,
   manufacture
fauteuil (m) roulant
   wheelchair
fer (m) à repasser (v)   iron
   (for ironing)
fêter (v)   to celebrate
feu (m)   fire
feuilleton (m)   TV soap, series
fin (f)   end
finir (de) (v)   to finish, stop
   (doing)
flamand, -e (adj)   Flemish
flotter (v)   to float
foie (m)   liver
fois (f); des fois; une fois par
   semaine   time; sometimes;
   once a week
fond (m)   bottom, bed
fondre (v)   melt
forêt (f)   forest
formation (f)   training,
   education
forme (f), en   fit, in good
   shape
frais, fraîche (adj)   fresh,
   cool
francophone (adj)   French-
   speaking
freins (mpl)   brakes
fringues (fpl)   clothes
fruits (mpl) de mer (f)
   shellfish, seafood
fumer (v)   to smoke

g

gagner (v)   to win
gagner (v) sa vie   to earn
   your living
galette (f)   savoury pancake
garder   to keep, look after
gauche (f), à   to/on the left
gens (mpl)   people
gentil, -ille (adj)   kind, nice

gourmand (m), -e (f)   person
   who is fond of food
gras (adv)   fat, fatty foods
grec, grecque (adj)   Greek
gros, grosse (adj)   fat, large
guerre (f)   war

h

s'habiller (vr)   dress oneself,
   get dressed
d'habitude   usually
haut (adj), en … de   at the
   top of …
hauteur (f)   height
heurter (v)   hit, crash into
horaire (m)   timetable
huile (f)   oil

i

immeuble (m)   block (of flats)
incendie (m)   fire
inconnu, -e (adj)   unknown
infirmier (m), -ière (f)   nurse
informatique (f)   IT, ICT
inondation (f)   flood
interdit, -e (adj)   forbidden
internaute (m/f)   Web
   surfer, Internet user
Internet (m) (NB no l')   the
   Internet, the Web
inutile (adj)   useless, pointless
isoler (v)   insulate

j

jambon (m)   ham
jardiner (v)   to do the
   gardening
jeter (v)   to throw (away)
jeu (m)   game
jeu vidéo (m)   computer game
jouer (v) à   to play (a game)
jouer (v) de   to play (an
   instrument)
jouet (m)   toy
joueur (m), -euse (f)   player
jour (m) férié   public holiday
journal (m)   newspaper,
   television news
jusqu'à (prep)   until, up to

l

langue (f)   language
large (adj)   wide
lavabo (m)   wash-basin
lave-linge (m)   washing
   machine
se laver (vr)   to get washed
lecteur (m), -trice (f)   reader
légumes (mpl)   vegetables
lent, -e (adj)   slow
se lever (vr)   to get up
libre (de) (adj)   free (to)
location (f)   hire
logement (m)   housing,
   accommodation
logiciel (m)   software
loi (f)   law

loin (adv)   far
louer (v)   to hire
lourd, -e (adj)   heavy
lumière (f)   light
lycée (m)   college (Y11–13)

m

magasin (m)   shop
magnétoscope (m)   video-
   recorder
maillot (m); (sports) shirt,
   jersey;
maillot de bain   swimsuit,
   swimming trunks
mairie (f)   town hall
malade (adj)   ill
malheureusement (adv)
   unfortunately
Manche, la   the English
   Channel
marque (f)   make (of car)
matière (f) (scolaire)   school
   subject
mec (m) (= homme, garçon)
   bloke, chap
médecin (m)   doctor
meilleur, -e (adj)   best
mél (m)   e-mail
même (si)   even (if)
mer (f)   sea
météo (f)   weather forecast
mettre (v)   to put, put on
mettre (v) la table   to set the
   table
mince (adj)   thin
moche (adj)   awful, stupid
mode (m) de vie (f)   lifestyle
moins (adv)   less
moitié (f)   half
monde (m)   world
monnaie (f)   currency
montagne (f)   mountain(s)
montre (f)   watch
moteur (m) de recherche (f)
   search engine, portal
mourir (v)   to die
moyen, -enne (adj)   average
musée (m)   museum

n

naissance (f)   birth
natation (f)   swimming
néerlandais, -e (adj)   Dutch
négliger (v)   neglect
neige (f)   snow
nord (m)   north
nourriture (f)   food
nouveau, nouvelle (adj)   new
nuage (m)   cloud
nuageux, nuageuse (adj)
   cloudy
numéroté, -e (adj)   numbered

o

obligatoire (adj)   compulsory
s'occuper (vr) de   look after,
   take care of

ombre (f), à l'   in the shade
opposer (v)   play against
orageux, orageuse (adj)
   stormy
ordinateur (m)   computer
oublier (de) (v)   forget (to)
ouest (m)   west

p

paix (f)   peace
palais (m)   palace
panneau (m) solaire   solar
   panel
panneau (m)   (road) sign,
   notice
parfum (m)   perfume; flavour
parlement (m)   parliament
parler (v) de   talk about
partout (adv)   everywhere
passé (m); au passé   past; in
   the past
passer (un examen) (v)   take
   (an exam)
passer (v)   to spend (time)
passionnant, -e (adj)
   exciting
pâtes (fpl)   pasta
patinage (m)   skating
patte (f)   leg (animal), paw
pauvre (adj)   poor
payant, -e (adj)   for which
   one pays
pays (m)   country
paysage (m)   countryside,
   landscape
Pays-Bas (mpl)   Netherlands,
   Holland
péage (m)   toll-booth
se peigner (vr)   to comb
   your hair
pendant (prep)   during
perdre (v)   to lose
peser (v)   to weigh
pétanque (f)   boules, French
   bowls
pétrole (m)   crude oil (NB
   essence = petrol)
peur (f), avoir … de   to be
   afraid of
phare (m)   headlight
photographe (m/f)
   photographer
pièce (f)   room (in a
   building)
piéton (m)   pedestrian
place (f)   square
plage (f)   beach
planète (f)   planet
plat (m)   food, dish
plongée (f)   diving
pluie (f)   rain
plus (adv)   more
plusieurs (adj)   several
pneu (m)   tyre
poivron (m) vert   green
   pepper
polluer (v)   to pollute

pompier (m) *fire-fighter*
porter (v) *to wear*
portugais, -e (adj) *Portuguese*
poser (v) *to put, ask (questions)*
poser (v) sa candidature *to apply (for a job)*
poubelle (f) *dustbin*
pouvoir (v) *to be able to*
pratiquer (v) *go in for, do (as a hobby)*
prendre (v) *to take, catch*
prendre (v) le bus *to catch a bus*
prendre (v) le petit-déjeuner *to have breakfast*
prendre (v) ses vacances (fpl) *to take one's holidays*
prendre (v) une douche/un bain *to have a shower/a bath*
prix (m) net *inclusive price, service included*
prix (m) fixe *set-price (menu)*
produire (v) *to produce*
produit (m) *product*
se promener (vr) *to go for a walk*
puis (adv) *then*
punir (v) *to punish*

q
quant à (adv) *as for, as regards*
quelquefois (adv) *sometimes*
quotidien (m) *daily paper*

r
raison (f) *reason*
randonnée (f) *hike, hiking, walking*
avoir raison *to be right*
se raser (vr) *to shave*
récemment (adv) *recently*
recevoir (v) *to receive*
recherches (fpl) *research*
réduire (v) *to reduce*
réfectoire (m) *canteen*
régime (m) *diet*
règle (f) *rule, regulation*
régulièrement (adv) *regularly*
rejoindre (v) *to join (up)*
rencontrer (v) *to meet*
renseignements (mpl) *information*
répondeur (m) (téléphonique) *answerphone*
reportage (m) *journalist's report*
réseau (m) *network*
respirer (v) *to breathe*
réussir (v) à *to succeed (in), manage to*
se réveiller (vr) *to wake up*
rire (v) *to laugh*
robotisé, -e *automatic, automated*

rocher (m) *rock, boulder*
roi (m) *king*
rouler (v) *to roll; travel (in vehicle)*
roux, rousse (adj) *red, auburn (hair)*

s
sac (m) *bag*
sain, saine (adj) *healthy*
sale (adj) *dirty*
salé, -e (adj) *savoury*
sang (m) *blood*
santé (f) *health*
sauf (prep) *except*
saumon (m) *salmon*
saut (m) à l'élastique (f) *bungee-jumping*
sauvage (adj) *wild*
savoir (v) *to know (how to), know (a fact)*
scientifique (m) *scientist*
scolaire (adj) *school*
secouer (v) *shake*
séisme (m) *earthquake*
semaine (f) *week*
sembler (v) *to seem*
sensible (adj) *sensitive*
serveur (m), -euse (f) *waiter, waitress*
service (m) compris *service included*
seul, -e (adj) *alone, only*
siècle (m) *century*
siège (m) *seat*
soir (m) *evening*
soleil (m) *sun*
solitaire (adj) *lonely*
son (m) *sound*
sortir (v) *to go out*
souffrir (v) de *to suffer (from)*
se souvenir (vr) de *to remember (about)*
souvent (adv) *often*
sparadrap (m) *sticking plaster*
spatial, -e (adj) *to do with space*
stage (m) *course (study, training)*
stationner (v) *to park*
station-service (f) *filling station*
sucré, -e (adj) *sweet*
sud (m) *south*
supporter (v) *to put up with, stand*
sûr, -e (adj) *sure*

t
tant pis! *tough!*
tard (adv) *late*
tchatcher (v) *chat on-line or on the phone*
tempête (f) *storm*
temps (m), en même *at the same time*

temps en temps, de *from time to time*
terminale (f) *Year 13 (last year of secondary education)*
terre (f) *earth*
terrible (adj) (= excellent) *great, excellent*
TGV (train (m) à grande vitesse) *high-speed train*
titre (m) *title, heading, headline*
toujours (adv) *always, still*
tour (f) *tower*
tour (m) *tour*
tout, toute, tous, toutes (adj/pron) *all, every*
tracasser (v) *hassle*
tranquille (adj) *quiet*
travailleur, -euse (adj) *hard-working*
travaux (mpl) manuels *technology (metal work, etc.)*
traverser (v) *to cross*
trop (de) (adv) *too much*

u
uni, -e (adj) *united*
unifier (v) *to unite*
unique (adj) *single*
usine (f) *factory*
utile (adj) *useful*
utiliser (v) *to use*

v
vacances (fpl) *holiday(s)*
valise (f) *suitcase*
vendeur (m), -euse (f) *sales person*
vendre (v) *to sell*
venir (v) *to come*
verre (m) *glass*
viande (f) *meat*
vieux, vieille (adj) *old*
violent, -e (adj) *violent*
vitesse (f) *speed*
vivre (v) *to live*
en voie (f) de disparition (f), *endangered, dying out*
voile (f) *sailing*
vol (m) *flight*
voler (v) *to fly/to steal*
volontaire (adj) *voluntary*
voter (v) *to vote (for)*
vouloir (v) *to want (to)*
voyager (v) *to travel*
VTC (vélo (m) tous chemins) *road bike*
VTT (vélo (m) tout terrain) *mountain bike, mountain-biking*

y
yeux (mpl) *eyes (singular = oeil (m))*

Vocabulaire

English–French

a
A Level (equivalent) *baccalauréat (le bac)*
able, to be ... to *pouvoir (v)*
about *environ (adv)*
above *au-dessus de*
accommodation *logement (m)*
advice *conseil (m)*
aeroplane *avion (m)*
afraid, to be ... of *avoir peur (f) de*
afternoon *après-midi (m)*
all *tout, toute, tous, toutes (adj/pron)*
alone *seul, -e (adj)*
already *déjà (adv)*
always *toujours (adv)*
answerphone *répondeur (m) (téléphonique)*
apply (for a job), to *poser (v) sa candidature*
ask (questions), to *poser (v)*
ask for, to *demander (v)*
average *moyen, -enne (adj)*
awful *moche (adj)*

b
bag *sac (m)*
basketball *basket (m)*
bath *baignoire (f)*
beach *plage (f)*
beautiful *beau, belle (adj)*
become, to *devenir (v)*
bed, to go to *se coucher (vr)*
beer *bière (f)*
Belgian *belge (adj)*
Belgium *Belgique (f)*
belong to, to *faire partie (f) de*
besides *d'ailleurs (adv)*
best *meilleur, -e (adj)*
bin *poubelle (f)*
birth *naissance (f)*
boring *barbant, -e (adj), ennuyeux, -euse (adj)*
brain *cerveau (m)*
brakes *freins (mpl)*
breakfast (to have) *(prendre (v) le) petit déjeuner*
breathe, to *respirer (v)*
bring, to *apporter (v)*
brush your teeth/hair, to *se brosser les dents/les cheveux (vr)*
build, to *construire (v)*
building *bâtiment (m)*
bungee-jumping *saut (m) à l'élastique (f)*
burn, to *brûler (v)*
buy, to *acheter (v)*

c
camera *appareil-photo (m)*
canoe, canoeing *canot (m)*
canteen *réfectoire (m)*

Vocabulaire

capital   *capitale* (f)
cartoon (film)   *dessin* (m) *animé*
cashier   *caissier* (m), *-ière* (f)
catch (e.g. a bus), to *prendre* (v)
celebrate, to   *fêter* (v)
chat on-line or on the phone, to   *tchatcher* (v)
choice   *choix* (m)
choose, to   *choisir* (v)
cloud   *nuage* (m)
coast   *côte* (f)
come, to   *venir* (v)
compulsory   *obligatoire* (adj)
computer   *ordinateur* (m)
computer game   *jeu-vidéo* (m)
confident   *confiant, -e* (adj)
contain, to   *contenir* (v)
cookery   *cuisine* (f)
cost, to   *coûter* (v)
country   *pays* (m)
countryside   *paysage* (m)
course (study, training) *stage* (m)
create, to   *créer* (v)
currency   *monnaie* (f)
current   *actuel, -elle* (adj)

d

(daily) paper   *quotidien* (m), *journal* (m)
depressing   *déprimant, -e* (adj)
design, to   *dessiner* (v)
destroy, to   *détruire* (v)
die, to   *mourir* (v)
diet   *régime* (m)
dirty   *sale* (adj)
disappear, to   *disparaître* (v)
discover, to   *découvrir* (v)
disease   *maladie* (f)
dish   *plat* (m)
diving   *plongée* (f)
DIY, to do   *bricoler* (v)
doctor   *médecin* (m)
documentary   *documentaire* (m)
draw, to   *dessiner* (v)
dress oneself, get dressed, to   *s'habiller* (vr)
drink   *boisson* (f)
drink, to   *boire* (v)
drive, to   *conduire* (v)
during   *pendant* (prep)
dustbin   *poubelle* (f)
Dutch   *néerlandais, -e* (adj)

e

each   *chaque* (adj)
each one   *chacun, -e* (pron)
earth   *terre* (f)
east   *est* (m)
education   *formation* (f)

e-mail   *courrier* (m) *électronique; mél* (m)
end   *fin* (f)
endangered (of species)   *en voie* (f) *de disparition* (f)
English Channel   *la Manche*
enjoy, to   *apprécier* (v)
enjoy yourself, to   *s'amuser* (vr)
enjoyable   *amusant, -e* (adj)
enough   *assez* (adv)
enough, to be   *suffire* (v)
equipped   *aménagé, -e* (adj)
euro (currency)   *euro* (m)
European   *européen, -enne* (adj)
even (if)   *même (si)*
evening   *soir* (m)
event   *événement* (m)
every   *tout, toute, tous, toutes* (adj/pron); *chaque* (adj)
everywhere   *partout* (adv)
excellent   *chouette* (adj), *excellent, -e* (adj), *terrible* (adj)
except for   *à part, sauf*
exchange   *échange* (m)
exciting   *passionnant, -e* (adj)
expensive   *cher, chère* (adj), *coûteux, -euse* (adj)
explain, to   *expliquer* (v)
eyes   *yeux* (mpl) (sing = *œil*)

f

factory   *usine* (f)
fair   *juste* (adj)
famous   *célèbre* (adj)
far   *loin* (adv)
fashion   *mode* (f)
fast   *rapide* (adj)
fat (obese)   *gros, grosse* (adj)
fat, fatty foods   *gras* (adv)
favourite   *favori, -ite* (adj); *préféré* (adj)
field   *champ* (m)
figure (number)   *chiffre* (m)
filling-station   *station-service* (f)
finally   *enfin* (adv)
find, to   *trouver* (v)
finish, to   *finir (de)* (v)
fire   *feu* (m), *incendie* (m)
first   *d'abord*
fit   *en forme* (f)
flag   *drapeau* (m)
flats, block of   *immeuble* (m)
flavour   *parfum* (m)
flight   *vol* (m)
floor (storey)   *étage* (m)
fly, to   *voler* (v)
food   *alimentation* (f), *nourriture* (f)
foreign   *étranger, -ère* (adj)
forget (to), to   *oublier (de)* (v)

free (to)   *libre (de)* (adj)
fresh   *frais, fraîche* (adj)
Friday   *vendredi*
fuel   *combustible* (m)
future   *avenir* (m)

g

game   *jeu* (m)
gardening, to do   *jardiner* (v)
gas   *gaz* (m)
genius   *génie* (m)
German   *allemand, -e* (adj)
Germany   *Allemagne* (f)
get up, to   *se lever* (vr)
gift   *cadeau* (m)
glass   *verre* (m)
GM = genetically modified   *génétiquement modifié, -e*
great   *chouette* (adj), *terrible* (adj)
greenhouse effect   *effet* (m) *de serre* (f)
guess, to   *deviner* (v)

h

hair   *cheveux* (mpl)
half   *moitié* (f)
ham   *jambon* (m)
hard   *dur, -e* (adj/adv)
hassle, to   *tracasser* (v)
have to, to   *devoir* (v)
hay fever   *rhume* (m) *des foins* (m)
heading   *titre* (m)
headlight   *phare* (m)
headline   *titre* (m) *(grand)*
health   *santé* (f)
healthy   *sain, saine* (adj)
hear, to   *entendre* (v)
hear of, to   *entendre parler* (v) *de*
heart   *cœur* (m)
heat   *chaleur* (f)
heavy   *lourd, -e* (adj)
helmet   *casque* (m)
help; with the ... of   *aide* (f); *à l'aide de*
hike, hiking   *randonnée* (f)
hold, to   *tenir* (v)
holiday   *vacances* (fpl)
Holland   *Pays-Bas* (mpl)
hope, to   *espérer* (v)
horse   *cheval* (m)
horse-riding   *équitation* (f)
hot (spicy)   *épicé, -e* (adj)

i

ICT, IT   *informatique* (f)
ill   *malade* (adj)
illness   *maladie* (f)
improve, to   *améliorer* (v)
increase, to   *augmenter* (v)
information   *renseignements* (mpl)
intend to, to   *compter* (v)

interested (in), to be   *s'intéresser (à)* (vr)
Internet, the   *Internet* (m) (NB no *le*)
Ireland   *Irlande* (f)
Irish   *irlandais* (adj)
Italian   *italien* (adj)
Italy   *Italie* (f)

j

job   *boulot* (m)
journey   *voyage* (m)

k

key   *clé* (f)
kitchen   *cuisine* (f)
know (a fact/how to), to *savoir* (v)
know (person, subject, place), to   *connaître* (v)

l

language   *langue* (f)
last, to   *durer* (v)
late   *tard* (adv)
laugh, to   *rire* (v)
law   *loi* (f)
lay/set the table, to   *mettre* (v) *la table*
learn, to   *apprendre* (v)
left, to/on the   *à gauche* (f)
leg   *jambe* (f) (human); *patte* (f) (animal)
less   *moins* (adv)
library   *bibliothèque* (f)
light   *lumière* (f)
light (a fire, match)   *allumer* (v)
listen to, to   *écouter* (v)
live, to   *vivre* (v)
look after, to   *s'occuper* (vr) *de*
lorry   *camion* (m)
lose, to   *perdre* (v)
love   *amour* (m)
lunch; to have lunch   *déjeuner* (m); *déjeuner* (v)

m

machine   *appareil* (m)
make, to   *fabriquer* (v), *faire* (v)
manage to, to   *réussir* (v) *à*
map   *carte* (f)
meat   *viande* (f)
medium-sized   *moyen, -enne* (adj)
meet, to   *rencontrer* (v)
more; more and more   *plus* (adv); *de plus en plus*
morning   *matin* (m), *matinée* (f)
motorway   *autoroute* (f)
mountain bike, mountain-biking   *VTT (vélo* (m) *tout terrain)*
museum   *musée* (m)

n
necessary, it is   *il faut*
need, to   *avoir besoin (m) de*
Netherlands   *Pays-Bas (mpl)*
network   *réseau (m)*
new   *nouveau, nouvelle (adj)*
newspaper   *journal (m)*
nice   *gentil, -ille (adj), aimable (adj)*
night club   *boîte (f) de nuit (f), club (m)*
north   *nord (m)*
number (amount)   *nombre (m)*
number (figure)   *chiffre (m)*
nurse   *infirmier (m), -ière (f)*

o
often   *souvent (adv)*
oil   *huile (f)*
OK   *d'accord!*
old   *vieux, vieille (adj)*
once (a week)   *une fois (f) (par semaine)*
online   *en ligne (f)*
only   *seul, -e (adj)*
opinion   *avis (m)*
opportunity   *possibilité (f)*
out, to go   *sortir (v)*

p
park, to   *stationner (v)*
parliament   *parlement (m)*
past; in the past   *passé (m); au passé*
pasta   *pâtes (fpl)*
path   *sentier (m)*
peace   *paix (f)*
pedestrian   *piéton (m); piétonnier, -ière (adj)*
people   *gens (mpl)*
percentage   *pourcentage (m)*
perfume   *parfum (m)*
petrol   *essence (f)*
photographer   *photographe (m/f)*
place   *endroit (m)*
play (a game or sport), to   *jouer (v) à*
play (an instrument), to   *jouer (v) de*
player   *joueur (m), -euse (f)*
plug in, to   *brancher (v)*
pointless   *inutile (adj)*
pollute, to   *polluer (v)*
poor   *pauvre (adj)*
popular   *populaire (adj)*
possibility   *possibilité (f)*
present, gift   *cadeau (m)*
prevent, to   *prévenir (v)*
produce, to   *produire (v)*
product   *produit (m)*
programme (TV)   *émission (f)*
puncture   *pneu (m) crevé, -e (adj)*

put, to   *poser (v), mettre (v)*
put (on), to   *mettre (v)*

q
quiet   *tranquille (adj)*

r
rain   *pluie (f)*
read, to   *lire (v)*
reason   *raison (f)*
receive, to   *recevoir (v)*
recently   *récemment (adv)*
recycle, to   *recycler (v)*
red (hair)   *roux (adj)*
reduce, to   *réduire (v)*
regularly   *régulièrement (adv)*
relax, to   *se relaxer (vr)*
remember (about), to   *se souvenir (vr) de*
reply, to   *répondre (v)*
resources   *ressources (fpl)*
return   *retour (m)*
return, to   *retourner (v)*
right, to/on the   *à droite (f)*
to be right   *avoir (v) raison*
road   *chemin (m)*
road sign   *panneau (m)*
room (in building)   *pièce (f)*
rule   *règle (f)*
run, to   *courir (v)*
rush, to   *se précipiter (vr)*

s
sailing   *voile (f)*
salary   *rémunération (f)*
save money, to   *faire des économies (fpl)*
savoury   *salé, -e (adj)*
say, to   *dire (v)*
school   *collège (f)*
scientist   *scientifique (m/f)*
screen   *écran (m)*
sea   *mer (f)*
seafood   *fruits (mpl) de mer (f)*
search engine   *moteur (m) de recherche (f)*
seat   *siège (m), place (m)*
secondary school   *collège (f)*
seem, to   *sembler (v)*
sell, to   *vendre (v)*
send, to   *envoyer (v)*
set/lay the table, to   *mettre (v) la table*
set-price (menu)   *prix (m) fixe*
several   *plusieurs (adj)*
shave, to   *se raser (vr)*
shirt   *chemise (f)*
shop   *magasin (m)*
shopping (purchases)   *achats (mpl)*
to go shopping   *aller (v) aux magasins; faire (v) les courses*

shower, to have a   *se doucher (vr)*
singer   *chanteur (m), -euse (f)*
skate, to   *faire du roller (v)*
sleep, to   *dormir (v)*
slow   *lent, -e (adj)*
smoke, to   *fumer (v)*
snow   *neige (f)*
soap, TV series   *feuilleton (m)*
software   *logiciel (m)*
sometimes   *des fois (f); quelquefois (adv)*
sound   *son (m)*
south   *sud (m)*
space   *espace (m)*
spatial, to do with space   *spatial, -e (adj)*
species   *espèce (f)*
speed   *vitesse (f)*
spend (time), to   *passer (du temps) (v)*
spicy   *épicé, -e (adj)*
stage   *étape (f)*
star   *étoile (f)*
start (to), to   *commencer (à) (v)*
starter   *entrée (f)*
state   *état (m)*
statement   *affirmation (f)*
still   *toujours (adv)*
stop, to   *s'arrêter (vr)*
stop (doing), to   *finir (de) (v)*
storm   *tempête (f)*
study, to   *étudier (v)*
stupid   *moche (adj), débile (adj)*
succeed (in), to   *réussir (v) à*
suit   *costume (m)*
suitcase   *valise (f)*
sun   *soleil (m)*
Sunday   *dimanche (m)*
sure   *sûr, -e (adj)*
survive, to   *survivre (v)*
sweet   *sucré, -e (adj)*
swimming   *natation (f)*
swimsuit, swimming trunks   *maillot (m) de bain*
switch on (a light, the TV)   *allumer (v)*

t
take, to   *prendre (v)*
take an exam, to   *passer (v) un examen*
talk (about), to   *parler (v) (de)*
teacher   *enseignant (m), -e (f), professeur (m)*
team   *équipe (f)*
technology (metal work, etc.)   *travaux (mpl) manuels*
tell, to   *dire (v)*
then   *puis (adv)*
thin   *mince (adj)*
throw (away), to   *jeter (v)*

ticket   *billet (m)*
time   *temps (m)*
time (occasion)   *fois (f)*
timetable   *horaire (m)*
tired   *fatigué, -e (adj)*
together   *ensemble (adv)*
too much   *trop (de) (adv)*
top, at the ... of   *en haut (adj) de*
tournament   *tournoi (m)*
tower   *tour (f)*
town hall   *mairie (f)*
traffic jam   *bouchon (m)*
trainer (shoe)   *basket (m)*
training   *formation (f)*
travel, to   *voyager (v)*
travel (in vehicle), to   *rouler (v)*
try (to), to   *essayer (de) (v)*
typical   *typique (adj)*
tyre   *pneu (m)*

u
unfortunately   *malheureusement (adv)*
until, up to   *jusqu'à (prep)*
use, to   *consommer (v), utiliser (v)*
useful   *utile (adj)*
useless   *inutile (adj)*
usually   *d'habitude*

v
vegetables   *légumes (mpl)*
video camera   *caméscope (m)*
video-recorder   *magnétoscope (m)*

w
wait (for), to   *attendre (v)*
waiter, waitress   *serveur (m), -euse (f)*
wake up, to   *se réveiller (vr)*
walk, to go for a   *se promener (vr)*
walk, walking   *randonnée (f)*
want (to), to   *vouloir (v)*
war   *guerre (f)*
wash-basin   *lavabo (m)*
washed, to get   *se laver (vr)*
washing machine   *lave-linge (m)*
wear, to   *porter (v)*
weather forecast   *météo (f)*
Web, the   *Internet (m) (NB no l')*
weigh, to   *peser (v)*
west   *ouest (m)*
wheelchair   *fauteuil (m) roulant*
whole   *entier, -ière (adj)*
wide   *large (adj)*
wild   *sauvage (adj)*
wildlife   *faune (f)*
win, to   *gagner (v)*
world   *monde (m)*

List of French instructions

Cherchez... *Look for...*
...l'intrus *...the odd one out*
Choisissez... *Choose...*
...les bons mots ...*the right words*
...parmi les mots dans la case   ...*from the words in the box*
...la bonne réponse   ...*the right answer*
...dans la liste   ...*from the list*
Comment dit-on (en français)...?   *How do you say (in French)...?*
Complétez...   *Complete...*
...la grille   ...*the grid*
...la formule/la fiche/le questionnaire   *the form/the questionnaire*
Composez des phrases avec...   *Put together/create some sentences with...*
Copiez...   *Copy...*
Corrigez...   *Correct...*
...les erreurs/les fautes   ...*the errors*

Débrouillez les phrases   *Sort out the sentences (put the words in the correct order)*
Décrivez (ce que)...   *Describe (what)...*
Demandez (ce que)...   *Ask for/Ask (what)*
Dites...   *Say...*
Dites-lui (ce que)...   *Tell him/her (what)*
Donnez...   *Give...*
...les renseignements   ...*the information*
...les détails   ...*the details*
...vos impressions   ...*your impressions*
...votre opinion/avis (et dites pourquoi)   ...*your opinion (and say why)*

Écoutez...   *Listen to...*
...les annonces   ...*the announcements*
...les publicités   ...*the adverts*
...l'émission   ...*the programme*
Écrivez...   *Write...*
...la lettre qui correspond à   ...*the letter that goes with*
...une phrase   ...*a sentence*
...les détails   ...*the details*
...environ 50 mots   ...*about 50 words*
...une lettre/une carte postale   ...*a letter/a postcard*
Enregistrez une cassette/un dialogue   *Record a cassette/a dialogue*
Expliquez (ce que)...   *Explain (what)...*

Faites correspondre...   *Match up/Pair up ... (e.g. numbers to pictures)*
Faites une liste/un résumé   *Make a list/write a summary*

Identifiez...   *Identify...*
...les détails demandés   ...*the details requested*
Imaginez que...   *Imagine that...*

Liez...   *Match up, join up...*
Lisez...   *Read...*
...les phrases suivantes   ...*the following sentences*

Mariez...   *Pair up...*
Mettez les mots/les images dans le bon ordre   *Put the words/pictures in the right order*

Notez...   *Note down...*
...les raisons pour   ...*the reasons for*
...les bons points, les avantages   ...*the good points, the advantages*

Posez une question...   *Ask a question...*
Pour chaque personne/phrase...   *For each person/sentence...*
Préparez un poster/un dépliant   *Put together a poster/a leaflet*
Préparez un dialogue   *Make up a conversation*

Qu'est-ce que cela veut dire?   *What does it mean?*
Qui dit quoi?   *Who says what?*

Racontez...   *Describe...*
...ce que vous avez fait   ...*what you did*
Regardez...   *Look at...*
...la carte   ...*the map*
...cette publicité   ...*this advert*
Remplissez...   *Fill in...*
...les blancs   ...*the gaps*
...la grille (en français)   ...*the table (in French)*
Répondez...   *Reply...*
...aux questions   ...*to the questions*
...à ce questionnaire   ...*to this questionnaire*

Soulignez...   *Underline...*

Travaillez avec un(e) partenaire   *Work with a partner*
Trouvez...   *Find...*
...l'erreur/les erreurs   ...*the mistake(s)/error(s)*
...le texte qui correspond à chaque image/dessin/titre   ...*the text that goes with each picture/drawing/heading*

Utilisez...   *Use...*

Vous allez entendre/Vous entendrez...   *You are going to hear...*
...X qui parle(nt) de   ...*X talking about...*
Vous envoyez...   *You are sending...*
Vous n'aurez pas besoin de tou(te)s les lettres/les mots/les réponses   *You won't need all the letters/words/answers*